FOR2

FOR pleasure　FOR life

FOR2 42

告別玻璃心的女力養成指南

拆解性別枷鎖，為女性客製化的 13 堂心智重訓課

13 Things Mentally Strong Women Don't Do

作者：艾美・莫林（Amy Morin）
譯者：黃逸涵
責任編輯：張雅涵
封面設計：Bianco Tsai
排版：薛美惠
校對：呂佳眞

出版：英屬蓋曼群島商網路與書股份有限公司台灣分公司
發行：大塊文化出版股份有限公司
台北市 10550 南京東路四段 25 號 11 樓
www.locuspublishing.com
TEL：(02)8712-3898　　FAX：(02)8712-3897
讀者服務專線：0800-006689
郵撥帳號：18955675　　戶名：大塊文化出版股份有限公司
法律顧問：董安丹律師 、顧慕堯律師

總經銷：大和書報圖書股份有限公司
地址：新北市 24890 新莊區五工五路 2 號
TEL：(02)8990-2588　FAX：(02)2290-1658
製版：中原造像股份有限公司

初版一刷：2020 年 3 月
初版二刷：2020 年 9 月
定價：新台幣 400 元
ISBN：978-986-97603-7-9

Printed in Taiwan

拆解性別枷鎖，為女性客製化的13堂心智重訓課

Own Your Power, Channel Your Confidence, and Find Your Authentic Voice for a Life of Meaning and Joy

告別玻璃心的女力養成指南

13 Things

Mentally Strong Women **Don't Do**

Amy Morin

艾美·莫林 著　黃逸涵 譯

致全天下努力一日比一日堅強的女性

13 Things
Mentally Strong Women **Don't Do**

目錄
CONTENTS

- 你有這些壞習慣嗎？
- 我們為什麼會有這些壞習慣？
- 這些壞習慣會造成什麼問題？
- 如何改變做法？
- 事業╳家庭╳社交，日常應對祕訣
- 甩掉這些壞習慣如何使你更堅強？
- 解惑及常見陷阱

前言

我是開著越野型沙灘車、抓著蚯蚓當魚餌長大的，向來不喜歡洋娃娃，對美妝沒興趣，而且很討厭購物。

不過，我那破皮的雙膝、亂糟糟的頭髮、髒兮兮的指甲縫，仍交織出美好的童年。父母讓我相信，男生能做到的事，我也都能做到——我也真的努力去達成。不論是下課時間的賽跑，還是比腕力，我通常都能與男生並駕齊驅。但我不是想證明什麼，單純是因爲好玩。

回想起來，我第一次聽說「性別歧視」這個詞是七年級的時候。我們的代數老師總是會出一道與數學完全無關的體育類加分題，但如果答對了，測驗成績就可以加五分。要拿到這五分，就必須知道是誰在星期天的美式足球賽上跑了最多碼，或者是誰在去年ＮＢＡ季後賽拿下最多分。這點令人懊惱，但沒有人抱怨過。

有一次，我生病請假在家，錯過了代數小考，只好隔天放學留下來補考。加分題跟美國職棒大聯盟的某個球員有關，剛好我很喜歡棒球，而且知道答案。次日一上課，老師把改好的考卷交還給我，考卷最上方用紅筆寫著：「加零分。你答對加分題是因爲有同學洩題。」

老師竟然認爲我作弊！我嚇壞了，卻沒對他說什麼。我不知道該說什麼。我把考卷帶回家，拿給爸爸看。

爸爸立刻寫了一張便條回覆老師：「艾美擁有的棒球卡超過一萬張，而且每個星期都跟我一起在電視上看棒球賽，但你卻因爲她答對了加分題而指責她作弊。她可是答得光明磊落，眞正不公平的是你考了跟數學毫不相干的體育題。顯然是你意圖偏袒男同學，因爲多數十三歲的女孩子都不太關注職業體育活動。」

隔天，我把那張便條交給老師，便快速回到座位上。他看完便條之後，向全班宣布：「以後我不能再給你們出加分題了，因爲有人的爸爸覺得我性別歧視。」那是老師最後一次出加分題，也是我第一次有機會眞正思考所謂的性別歧視。

我突然意識到，他並沒有假定朋友向我透露任何數學題，而是只有體育加分題。而且他認定我要不是作弊，根本不可能答對一道冷僻的棒球題。我不禁開始揣測，如果我是男生，他也會這麼想嗎？

這件事距今已經二十五年，我很想相信現在已經沒有老師會爲男同學提供不平等優勢，但研究顯示，這樣的情況仍然存在，相關內容我們後續會再詳述。

我也很想相信，現在的學生和家長都不必對這類事件如此忍氣吞聲。在我小時候，根本沒人有意見，他們的家長也不會發聲；我們吞忍下來了。如果當時老師沒有指責我作弊，我也無從得知爸爸會不會點出這個爭議。

我對性別歧視的觀念從七年級那年開始有了轉變，值得慶幸的是，我們文化中對性別歧視的觀念也有了改變。不過，女性在現代社會依然面臨著種種特殊的挑戰。我在治療室和私人生活中都曾見過。

關注心智強度起因於個人經歷

我的第一份工作就是心理治療師，當時的我很期待能協助別人克服他們所面臨的挑戰。我擁有碩士學位，還具備從教科書、課堂、實習過程中累積的各種知識。但就在我擔任心理治療師的第一年，我的母親驟然離世。我對心智強度這門學問的探尋，就此成爲個人議題。

我開始更深入研究來到我治療室的每個人。我發現，其中有些人似乎復元得比另一些人順利；他們恢復得比較快，對未來充滿希望，而且無論面對什麼問題，都能堅持初心。我很好奇究竟是什麼使他們具備這樣的素質。

後來，我的生命出現了殘酷的轉折，就在媽媽過世三週年的那天，我丈夫林磊也因心臟病發離世，當時他才二十六歲。我就這樣成了一位二十六歲的寡婦，那種感覺很不真實。悲痛不時將我淹沒，但我知道，讓自己體驗這樣痛苦的情緒也是療傷的一部分。

那時的我已經了解心智強度的相關知識。我發現面對人生能夠堅持不懈的人，並不只是擁有健康的習慣，還會刻意避開會使自己無法自拔的不良習慣。

我漸漸從工作中遇到的這些人身上找出明顯的規律。會致力充分發揮潛能的人，都不會縱容自己陷入有礙效率提升的習慣。他們進步的關鍵並不單純在於他們做了什麼，更重要的是他們「不做」什麼。

在那段悲傷的日子裡，我將這些知識運用到自己的生活中。我花了好幾年才治癒自己的心，而且很幸運能認識史蒂夫，再次遇見愛情。偏偏我們婚後不久，史蒂夫的父親確診為癌症末期。我開始產生這樣的念頭：「不公平，為什麼我就活該不斷失去摯親？」

但我也知道，放任自己自怨自艾會耗盡我內心的能量，而當時是我最需要堅強的時候。所以我寫了一封信自我提醒，列出所有可能使我沉浸在傷痛之中的不良習慣。完成的清單中共有十三件心智強者不會做的事。在接下來的那幾天，我細讀這份清單好幾次，對自己的告誡提醒給了我些許安慰。我心想，如果這份清單能幫到我，那麼或許也能幫到別人。所以我把清單發布到網路上，希望有人對我的心智強度理念有所共鳴。

才幾天的時間，那篇文章就迅速流傳開來，閱覽人次超過五千萬。就在我自己都還沒意識到這個情況時，《富比士》（*Forbes*）和 CNN 等媒體就開始訪問我關於那份清單的資訊。

我的文章並沒有解釋自己爲什麼寫下這份清單，但所有人就這麼認定，那是因爲我正是這方面的專業大師。不過，其實當時的我仍需要提醒自己避免那十三種行爲。

我很慶幸自己有機會出版《告別玻璃心的十三件事》（*13 Things Mentally Strong People Don't Do*）這本書，藉機解釋這篇爆紅文章背後的故事。後來，陸續有許多讀者詢問我如何教導孩子成爲心智強者，激勵了我又寫出了《告別玻璃心的家長特訓班》（*13 Things Mentally Strong Parents Don't Do*，書名暫譯，繁體中文版即將發行）。

自從我開始談論心智強度，就收到許多女性提出的問題，其中以受 #MeToo 自白運動[1]啓發者居多。鍛鍊心智強度的原則放諸四海皆準，男女所承受的文化壓力卻有所不同。因此，有些特定不良習慣是我們女性比男性更常擁有、對抗及面對的。

1 譯註：「#MeToo 自白運動」最初可追溯至二〇〇六年，社會運動人士塔拉娜．柏克（Tarana Burke）率先在社群媒體上使用「Me Too」（我也是）一詞，鼓勵性侵、性騷擾受害者一同發聲；#MeToo 成為浪潮則與好萊塢知名製片哈維．溫斯坦（Harvey Weinstein）的一連串性犯罪有關。二〇一五年，義大利模特兒安柏拉．吉帖雷茲（Ambra Gutierrez）指控溫斯坦性騷擾；該案最後以不起訴處理，然而也引起了美國演員羅絲．麥高恩（Rose McGowan）等遭溫斯坦性侵、性騷擾的受害者響應。二〇一七年，演員艾莉莎．米蘭諾（Alyssa Milano）在 Twitter 上發表相關評論，並號召性犯罪受害女性留言說出「Me Too」，擁有類似經歷的受害者陸續挺身而出，以 #MeToo 為標籤發表動態，鼓勵其他受害者站出來，希望提高大眾對此問題的關注度，同時也點出社會面對性侵議題經常譴責受害者的不當立場。

心智強度三要素

心智跟體力極其類似，如果想要發展、強化，良好的習慣非常重要。但是如果你在實踐良好習慣的同時，也對壞習慣持之不懈，那麼良好的習慣也沒什麼優勢了。

想要提升體力，可以做重訓，不過要是想擁有明顯的肌肉線條，就不能吃太多垃圾食物，否則運動健身的效果也會打折扣。同樣的道理也適用於你的心智肌肉強度。你必須擁有良好的習慣，像是常懷感恩之心，才能變得更堅強。但如果你希望達到顯著的效果，還得同時戒除與他人比較之類的不良習慣。

重要的是要記得，患有心理疾病並不表示你的心靈很脆弱。就像糖尿病患者有可能身強體壯，同樣的道理，有憂鬱傾向的人也可能心智很堅強。疾病可能會使體力和心智的鍛鍊更加複雜，但並非全無可能。

你的心智並不是絕對的堅強或脆弱。每個人的心智都有一定的強度，而且無論你有多麼堅強，永遠會有加強的空間。

重要的是，要經常鍛鍊你的心智。如果你對於鍛鍊的態度太過懶散，心智肌肉也會逐漸縮水。

堅強的心智共含三個部分：

●**思維**：擬出實事求是的內心獨白，這點很重要。「我絕不可能成功」這類過度負面的思維會使你一蹶不振，但是也別過度正向思考，「這肯定很容易」這樣的話，也可能導致你面臨措手不及的意外。

●**情緒**：經歷各式各樣的情緒是件健康的事，但是你不必受這些情緒支配。如果你一起床就很煩躁，可以採取行動讓心情好一點；你感受到憤怒時，就去了解如何安撫自己，可以避免你做出未來後悔的事。隨著你心智強度的提升，你對自己的情緒意識也會愈來愈強，並且更加了解這些情緒會如何影響你做出的選擇。

●**行為**：不管你身處什麼環境，最重要的都是要採取正向行動。無論你是在疲累時上健身房，還是面臨自我懷疑時在會議上發言，你的選擇都有可能改變你的一生。就算你沒辦法解決問題，也一定能夠做出選擇，讓自己或別人過得更好。

心智強度的三個面向息息相關。要是你認爲自己「沒什麼好說的」，就會對主動發言感到尷尬，可能進一步使你保持沉默，因而影響到你的行爲。這樣一來，就會愈來愈強化你「沒什麼好說的」這種念頭。

我們在人生中都會面臨像這樣的負面循環。提升心智強度會阻斷這種不健康的循環，有助於培養更好的習慣，讓你過得更有成就感。

爲何著重女性

我想爲女性寫一本書，準確地描繪所謂的力量。儘管眾人視美國海豹特種部隊（Navy SEALs）爲心智堅強的典型，但是通常較熱情且重視人際關係的女性，也能夠展現堅強心智的風範。不見得是壓抑情緒、否定痛苦或突破體能極限，才算堅強。

研究顯示，女性認爲心智強度在生活中相當重要。在二〇一五及二〇一六年，凱洛管理學院（Kellogg School of Management）訪問了全球各地六千名女性關於她們對內在力量的看法，有了以下幾個發現：

- 百分之九十二的女性表示，在現代社會內在力量相當重要。
- 百分之九十的女性認爲，內在力量是邁向成功的關鍵。
- 百分之七十一的女性覺得，內在力量愈強大，就愈能充分發揮個人潛力。
- 百分之八十二的女性希望自己的內在力量更加強大。

顯然女性都希望自己的心智更加堅強，但是很多人都不太清楚要如何實踐。

我之所以爲女性寫這本書，目標就是這兩個：

1. 實現女性賦權，讓她們有能力提升自己的心智強度，展現最堅強、理想的一面。
2. 鼓勵女性創造漣漪效應，進而激勵其他人更加堅強。

我訪談了來自美國各地的女性，並將在本書中分享她們的故事、面臨的挑戰及應對的策略。此外，我也會分享來自治療室的個案研究，說明女性揚棄有損心智強度的惡習後，能產生什麼樣的效果。

接下來的十三章並不是讓你查核個人行爲的檢查清單。我們每個人偶爾都會有這類不健康的行爲，尤其在面臨困境時更是如此。

你在這一生中可能曾有那麼幾次，覺得自己堅強有力、所向披靡，只不過這樣的情形極爲罕見。你也可能在幾乎要達成某個創舉時，稍微體驗到自己多麼堅強。如果能隨時展現自己的內在力量，將個人潛能發揮得淋漓盡致，那該有多好？這本書就是要協助你達成這樣的目標。

我不會告訴你要創造更美好的人生，就得從事更多令人身心俱疲的活動（畢竟坊間已經有太多訊息，堅稱你「應該」付出更多才能提升自己）。相反地，我會說明如何戒除惡習，以免這些習慣將你努力培養起來的堅強心智銷磨殆盡，還要教你如何以更聰明的方式自我訓練，而不是一股腦地加倍拚命，這樣才能幫助你成就最好的自己。

1 不與他人比較

每朵花各有其綻放的步調。

——作家蘇齊・卡塞姆（Suzy Kassem）

凱拉覺得自己異常不快樂而尋求心理治療。她是一位二十八歲的護理師，熱愛在醫院兒科的工作。她跟男友交往將近一年，覺得他就是「對的人」。她跟父母和哥哥的關係良好，而且擁有很多朋友。

她很幸運，繼承了已故祖母的房子，經濟條件不錯。由於不必負擔房租和房貸，她很早就把自己的學貸還清了。

儘管她已經擁有想要的一切，仍覺得不滿足，而這種不滿使她心生愧疚。她憂心自己的不快是對父母的不敬，畢竟他們確實已經為了幫她打造理想生活而犧牲許多。

她說：「我知道多數人都會願意付出一切來換取我所擁有的生活。但我就是不明白為什麼自己並沒有感覺到無比的快樂。」

我們花了好幾個星期的時間討論她不快樂的情緒，以及她真實感受與「應有」感受的落差。她堅信身邊的朋友都比她過得更快樂，而且認為自己一定做錯了什麼事。

凱拉跟一個已婚且育有二子的朋友聊天時，會懷疑自己的人生是否跟上了應有的步調；跟另一個經常健身的朋友相處時，又覺得自己像是「身材走樣的大河馬」。

她開玩笑道：「有一部分的我甚至覺得，我該跟一些處境悲慘的人來往，這樣我心裡才比較好過。」這確實是個方法，不過可能沒什麼幫助。

只要她覺得自己「應該」更快樂，就無法盡情享受自己的生活。如果想阻斷這種念頭，她必須停止與她想像中朋友所擁有的幸福感比較。

如果她想感到滿足，就得將焦點挪回自己的目標；將人生當成一場比較幸福感的競賽，無異於引火自焚。

我在凱拉的療程中，對她強調的是調整思維。當她產生了類似「朋友過得比我好」的念頭時，就要提醒自己：「朋友與我的人生不同，但沒有孰好孰壞，只是不一樣罷了。」

凱拉也必須接受朋友有時過得比她開心。不過人生起起伏伏，總搶著當最開心的人，絕對沒辦法讓她心情平靜。

凱拉愈來愈能察覺到自己的情緒，也不斷練習調整自己的思維，並在此過程中認知到，不見得跟朋友一樣快樂才算活出精采人生。凱拉在療程後期的一次面談中表示：「當朋友分享生活中的開心樂事時，我不再拿他們的生活和我自己比較，而是練習對他們的熱忱與興奮感同身受。這種觀念使我更滿意自己的人生。」

你會與別人比較嗎？

我們偶爾都會與人比較，因爲如果不找個人來對比，要怎麼知道自己是不是擅長打籃球，或是數學很爛呢？雖然比較可以幫助你找出一些強項和弱點，但是以別人爲標準來衡量自己的價值會損害你的自我意識。以下有哪幾項就像是在說你？

- □我覺得其他人比較快樂、有吸引力，而且過得比較好。
- □將人生視爲一場競賽，身邊的人都是我的競爭對手。
- □我很羨慕其他成功的人。
- □我經常在想其他人的經濟條件是不是遠優於我。
- □我認識陌生的女性時，會立刻開始評估自己跟她們比起來如何。

□我自認比周遭的女性更有吸引力時，自我感覺會達到巔峰。
□我瀏覽社群媒體時，經常會特別留意其他女性，想確定她們是否看起來比我快樂、苗條或好命。
□我會因爲覺得朋友過得比我好，而想趕上他們的腳步。
□我很怕自己成爲在場最笨、最窮或最沒有魅力的人。
□我見到職稱了不得的女性時，會覺得自己一文不値或沒有安全感。

爲什麼我們會有比較心理

凱拉是和幾位密友一起長大的。小時候，他們分享彼此的未來夢想，並討論隨著年齡增長可以達到什麼不同的目標，但是在大學畢業之後，就必須各自選擇不同的道路。隨著他們踏上了不同的旅程，凱拉開始質疑自己究竟是不是選了「最理想」的道路。她在一次面談中提到：「我們都只是想過得幸福快樂，對吧？所以如果有人過得比較幸福，一定是因爲他們更能看透人生的意義。」

凱拉堅信必定有一條通往幸福的最佳途徑——這個迷思必須設法破除。在內心深處，她認爲自己正與周遭的人競爭，大家都要爭奪最美好的人生：只要比身邊的人快樂，就表示自己佔了上風；倘若不如朋友快活，就彷彿一敗塗地。

我們都很容易落入凱拉這樣愛比較的陷阱。社群媒體的興起，更是助長了這種觀察他人、相互比較的心理。對許多女性而言，比較已經成了一種難以戒除的習慣。

文化壓力迫使我們相互比較

假設你是學生，參加了一場考試，教授說你得了C等，低空飛過。請花點時間想像得到C等是什麼感受。然後，假設你後來才得知班上其他人都不及格。現在，你對於得了C等作何感想？

又或者，你發現班上其他人都拿到A，拿C的你成績墊底，此時你對自己分數的想法會改變嗎？多數人都一樣，看待自己分數的態度或多或少會受到全體成績分布的影響。

我們大部分的人在日常生活中都會做這件事：四處看看，觀察其他人怎麼樣了。就某種程度來說，這種行爲很合理。如果你不與他人比較，要怎麼知道自己聰不聰明？又怎麼知道自己很會打高爾夫、不擅長保齡球，或是廚藝精湛？如果沒有對象可以比較，就無法判斷出優劣了。

同樣的邏輯也適用於財務狀況。你是富有還是貧窮？很難說，對吧？跟全世界的人比起來，你可能很富有；如果將你的資產淨值與職業運動員或名人比較，可能就會顯得你很貧窮。

觀察別人有助於了解自己。我們都是與別人進行比較之後，才深刻了解到自己的才能、強項和弱點。

相關企業試圖說服女性投資美容產品時，一個狡猾手段就是展示漂亮的女性似乎更爲快樂、健康、富有，希望你與那些模特兒、女星相比，自覺矮了一截，然後再向你保證，如果買了他們的產品，你的人生就會變得更順遂。

對女性而言，變美是件很有壓力的事情。媒體影像和美容產品都強調女性外貌的重要。美容產業創造出美國西北大學（Northwestern University）心理學教授芮妮·恩格（Renee Engeln）所謂的「愛美病」（beauty sickness）。她在著作《愛美成病》（*Beauty Sick*）中提到：「坊間流彈般的資訊不斷告訴我們，只要花錢就能讓自己變得更美。這些訊息告訴我們：選對睫毛膏就能改變一生；選對防皺乳霜可以凍齡；瘦五公斤將徹底改變你的桃花運，心理層面的問題也會隨之一掃而空。」

恩格找來兩百位女大生，請她們寫下瀏覽女性雜誌內頁廣告時所產生的一切想法。有些影像只包含產品，例如唇蜜廣告，而有些影像則有模特兒入鏡。超過八成的女大生看到有模特兒的影像時，至少進行了一次社會比較。以下列舉幾個女學生提出的意見：

● 如果我的大腿也那麼細就好了。

- 天啊，她真美。我怎麼就沒辦法那麼漂亮？
- 真希望我的肚子跟她一樣平坦。

她與研究助理合力編列出受訪女大生的所有想法，發現最不滿自己體態的女學生較常進行社會比較，於是總結出：「如果你原本就不滿意自己的外貌，就更有可能不斷尋找與自己外貌有關的訊息。」

社群媒體助長了比較的風氣

Instagram 上充斥擁有六塊肌的健身達人；Facebook 廣告大肆宣揚令人稱羨的商場專家；Pinterest 大力吹捧各種舉辦派對、家居裝飾、烘焙烹飪的天才能手。看著這些女性，很難不興起這樣的念頭：「爲什麼我就不能跟她們一樣？」

瑪麗亞是我撰寫本書時訪談的一位女性。她說：「我很慶幸，我們小時候沒有什麼社群媒體。我眼睜睜看著我十五歲的女兒花好幾個小時，只爲了拍出一張可以放在 Instagram 上的完美自拍。我問她爲什麼要花這麼多時間拍一張照片，她只說：『我希望別人覺得我很正，但我又不如大部分女生漂亮，只好多花點時間拍出一張「照騙」囉。』」

當然，也不是只有年輕女生會在社群媒體上進行社會比較。曾有三十八歲的女性在聊天時告訴我：「我經常在 Facebook 上瀏覽朋友的照片，總覺得自己想偷偷找出一些瑕疵，像是灰白的髮絲或是皺紋。我並不會看著他們的照片，爲他們正在享受假期或瘋狂夜生活感到開心，反而只是在觀察他們是不是比我好看。」

男性瀏覽社群媒體時，也會進行社會比較，但是相對而言，女性花較多時間在社群媒體網站，而且更常使用以影像爲主的社群媒體，例如 Facebook、Pinterest 和 Instagram。男性則較常使用 Twitter 和 LinkedIn。

社群媒體可能扭曲你對其他人的看法。有一項二〇一二年的研究發現，人們花愈多時間瀏覽 Facebook，就愈可能認爲別人比自己更優秀、更快樂。

Facebook 上每天都有一千萬張新上傳的照片。二〇一五年的研究顯示，女性只要瀏覽 Facebook 十分鐘，情緒和身體意象通常就會變低落。瀏覽社群媒體上的影像與對自己身體的不滿程度有關，因爲研究對象會與其中人物的臉孔、頭髮和皮膚進行比較。

問題所在

凱拉理所當然地認爲自己了解朋友的一切，因爲她們已經認識很久了。她認定朋友的生活就像 Facebook 上呈現的那麼多采多姿。

所以，有個星期我問她是否曾告訴朋友她正在接受治療，她說沒有。我又問她，是否曾在社群媒體上表達覺得自己處境不如別人。她也說不曾公開提過這件事。後來引出了一段很有趣的討論：她的朋友可能也深受類似問題所擾，只是沒向她提過，而且他們肯定也不曾在社群媒體上分享個人面臨的問題。

這段討論使凱拉了解到，她將注意力投注於錯誤的地方。她非但沒有專注於自己想達成的目標，還因朋友的成功而分神。一心想像朋友有多快樂，卻造成不必要的焦慮與煩惱。

這些比較並不一定是有憑有據，而且可能永無止境，因爲永遠會有人過得比你好，或是擁有的比你多。浪費精力與別人比較，並不能激勵你進步，反而會摧毀你的意志、拖累你的發展。

女性感到沮喪，男性受到啟發

社會比較有兩種類型：向上比較和向下比較。向上社會比較是指審視較爲優越者（可能比較富有、健康或快樂），例如與苗條的模特兒比較身材，或是拿自家住宅與同條街上的豪宅相比。

眼巴巴看著所謂比你好命的人，會使你的心理愈來愈不健康，可能自認比較沒有價值、能力比較差、魅力比較小，而且比較不討人喜歡。研究顯示，向上社會比較會產生低落和嫉妒的情緒。

相對地，向下社會比較就是對比處境較差的人。你可能會想想比你胖的朋友，藉此提升對自己身材的信心，或者開車經過附近比較髒亂的社區，然後竊喜自己住所的環境比較好。

你或許認為與狀況比較悲慘的人相比對自己有益。畢竟，這會讓你對擁有的事物心懷感激，不是嗎？事實上並不盡然。研究指出，向下社會比較或許能短暫提升自我意象，但長期下來會產生焦慮與同情，使你心情更糟。

說到底，比較的對象是成功還是潦倒根本不重要，無論是哪一種情況，都會使你的心智強度受到侷限。

雖然男性也會與他人比較，但是研究顯示，女性更常與他人比較外貌，且更傾向進行向上比較，因而打擊到她們的身體意象。

馬凱特大學（Marquette University）研究人員於二〇一二年發表一項研究，深入探討男性和女性最有可能比較的對象。研究人員透過一連串問題，發現女性通常會與外型自然優雅的女性比臉蛋、比身材，並且自認永遠達不到相同水準。研究人員猜測這是源於社會普遍強調美貌對女性的重要。

另一方面，男性較常拿自己目前的身材與未來的樣貌比較，因此與其說他們希望自己看起來更有魅力，不如說是在想像自己如何達成理想中的模樣。這跟自認不可能變得那麼自然優雅的女性並不相同，男性的態度比較樂觀，並對於自己有能力改善外表抱有希望。

所以男性看到其他男性肌肉發達或身材理想的圖片時，更容易受到激勵。他可能會詳加考慮健身或調整飲食，讓自己有朝一日也能變得像照片中的人一樣。女性看到其他具有魅力的女性圖片時，通常會產生自卑感，因爲自認絕不可能達成類似的目標。

另外，這項研究也明確指出一點：女性愈常進行比較，就對自己的身材愈沒信心；而她們愈是自卑，就愈會與他人比較。這形成一種惡性循環。

只不過，你大概不需要靠這項研究也能明白這個道理。你最近一次看著雜誌裡的名人或社群媒體上的健身達人，心想：「哇，我眞好看！」是什麼時候呢？

你只看到別人生活的一小部分

敏蒂·麥瑞蒂（Mindy McCready）在一九九六年竄紅，達到多數歌手夢寐以求的境界。她的首張專輯《一萬個天使》（*Ten Thousand Angels*）大賣超過兩百萬張，收錄的單曲有四首進了暢銷排行榜。

她音樂事業一飛沖天，私生活也幾近完美。她的未婚夫是迪恩·凱恩（Dean Cain），也就是熱門電視節目《新超人》（*Lois & Clark: The New Adventures of Superman*）中飾演超人的那位男星。這對神仙眷侶彷彿擁有著眾人歆羨的一切。

但是就在短短幾年之內，一切急轉直下。她與迪恩·凱恩分手，音樂事業也跌到谷底，她開始因爲各種醜聞登上新聞版面：酒駕、詐領處方藥、駕照吊銷仍駕車上路。到了二〇〇五年，她遭當時男友比利．馬奈（Billy McKnight）毆打，當時男方甚至因此遭控殺人未遂。

麥瑞蒂後來與馬奈復合，甚至懷了她的第一個孩子。但是這段戀情並沒有延續多久，麥瑞蒂數度企圖自殺。

她後來又與大衛．威爾森（David Wilson）交往，然後懷了次子。她依然深陷藥物濫用的泥淖，與威爾森分分合合。

後來在二〇一三年，威爾森被人發現身亡，推測死於持槍自戕。麥瑞蒂的兩個兒子因她藥物濫用，被安排送到寄養家庭，麥瑞蒂本人則經法官裁定進了勒戒所。

當她收到法院文件，要求她將兒子送去給與她不相往來的母親撫養時，麥瑞蒂崩潰了。她走到屋外舉槍自盡。當年，她才三十七歲。

我不禁想，有多少女性曾拿自己與麥瑞蒂相比。她長得漂亮，才華洋溢，又有名氣，好長一段時間過著令人歆羨的生活。

她是否內心長期飽受折磨，抑或是那一連串挫折促使她陷入悲慘境遇，這個問題的解答已經不得而知。但可以肯定的是，多數人知道她的完整經歷之後，都不會想和她交換命運。

有些人外表光鮮亮麗，但是私生活已經分崩離析，而敏蒂．麥瑞蒂並不是唯一的例子。我相信有很多人都曾希望能夠「幽默堪比羅賓．威廉斯（Robin Williams）」，或是「歌喉媲美搖滾歌手科特·柯本（Kurt Cobain）」。身為局外人，我們很容易把別人生活想像得幸福洋溢，卻沒辦法了解他們內心正在對抗什麼。用個人生活的眞實面貌與你想像中的他人生活相比，這樣太不公平了。

如何改變做法

凱拉是聰明人，她知道與他人比較並無益處，但又承認：「我就是忍不住。我看著朋友的動態，就開始懷疑自己，即使是週五夜晚的行程或烹調晚餐這樣的小事，我也會產生比較的心態。」

既然經常是社群媒體刺激凱拉進行社會比較，所以她同意停用社群媒體一週，看看情況會是如何。一週後，她回到治療室，然後說：「我發現，不使用社群媒體的時候，我好像不那麼在意別人正在做什麼了。」

她不想完全不使用社群媒體，但是認同應該要監督一下自己使用的情況。光是更留意社群媒體對她情緒和思想的影響，就幫助她在減少社會比較這件事情上，化被動為主動。

凱拉意識到自己的心態有了轉變，並且表示：「快樂處處都有，就像能量充足的太陽。即使有人在沙灘上享受日光浴，也不會奪走你能享受到的陽光。」

如果想避免落入比較的陷阱，主要可以落實三件事：

1. 降低與他人比較的可能性。
2. 透過改變自己的思維，調整自己誇大而有欠公允的比較心態。
3. 排解你在看到他人優勢時所產生的負面情緒。

創造無暇羨慕別人的充實人生

二〇一七年發表在《身體意象》（*Body Image*）的研究發現，女性如果心裡掛念著其他事情，就比較不會受社會比較的影響。所有受試者都是女性，而且承認瀏覽媒體圖片會覺得自卑。不過，研究人員要求這些女性在瀏覽美女時執行其他任務後，她們的情緒和身體意象就不會受到那些圖片的影響。

這些女性先應要求評估了自己的情緒，以及對自己的外貌滿意度，然後分成三組瀏覽圖片。第一組受試者一邊觀賞迷人的模特兒照片，一邊背一組複雜的八位數字；第二組受試者一邊看模特兒照片，一邊背一組簡單的數字；第三組則瀏覽沒有人物的照片。

看完照片之後，她們再次評估自己的情緒和外貌滿意度。此時，研究人員發現，忙著記憶複雜數字的那群人，並沒有受到觀看內容的影響。她們的情緒維持穩定，對自己的魅力評分也沒有變動。

只需要記簡單數字的那組人則有了改變。她們看了照片之後，心情變得比較不好，對自己的外貌滿意度也下滑。

我們可以從這項研究了解到什麼？如果你生活過得很充實，就比較不容易受周遭事物影響。這並不表示你應該每天庸庸碌碌和娛樂狂歡，而是說明打造多采多姿的生活能防止你浪費時間思索別人是否過得更好。

不管是瀏覽社群媒體上的健身圖片，還是打量面前女性的穿著品味，只要你發現自己在與別的女性做比較，請自我克制。思考如何更有效地運用你的時間，例如好好了解別人、閱讀書籍、學習新技能，或投入個人興趣。經常提醒自己，採取一些措施來使生活豐富滿足，讓你無心掛念別人看似美好的生活。

了解內在與外在的差異

假設你要在鞋盒上創作拼貼畫。鞋盒外呈現的是別人眼中的你，你可能會加上一些個人嗜好、活動或興趣的圖片，或是把自己塑造成微笑、開心、努力的形象。

現在要裝飾鞋盒內部，表現你內心的感受。說不定你會展示自己不為人知的恐懼、不安和黑暗的想法，也有可能會呈現你腦中不停出現的負面影像。

花點時間想一想，盒子內外會有什麼不同。別人看到盒內的畫面會覺得意外嗎？多數人應該都一樣，連最親密的家人、朋友可能都會被盒子裡的內容嚇一跳。

你可以乾脆找個鞋盒實作一遍。在鞋盒上貼上雜誌圖片，透過實體來呈現你內心思想與外在形象的差異。

多年來，我與許多個案一起進行過這項活動。幾乎所有人都認爲，親近的家人、朋友都不懂他們內心眞正的痛苦折磨。

當你想與別人比較時，就想想這一點。你只能看到他們鞋盒外的樣貌，卻不曉得盒子裡是什麼情況。

社群媒體逐漸成爲人們展示鞋盒外觀的新方式。多數人只對外分享他們最精采的時刻、最快樂的回憶、最輝煌的成就，所以我們很容易基於別人的外在印象，來認識他們的內在。

你崇拜的健身達人可能把所有時間都用來運動，根本沒有時間與家人、朋友相處；充滿冒險精神的那位女性，也有可能家庭生活如驚濤駭浪。下次你又想拿他人的外在條件來對比你的感受或特徵時，別忘了這點。

留意毫不起眼但意義大不相同的評斷型詞語

我們都會反射性地根據事實進行比較。有人比你苗條、高䠷或頭髮長時，你會下意識地注意到，但是不一定要去評斷高下。會讓你感到自卑的正是那些評斷批判。

我身高約一百六十二公分。遇到一百九十幾公分的人，我很快就會注意到對方比我高。我是不自覺地注意到這項事實，不太能控制。

但是我可以控制自己對於高矮的評斷，可以選擇避免產生這種想法：「因爲我長得矮，所以沒人尊重我。」因爲這種推論會影響到我的心情和行爲。

事實本身並不會讓你不開心，但是基於事實而推得的結論，就有可能讓你產生負面情緒。你不一定要將目標設爲杜絕一切比較，而是應該避免受到比較的影響。

以下列出的幾個需要特別留意的詞語：

- **「應該」和「不應該」**。我應該要賺更多錢。我不應該穿得這麼隨便。「應該」這個詞語反映出現實與期望之間的差距。練習接受現狀，不必堅持改變。
- **「真希望」**。真希望朋友能跟她一樣多。真希望我老公對待我，就像她老公對她一樣好。說出你的「希望」時也要小心，練習把握生命中既有的美好事物。

●**比較級的字眼。**我的朋友比較有錢。我的老闆比較漂亮。我妹妹比較聰明。意識到自己正在進行比較，然後自問那是事實還是觀點。

不要以「比較好、比較壞」或「好、壞」之類的方法來區分人，試著將自己的想法分成「事實與觀點」。「她的車比我的貴」，這算是事實；但是，「大家都比較喜歡她的車，相較之下，我開這車眞是太丟人現眼了」，這就是觀點。只要認知到事實與觀點之間的差異，就能有效地提醒自己，基於比較所做出的評斷只是你的觀點而已。

他人是觀點來源，而非競爭對象

之前有位個案布蘭迪是因爲壓力過大而開始接受心理治療。她之前一直將高壓的工作和忙碌的社交生活掌握得很好，直到有個同事開始實行極簡主義，一切都變了調。她同事變賣許多財產、縮小住房規格，並出售汽車，改騎腳踏車。布蘭迪發現同事的這些行爲之後說：「自從我見證同事在生活中創造改變，就不停地想著，如果我也拋棄了我的東西，生活會是如何。眞希望這些拖累我的東西能變得少一點。」

那是我第一次聽到有人表達羨慕擁有比較少的人。我問她怎麼沒有親自實踐極簡主義，她說：「我根本不知道從何著手。」

我建議布蘭迪別在暗地裡羨慕同事，可以直接找同事聊聊，請教她是如何一步一步落實極簡。布蘭迪可以經由詢問同事的心得或斷捨離所帶來的快樂，深入了解成爲極簡主義者的眞正意義。

布蘭迪同意主動找同事聊聊，並在事後表示：「其實這件事好像沒那麼有趣。她要經常洗衣服，因爲沒有太多衣服可以換；她要每天都去超市，因爲要背著那些東西騎腳踏車，沒辦法一次買太多。而且我也不想丟掉所有具有特殊情感意義的東西，我將來一定會後悔。」

布蘭迪之所以能有這番結論，是因爲她開始將同事視爲觀點來源，而非競爭對手。她們並不是要比誰擁有的東西比較少，或是誰覺得最自由自在，只是對於如何創造最佳生活的看法不同而已。

把別人視爲競爭對手，會使你覺得格格不入。你會開始把每個人都當成敵人，不斷逼問自己是不是比周遭的人更好。

改變這樣的心態有助於你提升自我價值（和人際關係）。如果別人擁有你想要的，可以將他們當成楷模，而不是敵人。

二〇一八年發表於《人類行爲中的電腦應用》（*Computers in Human Behavior*）的一項研究發現，經常想著「這個人對我正在處理的事情有獨到看法」的人，他們的心理狀態比想著「這個人可以做得比我還好」的人健康。研究人員還發現，將別人視爲觀點來源有助於培養樂觀心態及激發靈感，並避免情緒低落與嫉妒心態。

如果你認爲別人只是懷有不同的觀點，而不是條件比你優越，你就會向他們學習。養成這種心態之後，你就能從所有人身上學習。

所以千萬別落入總覺得別人比較幸運、優秀或開心的陷阱，可以問問自己以下幾個問題：

- 這個人擁有的什麼資訊對我有幫助？
- 我可以從這個人身上學到什麼？
- 這個人有哪些觀點、想法或專長跟我不一樣？

日常應對：事業

講到事業，一般人很容易就會認爲自己賺的錢應該跟朋友差不多，或是發展的速度與同事相近。但是你的職涯旅途專屬於你，無人伴你同行。每個產業、每間公司、每支團隊互不相同。拿自己在工作崗位上的經驗與別人比較，通常沒什麼意義。

你沒辦法完全掌控自己的事業，沒辦法控制老闆是否讓你升遷，沒辦法要求大家選擇你的服務，也沒辦法阻止經濟不景氣。所以拿自己與別人的事業比較，然後說「她比我優秀，所以才錄取了那份工作」之類的話，可能不太正確。

不過，這並不表示你得忍受職場歧視。就拿性別同工不同酬來說吧，很多人都說女性薪資比較低是因為有了孩子較常請假，或是她們工作時數較少是因為她們是孩子或家中長輩的主要照護者。但是研究發現，大約百分之五到七的男女收入差異可能來自歧視。

如果你的薪資低於資淺的男同事，請探詢原因。你或許會得知，同事薪資較高確實有個正當的理由。可是如果你懷疑是因性別歧視而導致女性酬勞低於男性，請勇於主張薪資平等。

日常應對：家庭

還記得媽媽分配布朗尼的場景嗎？弟弟分到的那一塊看起來好像比較大。你或許還記得，自己看到之後大喊了一聲：「不公平！」和家人比較所分配到的事物，是童年時的家常便飯。只是這種比較的現象未必會隨著我們長大而結束，說不定還愈來愈嚴重。

可能是你的姊姊從前成績比你好，現在賺得又比你多；或者，奶奶老是跟你說哪個堂哥是整個家族裡表現最優秀的。

如果你有家人到現在還會說「你姊姊大學一畢業就找到工作了」這類的話，請溫柔地提醒他們，你們是兩個不同的個體。你們雖有血緣關係，也不應該相提並論，因為每個人的技能、天分和生活經驗都不相同。另外，也可以強調你並沒有要與任何人競爭，包括自己的手足。

你或許也會比較自己和別人的家庭。例如，你聽說別人全家去度假時會想：「眞希望我們家也能像他們一樣和樂融融，一起開心地去度假。」或者你在社群媒體上看到別人的假期全家福照片，便暗自希望自己家人之間的活動也能這麼相親相愛。

每個人都獨一無二，同理，每個家庭的情況也都不一樣。所以請好好珍惜你所擁有的人際關係，別浪費時間希望自己家變得像別人家一樣。

日常應對：社交

二十四歲的蓓絲應邀接受我在撰寫本書期間的訪談。她曾說：「我所有的朋友都挺身而出，支持 #MeToo 自白運動，還分享自己的經歷，比我勇敢多了。其實我小時曾遭人猥褻，但我不敢告訴任何人，連我的朋友都不曉得這件事。」

有好幾年，蓓絲因爲那段經歷而背負著深深的羞愧感。現在她卻因不願跟隨朋友的腳步站出來發聲，而心生更強烈的羞愧感。我鼓勵她接受心理治療，去談談她所承受的一切，以及憂心自己不夠勇敢的煩惱。與朋友比較可能會對她的心理健康造成嚴重影響，畢竟她選擇緘默也不表示她就是膽小鬼（我們會在第十一章對此詳加探討）。她只是選了與眾不同的道路，而究竟哪一條是最適合她的道路，決斷權在她手上。

朋友深深地影響著你對自己的看法。但是千萬別忘了適當調整觀點，而且不該利用朋友的選擇或成敗來衡量你自己。

我在治療室裡，見到不少人是靠著身邊的朋友而更堅信原有的想法。自卑的人選擇結交比自己優秀的朋友，因而不斷加深自己是天生輸家的印象。另一方面，也有些人選擇與生活相當艱苦的人來往，是因爲那有助於提升他們的自信。

仔細思考你挑選特定朋友的標準。你挑選的朋友類別很多嗎？還是只挑選特定類型的對象？無論你是靠瀏覽社群媒體來判斷誰最快活，還是經常拿朋友的婚姻來與你的情史相比，這樣的比較都有損你們的友誼。你如果一心只想著朋友過得比你好、比你更有魅力，怎麼可能自在開心地與她相處？

拒絕與人比較使你更堅強

高一那年的幾何課，我都在努力搞懂圓柱表面積和角錐體積。有一次考試，大部分同學都考砸了，有人問老師：「可以改成按常態分布給分嗎？」老師說：「不行。我小時候的數學老師就是按常態分布給分，所以我都只想考得比別人好一點就好，反而不會盡力學習。」

對她來說，考個全班最高分可不是什麼難事。

她說得很好。努力做得比別人好，與努力做到最好，這其中是有區別的。你與別人比較時，可能會因爲覺得自己「贏了」就滿足，但是這樣可能導致你低估了自己的能力。

就拿凱蒂．雷德基（Katie Ledecky）來說吧。她是全世界最優秀的游泳選手，甚至可能是全世界最優秀的運動員。她打破的世界紀錄足足有十一項。

如果她只與別的選手比較，可能會在知道自己能夠獲勝之後就心滿意足了。但雷德基還是不斷精進自我，即使已經超前對手十秒以上，也從不鬆懈。她的目標不只是獲勝，而是努力做到最好。

如果她只在意比賽結果，可能會選擇跟其他游泳選手一樣的策略。多數游泳選手會在比賽初期爲了保留體力而穩持保守配速，不過雷德基卻反其道而行，早早便衝刺領先。她在一次《華盛頓郵報》（*Washington Post*）訪談中表示：「因爲我總是很怕游完才發現自己保留了太多體力。我也會試著自我節制，以免（剛開始就）把自己逼過頭。重要的是找到平衡點，而且對自己有信心，相信自己掌握了速度，這樣就能保持積極正向，並完成八百或一千五百公尺的全程衝刺。」看來創新的做法使她順利達成了目標。

人生並不是競賽。試圖超越所有人會使你的心靈枯竭。當你不再與人比較時，才能完全專注發揮個人實力，不會擔心即將有別人打敗你。

努力成爲最好的自己，而不是贏過其他人。你唯一的比較對象只有過去的你。

解惑及常見陷阱

有個常見的陷阱是認爲比較能促使你進步。但是在心中偷偷比較，並不是健康的競爭方式。在所有人都意識到自己正在參與比賽的情況下，才會是健康的競爭關係。舉例來說，減重挑戰能順利進行，也得要所有人都爲某個特定目標相互競爭。得知同事比你多減了半公斤，或許會激勵你在接下來一週更加努力，但是偷偷嫉妒同事的身材可就不是這麼一回事了。暗自在心裡與別人比較的時候，根本沒有其他人參賽，你只是面對沒在跟你比賽的人，試圖維持自己的分數。

競爭還有一個缺點，就是不持久。一旦競爭的階段過了，多數人的動力就會立刻消退。還有一種常見陷阱是在發現別人超越你時，試圖逃避你心裡的不舒服。例如朋友找到了理想的工作，你會不想跟他聊天，或是得知姊姊產後順利瘦身，運動健身就讓你聯想到自己還是不夠瘦，所以不想再上健身房。但是逃避並不能驅散不暢快的感覺，如果不妥善處理你的嫉妒、悲傷或憤怒，這些情緒都可能會愈演愈烈。

你感覺不快時，就大方承認吧。深呼吸，承認自己有點不開心，甚至可以視情況決定要不要向對方坦承。「我很替你開心，但你這麼成功，也讓我知道自己還有很多努力的空間。」簡單地說這幾句，或許能夠化解誤會。

實用技巧

- 意識到自己在進行比較。
- 調整比較時的用語。
- 接納自己心中的不適。
- 區隔事實概念與觀點評斷。
- 只與自己比賽。

當心陷阱

- 使用「應該」、「希望」或「比較好」等詞語。
- 利用向下比較讓心情暫時好轉。
- 將所有人視為競爭對手。
- 透過社群媒體來比較自己與其他女性的生活。

2 不執著完美

願意犯錯是很重要的，反正最糟糕的情況不過就是被大家記得而已。

——富商莎拉・布蕾克莉（Sara Blakely）

三十五歲的雪比因情緒焦慮而開始接受治療。她當了八年的全職家庭主婦，等到兩個孩子都開始上學，便重返職場。

起初，她很高興終於能夠開始上班。她熱愛工作，也對薪水很滿意。她說：「可以走出家門，為這個家做出一點貢獻，這感覺眞是太棒了。」

但才過幾個月，一切就變了。壓力大到讓她喘不過氣，「我覺得當了這麼多年的家庭主婦，好像使我成了廢人。」

雪比希望能讓老闆留下好印象，所以都提早到公司。晚上等到孩子都睡了之後，開始準備隔天的午餐、洗衣打掃。等到她做完所有家事，又埋首於白天還沒處理完的公務。

她打到我的辦公室預約第一次面談時，接電話的服務人員問她想在治療時討論什麼。雪比說：「我覺得自己無法身兼職業婦女與媽媽的角色。」

雪比花了好幾次治療面談的時間，在談她不應該擔任職場主婦的理由。她說過類似這樣的話：「我的脾氣愈來愈差了。」「我沒再親自爲家人準備三餐了，家裡也不如我期望的乾淨，這些事讓我壓力好大。」

她解釋，自己的母親一直都是家庭主婦，「我甚至覺得我媽不曾睡覺。她把我們家打理得一塵不染，還手作麵包來爲我們做三明治，而我從來不曾聽她抱怨。」

我還得知，雪比兒時曾是優秀的運動員兼模範生。她告訴我，「我是靠著網球項目的資優獎學金上大學的，而且在校平均成績是滿級分。」

雪比的父母向來相當讚賞她在體育與課業方面的表現，也對她的成就引以爲傲。對她來說，讓父母開心是件很重要的事情。

課業和運動對雪比而言易如反掌。後來她結了婚、有了孩子，家庭主婦的工作也難不倒她。但現在重返職場的她發現，要同時當個完美的母親、太太與員工，時間實在不夠用。

這是她這輩子頭一次感覺到自己的無能爲力。在校時想拿到更好的成績，只要花多點時間讀書；在網球場上想表現得更出色，就更努力練習。但現在這種方法行不通了，因爲每一天的時間有限，沒辦法讓她花更多時間當個更優秀的母親、太太和員工。

可惜雪比並沒有因此讓自己稍稍喘息，反而試著更拚命想兼顧各個角色。她因爲無法在二十四小時內完成三十個小時的工作量而焦慮不已，認爲無法達成目標和身心俱疲都是因爲自己心智不堅。

雪比希望我能讓她稍微放鬆一點，還問我，「有沒有什麼藥能改善我的情況？」

我反問：「你希望透過吃藥具體改善什麼問題？」

她回答：「唔，我不確定該選擇抗焦慮的藥讓我平靜下來，還是選擇能令人精力充沛的藥，好讓我用更短的時間做好更多事情。」

雪比的壓力並沒什麼神仙妙藥可以化解，關鍵反而是在於學著讓自己休息一下。

身爲職場媽媽的她想把所有事情做得跟當家庭主婦時一樣好，卻因此付出了代價——不但犧牲了睡眠及陪伴家人的時間，也對她的心理健康造成了影響。

爲雪比進行治療包含幾項策略：改變她自我評價的方式、減少她要做的事情，以及在日常生活中也達成自我照護。雪比將一些家務分配給家人，讓孩子負責打包便當和洗碗，先生變得更積極幫忙，而雪比自己也不再一直告訴自己要事事完美了。

雪比必須降低對自己的期望，而不是追求更好的表現。告訴自己放鬆一點並不容易，但她做出調適後，漸漸覺得心情隨之好轉。

你是完美主義者嗎？

有些完美主義者會對自己有不切實際的期望，而有些則是努力想達成別人爲他們設下的理想目標。無論哪一種，執著完美都不是健康的心態。以下哪些描述符合你的情況？

□ 我照著鏡子，注意到的是想要改變的各種細節。
□ 我爲了某個目標而努力時，會專注於結果，而不是過程。
□ 我嘗試新事物，但發現自己並不擅長時，會直接放棄。
□ 即使是具有建設性的批評指教，在我聽來依然像是人身攻擊。
□ 我做完一件事時，比較會注意到小瑕疵，而不是感到滿意的部分。
□ 有時我會因爲擔心成果不完美而拖延了進度。
□ 我不太擅長爲一件事情畫下句點，因爲總覺得還有改善的空間。
□ 我不喜歡別人看到我家裡亂糟糟的。
□ 我花很多時間在思考如何變得更好看。
□ 我發覺自己沒有完全掌控情況時，會很焦慮。

爲什麼我們會執著完美

雪比承認，如果有人對她的表現表示肯定，她就會覺得自己很棒。她說：「如果表現得很平庸，絕對不會受到稱讚。必須出類拔萃，才能脫穎而出。」不過她也知道，因表現出眾而獲得的稱讚並不能使她滿足，反而像是雙面刃。她的成就愈突出，別人對她的期望就愈高，她就愈擔心自己犯錯後會把一切搞砸。

雪比跟我的許多女性個案一樣，不斷害怕自己讓別人失望或是無法達成目標。無論她多麼努力，都還是覺得自己不夠好。

要在外貌、舉止、談吐等各方面都維持完美形象的壓力體現於許多層面。儘管這樣的壓力或許是始於外界，可是也已經融入許多女性內在的個人信念。

社會期待女性能輕鬆做好所有事

我爲撰寫本書而訪問的數十位女性中，幾乎都會談到一個問題：絕大多數的女性都會提到覺得自己面臨種種壓力，被迫扛起所有責任，同時還要打點好自己的外表。

五十四歲的琳恩這麼總結她的感受：「他們希望我擁有全職工作、包辦家務、做好所有日程規畫、寄電子郵件、購買所有必需品、與校方溝通良好，而且在我尋求協助的時候，別人看待我的樣子彷彿我是個壞女人。大家都期待女性要背負兩三份全職工作，但男性只要一週工作四十小時和整理院子草坪就好。」

所以即使女性順利融入職場，所背負的家庭職責也無法卸下。在世界各地的多數家庭中，女性仍背負著他人的期望，無論是否擁有全職工作，都應該能夠處理好各式各樣的家庭事務。各項研究都顯示，女性通常負責大部分家務、煮飯、照顧孩子。即使是同性伴侶，也是其中一人負責偏男性化的工作，另一人則承擔較多偏女性化的工作，而後者通常負責執行大量家務。

一項研究針對澳洲、以色列等十九國進行長達五十年的調查，發現一九六一年至二〇一一年間，社會普遍趨向性別平等，而在原本家務分配相對平等的國家，例如北歐國家、美國、加拿大和澳洲，性別趨同[1]的現象在一九八〇年代末之後趨緩。

在多數男性肩負著主要養家職責的國家，女性花較多時間處理家務。平均而言，西班牙及義大利女性負責的家事最多。義大利女性每天做家事的時間是四小時二十分鐘，她們的丈夫則只有十七分鐘。

1 譯註：「性別趨同」（gender convergence）現象也常譯為「性別融合」或「性別聚合」，意指兩性的社會性別角色、行為、分工逐漸相似（如家務與家計分擔、飲酒習慣）。

目前在德國，女性投入烹飪與打掃的時間比男性多出三倍。這已經是與一九六〇年代相比有所改善的成果，當年女性花比男性多十四倍的時間做家事。

明確比較這些數據之後發現，一九六五年時美國女性的家務量是男性的七倍之多，到了二〇一〇年，女性的家務量爲男性兩倍。

如果說女性比男性更喜歡清潔打掃的工作，這似乎不太可能，畢竟洗衣、洗碗對任何人來說都不是什麼有趣的事。不過，女性卻會因髒亂而受到批判，所以有了保持家中整潔的壓力。很多女性覺得放著一大堆碗盤和髒衣不管，就表示她們是劣妻、惡母或壞人。

過去十五年來，有上百位女性來到我的辦公室，傾訴著她們的家庭重擔有多麼令人喘不過氣。相對之下，我印象中表達類似感受的男性卻寥寥無幾。很多女性尋求心理治療，是因爲在人人視女性爲「萬能」的社會中感受到自己的不足，她們試圖了解如何將事情做得更快、更好。

想當然耳，女性追求完美的壓力並不只有居家整潔，她們在外貌方面也有額外包袱。我訪問過一位二十一歲的大學生，她在談到校園生活時說：「我早上要提早兩小時起床才能準時打扮好。男生可以翻身下床就穿著睡褲走進教室也沒人在乎。但我想受到尊重，好像就必須弄好髮型、化好妝，隨時維持某種特定的樣貌。」

電視節目《今日秀》（*Today*）進行了一項調查，發現一般美國女性每天花費五十五分鐘打扮，一年之中相當於花了兩個星期在整理儀容。芮妮・恩格在《愛美成病》中探討到這個議題：「《女性健康》雜誌（*Women's Health*）報導這項發現時，表達出虛僞的訝異。至於維持美貌佔用女性太多時間的這個問題，他們提出的解決之道是什麼？就是一些省時的祕訣，例如淘汰需要經常塗抹的護手乳，換成滋潤效果較爲持久的濃稠護手霜。」

當然了，《今日秀》的調查只計入女性每天早上固定整理頭髮和化妝的時間。如果再加上其他美容保養時間，像是染髮、美甲、除毛，女性每年耗費在梳妝打扮的週數可能還會再大幅增加。

對女性而言，打理外貌並不只是虛榮心作祟。二〇一六年，芝加哥大學（University of Chicago）與加州大學爾灣分校（University of California, Irvine）的研究人員發現，對於外貌投入較少時間和金錢的女性可能損失大量金錢。過往研究結果已顯示，外表迷人的人通常享有較優渥的薪資。但這項研究還發現，打理儀容幾乎可以解釋形形色色女性之間一切薪資差異。她們的妝髮和服飾都會造成重要影響。這樣的差異在男性身上則微乎其微。

二〇一七年初，蜜雪兒・歐巴馬（Michelle Obama）在加州聖荷西的蘋果公司（Apple）全球開發者大會（Worldwide Developers Conference）上發表演說，就談到服飾規範中的雙重標準。她說到與丈夫聯袂出席活動時，「大家會對著我的鞋子、手環、項鍊瘋狂拍照，但對於他八年來從沒換過的西裝和皮鞋毫無意見。他也對此頗爲得意，還會展現出類似這種態度：

『嗯！我已經好了，十分鐘就準備好了。你剛剛花了多久？』」

家務加上美貌成了女性肩上沉重的包袱。許多女性被迫努力達成過高期望，致力創造完美形象。

完美主義源自思維扭曲

二〇〇九年發布於《職場與組織心理學期刊》（*Journal of Occupational and Organizational Psychology*）的一項研究發現，對於職場和家庭義務，自認沒有達到高標準的女性比例高於男性。有三成八的女性表示在工作上的表現未達到自己設下的高標準，男性則只有二成四。面對家務，自認能力不足的女性佔三成，相較之下男性則只有百分之十七。

有些女性感受到壓力是因爲要討好他人，或是達成不切實際的社會期望，但也有人的壓力來源是自己。而且很多女性面臨的是內在與外來的雙重壓力。

就以葛妮絲・派特蘿（Gwyneth Paltrow）爲例。儘管她曾榮獲奧斯卡金像獎及金球獎最佳女主角，仍覺得自己不夠優秀。在一次《每日郵報》（*Daily Mail*）的訪談中，派特蘿吐露心聲：「我從以前就覺得自己不夠纖瘦、膚色不夠漂亮、胸部曲線不夠明顯之類的。我們每個人都因爲社會對我們外貌的期望，背負著這些包袱辛苦地活著。」

派特蘿曾在二〇一〇年《時尚》雜誌（*Vogue*）的訪談中聊到自己的完美主義性格：「有

時我會覺得有必要去精神病院檢查一下，因爲我對完美的執著很嚴重。我很討厭自己這樣，總是想著：搞什麼？我想放鬆。」看來無論你的名氣、金錢或美貌到達什麼程度，只要是完美主義者，就絕對不會對自己滿意。

女性產生完美主義心理的原因相當多。以下列舉幾種理由，說明爲什麼根深柢固的自卑感會使女性執著於完美：

- **希望受到歡迎與接納**：完美主義者通常覺得只要「夠優秀」，其他人就會喜歡並接納他們。
- **生物學上的天性**：完美主義的特質會在家族內遺傳，研究人員認爲可能有某種基因組成會使特定的人比其他人更容易產生這種性格。
- **家長的教養方式**：如果父母總是因爲誇獎你拿了好成績，或是在球賽中贏得最多分，而不是稱讚你用功讀書或在比賽時積極投入，你可能也會認爲完美的成果比什麼都重要。
- **對於成功的憧憬**：「成王敗寇」這句話已經成了許多人追逐名利與成就的至理名言。任何不完美的事物彷彿都是一文不值。
- **過往的創傷記憶**：兒時留下的心理創傷也可能化爲完美主義。有人或許認爲，要是自己完美無缺，就不會遭到虐待，或者只要能夠時時掌控一切，就能避免自己受到傷害。

問題所在

雪比想身兼完美的母親、妻子和員工，但諷刺的是，完美主義反而使她暴躁易怒、情緒失控，與她一直想成爲的優雅女性形象絲毫沾不上邊。

她有一天還說：「我乾脆辭職算了。」我們深究她想辭職的念頭之後，發現她其實也不認爲辭職對全家人來說是最好的辦法，而是因爲她背負著自卑感。儘管她已經盡了力，表現也很出色，但只要做不到完美的程度，她就只想放棄。而且長久以來，她一直認爲自己對完美的執念是令人欽佩的特點。

很多女性跟雪比很像，認爲完美主義是榮譽的象徵，不過高估個人能力是個嚴重問題，可能會讓你一輩子都過得沒有成就感。對許多女性而言，追求完美會犧牲掉她們的體力、金錢、情感和社交。

女性不顧一切想維持完美外貌

我曾訪問二十三歲的完美主義者西蒙。她在成長的過程中一直是模範生兼出色運動選手，而且還是全方位的模範公民。她說：「在外人看來，我絕對就是個快樂的人生勝利組，但是我內心卻相當痛苦。彷彿我只要犯一個錯，這輩子就毀了。」她十幾歲的時候便出現了飲食失調的情況，而這種病症好發於執著完美的青春期少女。

她透露：「當時的我有厭食傾向，但是有很長一段時間，大家都說我看起來很好。是醫生率先點出我的身心可能出現問題。」現在的她自稱爲「康復中的完美主義者」，不過她也承認，刻意放寬對自己的要求依然相當困難，「只要我開始覺得生活有點失序，就覺得我的完美主義性格又要席捲而來。我大概認爲必須停止進食，才能讓我覺得或多或少控制住了自己的生活。」

許多女性跟她一樣，都竭盡所能地想維持理想的美貌形象，而且她們的做法不外乎危及健康的飲食習慣、暴飲暴食後催吐、強迫性的運動或是激進節食。北卡羅萊納大學教堂山分校（North Carolina at Chapel Hill）研究人員於二〇〇八年發表的研究指出，有六成五的二十五至四十五歲女性表示有飲食失調的現象，另外還有一成的女性表示自己有符合飲食失調現象的症狀。換言之，全美共有百分之七十五的女性公開表明對於飲食或身材有不健康的思維、情緒或行爲。

二〇一三年發表於《飲食失調期刊》（*Journal of Eating Disorders*）的研究發現，想穿下最小尺寸的那些女性比較會擔心犯錯，比較容易爲了維持有條不紊而心生煩惱，自我懷疑的情況也較爲嚴重。

完美主義和其他身體意象的問題通常也會同時出現。許多女性不願接受自己身上有些不滿意的部位，因而極力追求完美。醫美網站 RealSelf.com 進行的一項研究發現，五分之一的美國女性都曾考慮過整型手術。而這種尋求醫美協助的熱潮從二〇〇〇年至今已經成長兩倍。百分之九十的十八至二十四歲年輕女性對於自己的身體，至少有一個部位不滿意。隨著年齡增長，這個比例也僅略微下降。五十五至六十四歲的女性之中，百分之八十五表示不滿自己身體的至少一個部位。

這並不表示想要整型或極力改善外貌的女性都是玻璃心。如果你認爲手術能讓你更有自信、表現得更好，那麼我由衷祝福。不過整型只能改變你的外貌，卻無法解決自尊心低落的問題。

我訪問了從事雜誌出版業的布莉塔妮，她說：「我非常了解女性，我們雜誌社每個月都要與許多模特兒交涉。就連最迷人嫵媚的美女模特兒，內心都是非常沒有安全感的。得知每個人都有點害怕，反而賦予了我全新的信心。」

不切實際的期望導致惡性循環

你這個白癡。你害自己丟臉了。你又搞砸了。你絕對不可能達到目標。如果有人一直對你說這類負面的話，會對你造成傷害。不過，要是這種批評是源於自己的大腦，你就永遠不得安寧了。

懷有高度自我期許的女性能夠肯定自己努力的成果，在達成新的里程碑或創舉時會大方慶祝。但是完美主義者從不覺得滿足。他們會執著於錯誤，煩惱自己原本可以做得更好，並且評估還需要如何不斷進步。諷刺的是，他們永遠覺得不夠好的感覺會導致惡性循環，使他們的能力無法充分發揮。

除此之外，完美主義還有幾項缺點：

- **反噬行為：**二〇一六年發表於《個性與個體差異》期刊（*Personality and Individual Differences*）的研究顯示，完美主義會引發暴飲暴食、拖延行爲、人際衝突等反噬行爲。
- **過勞高風險族群：**過分追求完美的學生和運動員，出現過勞症狀的風險較高。二〇一七年發表在《學習與個體差異》期刊（*Learning and Individual Differences*）的研究指出，完美主義學生的自律性、專心度、學業表現均遜於其他學生。
- **害怕嘗試新事物：**完美主義者經常採取「逃避因應」的策略，也就是面對可能失敗的事物或可能犯錯的情況時選擇逃避。
- **出現心理問題的高風險族群：**完美主義者比較容易出現焦慮、抑鬱、飲食失調和其他心理問題。
- **死亡風險較高：**二〇一一年發表於《健康心理學期刊》（*Journal of Health Psychology*）的

一項研究顯示，完美主義量表分數偏高的人，有百分之五十一的機率比低分者更早死亡。有完美主義性格的人，若心臟病發，恢復速度較慢，而且罹患克隆氏症[2]和潰瘍性結腸炎後，復元得也比較慢。

- **成功的機率較低**：各領域的頂尖人物通常都不是完美主義者，反而比較願意冒險、從錯誤中學習，並且接受失敗只是過程中的一小部分。
- **自殺風險較高**：二〇一四年《普通心理學評論》（*Review of General Psychology*）中一項研究發現，執著完美的專業人士（如醫生、律師、建築師），較有可能出現自殺的情況。無論他們有多麼成功，失敗、懊悔及對犯錯的恐懼都可能使他們精神崩潰。

如何改變做法

雪比在某次面談時表示：「我讀到一篇談論女性工作與生活平衡的文章。我大概還得更努力才能找到平衡點。」她堅信自己可以找到提升生產力的祕訣與技巧，讓自己不那麼疲憊和煩躁。她似乎在取得工作與生活之間的平衡這方面，也想實踐完美主義。不過她卻不明白，「努力」沒有辦法解決問題。事實上，並沒有所謂再努力一點就能找到的神奇平衡點。

如果想好過一點，雪比必須改變她對自己灌輸的想法，不再堅持當個賢妻良母兼優秀員工，而是要接受事實：要當個職場媽媽，就必須犧牲一些事情，而且她必須先照顧好自己，才有可能展現出自己最好的一面。

要克服完美主義傾向有很多可行辦法，但前提是要先認清完美主義本身弊多於利。

認清完美主義會使你付出什麼代價

完美主義通常會導致自我毀滅。只不過，這乍聽之下很荒謬；既然你想實現完美，又怎麼會刻意破壞自己達成目標的機會呢？因爲這樣可以輕易擺脫對於犯錯的緊張或焦慮。

我曾遇過一位個案，幾乎在人生各個領域都算是成功的完美主義者，但是卻在生產後遲遲無法恢復產前體重。她說：「我積極努力了幾個禮拜，但最後放棄了。接下來好幾天，我看到什麼食物都往嘴裡塞。爲什麼我就是不能瘦回目標體重呢？」

我們深入探究她的性格之後，發現她是害怕失敗。她選擇健康的做法並見證了效果後，卻擔心自己無法堅持下去而感到焦慮。她可能這麼想：「我好想知道要維持這樣多久。」或是：「如果我沒做好，會怎麼樣？」爲了舒緩焦慮，她便開始肆無忌憚地吃，這樣就不必再煩惱到底要維持那種「完美飲食方式」多久了。

2 譯註：克隆氏症（Crohn's disease）是一種慢性反覆性腸道發炎的疾病，常見症狀為腹痛、腹瀉。

她並不是刻意這麼對待自己，而是自然而然產生這些反應。我們花了一些時間釐清事情發展的規律，以及在過程中發揮影響的完美主義傾向。

不過，也不是每個人都會主動踏上自我毀滅之途。有些完美主義者會選擇拖延，最後反而害到自己，就像是在抽屜裡積了六部只寫到一半的小說，但沒有一部能夠順利寫到結局，因爲他們覺得每一個故事都不夠好。

在你的一生中，無論完美主義會以什麼形式顯現，重要的是認清這種性格會迫使你付出什麼代價。你可以好好思考這幾個問題：

- 你覺得自己外貌儀容不夠理想時，會想逃避朋友聚會嗎？
- 你的不安是否傷害到你和伴侶的關係？
- 你期待自己的孩子完美無缺嗎？
- 你花在服裝或美容的錢，是否超過可以負擔的程度？
- 你會因爲擔心家裡不夠乾淨整潔，而不願邀請別人來訪嗎？

你必須認清完美主義所造成的具體缺點，才能改變對自己的期望。好好利用時間擬出專屬於你的清單，思考完美主義是如何體現在你人生中的各個層面。

自問「這代表什麼意義」

無論你是想達成自己設下的標準，或希望在他人眼中完美無缺，只要你意識到自己興起必須毫無瑕疵的念頭，就想一想無法達成目標，對你而言意味著什麼。「這代表什麼意義？」多問自己幾次，你就會發現自己執著完美之下隱含的眞正意義。

我曾對一位堅持在工作上造就完美表現的女性用過這個策略。主管對她評價很好，但她還是認爲自己表現不夠出色。她的工作時數愈來愈長，但工作量愈大，就愈使她覺得自己不夠能幹。爲了幫助她挖掘出這種完美主義性格後潛藏的意義，我反覆問了她好幾次：「這代表什麼意義？」最後，我們終於深入種種問題的核心，以下是我們的發現：

- **最初想法**：這份報告寫得不夠好。
- **如果你的報告不夠好，代表什麼意義？**：如果我寫的報告不夠好，老闆就會覺得我很笨。
- **如果老闆覺得你很笨，代表什麼意義？**：代表我永遠沒有升遷的機會。
- **如果你永遠不能升遷，代表什麼意義？**：代表我工作能力不足。

在她完美主義的表面下，隱藏著她對自己工作能力不足的恐懼。她告訴自己，只要表現更好，大家總有一天會明白她能夠勝任這份工作，不過她內心深處卻不認爲自己有那樣的智慧或能力。

每個人都渴望受到關愛和接納，渴望自己在他人眼中是具有能力與價值的人。揭開完美主義的面紗，顯露出來的通常是害怕自己不夠優秀的恐懼。

來訪我治療室的另一位年輕女性。她竭盡一切努力，只爲讓他人眼睛一亮。她花了無數時間與金錢來打點外貌，十分在意自己在別人心目中的形象。某次的治療面談剛好碰上隔天她要主持某場社交活動，種種準備工作讓她特別緊張。我們一起探索她完美主義思維下隱藏的意義，後來歸納出這些：

- **想法：**我必須在這場宴會上驚豔全場。
- **如果沒辦法驚豔全場，代表什麼意義？：**大家可能會覺得我格格不入。
- **如果你與大家格格不入，代表什麼意義？：**他們就不會想和我往來。
- **如果他們不和你往來，代表什麼意義？：**我不討人喜歡。

這樣歸納下來，她總結出自己在發展友情與愛情時，迫切希望能夠維持完美無瑕的外貌，是因爲擔心別人不喜歡她。

你發現自己興起執著完美的念頭時，問問自己：「如果做不到，代表什麼意義？」每問一次，就會再掀開一層，到最後就能發掘出渴求完美背後眞正不安的核心。

接納自己的瑕疵

你的不完美正是讓你與眾不同之處，這句話似乎有點老掉牙，但有時你的與眾不同之處能夠助你成功。

以辛蒂・克勞馥（Cindy Crawford）爲例。小時候，其他小朋友經常拿她臉上那顆痣開玩笑，連親姊妹也嘲笑她那顆是「醜八怪痣」。她曾想去把那顆痣點掉，但媽媽勸退了她。後來，這顆痣成了幫助她展開模特兒生涯的特徵。克勞馥在一次「走入光鮮亮麗」網站（*Into the Gloss*）的訪談中說到：「是這顆痣讓大家記住我，也是這顆痣激起眾多同樣擁有美人痣的女性對我的認同。這樣的特徵讓我能夠脫穎而出。」

耳朵比你喜歡的樣子大了一點，或是手臂上有三年級時騎腳踏車摔傷留下的疤痕，可能使你進不了模特兒圈，但是能夠凸顯出你的特色，而且你並不需要加以隱藏、修正或改變。

我有很多個案都曾聽人說要「列出自己滿意的所有優點」。提醒自己有哪些優點固然是件好事，但是認識自己的缺點也很重要。條列自己的缺點並不是要羞辱自己，而是一種誠實勇敢的表現。

請把你的清單分成兩部分：可以改變的事物，以及無法（或不會）改變的事物。你的眼睛顏色、身高、腳板尺寸都屬於「無法改變」類別。不過可以改變的事物很可能比外表特徵來得多。

你或許在被激怒時會對朋友做出反擊，或者沒什麼耐心應付問個沒完的同事。我們都有些不那麼完美的習慣。

練習接受無法改變的缺點，將精力投注於可以掌控的事物。別再浪費時間煩惱穿涼鞋時露出的腳趾不好看，專注於你能力可及的事情，例如控制消費。

這份清單可以只供自己參考，但是和別人分享也可能有所幫助。你不必公開宣告自己的缺點，但是向伴侶或朋友坦承可以讓你更加相信，即使自己有缺點依然擁有大家的愛。事實上，你最親近的人應該早就知道你並非完人。

寫封暖心信給自己

多數人無法忍受不斷被朋友、同事或親人謾罵及羞辱，對自己卻經常毫不留情。不斷稱自己爲失敗者、一直強調自身缺點等中傷自己的做法，到頭來都會傷害到你。對抗負面想法的最佳方式就是自我關懷（self-compassion）。

德州大學奧斯汀分校（University of Texas at Austin）的克莉絲汀．聶夫（Kristin Neff）教

授是全球研究自我關懷的頂尖專家，她說：「關懷自己與關懷他人並無不同。」其實就是要善待自己，並認清痛苦、失敗、缺陷都是人類共同的經驗。

善待自己、別再執著完美的方法有很多種，我最喜歡的做法是寫信給自己。如果有朋友正面臨難關，你可能會寫些話鼓勵他，而寫鼓勵話語給自己的方式也是如此。

你可以寫一些類似這樣的簡短語句：

「人生偶爾有些艱難的時刻，但是你都已經奮鬥到現在了。你會想放棄，或是覺得自己搞砸了一切，不過這些都沒關係。人的一生犯錯難免，無論如何都還是要向前邁進，並享受旅途中的每個時刻。」

將這封信藏在錢包中、放在口袋裡，或貼在浴室的鏡子上。經常看一看，特別在遇到困境時，更應該細讀品味。閱讀自己寫的暖心話語，能讓你的心裡形成更善意的聲音，訓練你的大腦在對你說話時，更像是在安撫信任的好友，而不是抓住自己的過錯窮追猛打。

日常應對：事業

我大學即將畢業時，應徵了好幾份工作。我很開心每個應徵的職位都獲得了面試機會，更開心的是，五個職位全都錄取了。

我選了工作時數最理想、起薪最高的那份工作。幾年之後，我應徵了另一份工作，應邀面試後不久也錄取了。

我還記得自己曾說：「我每次應徵都會錄取，無一例外。」就好像那是件值得吹噓的事。但事實並非如此。首先，當時社工人力短缺，所以許多雇主都很樂見有人應徵（據我所知，當時我是唯一的應徵者）。其次，凡應徵必錄取可能說明你還沒有充分發揮個人實力。

應徵遭到拒絕則表示你正在追求更偉大、更理想的目標，而且你踏出了舒適圈，正在摸索自己能力的極限。

不過，逃避失敗就可以保持滿分紀錄了，這件事有時想起來實在誘人——但你要知道，被淘汰或拒絕，並不會爲你的人生大扣分。

經常記得這一點：沒有人會站在你的人生終點爲你頒發「從未失敗」的獎項。別人也不太可能因爲你是「每次應徵都會錄取的那個女人」而記得你。不過，大家可能會佩服你很勇敢、踏出舒適圈、盡力發揮潛能。

日常應對：家庭

完美主義很容易就擴散到你與家人的關係之中。因爲孩子就像你的延伸，對吧？而且如果你希望一輩子完美無缺，就會需要完美無缺的伴侶來共同達成這個理想。

但期許家人完美無缺，會嚴重殃及家庭關係。無論你是要求孩子在校成績必須科科優等，還是堅持另一半該把車子洗得更乾淨，這種對完美的追求並不會讓你得償所願。

你愈是期待別人處處完美，他們就愈有可能達不到你的期望。如果你希望別人付出更多，他們通常只會盡力一段時間，而一旦發現那是徒勞，就會放棄。他們不會想再試著達到你設下的標準，因爲知道自己注定會失敗。

如果發現另一半下班回家的路上忘了買鮮奶，或是孩子考得很差，你的反應是如何？請多加留意。對家人犯的錯太過嚴苛，並不會使他們進步，反而會使彼此變得疏離，並傷害到你們的感情。

日常應對：社交

我曾有位個案是因爲對社交感到挫折而開始接受治療。她說：「我覺得我需要交一些不是天生輸家的新朋友。」

我問她爲什麼覺得朋友都是人生失敗者，她回答：「我喜歡提前幾個星期做好規畫，好把事情列入行事曆，但是他們幾乎不事前擬定計畫。所以餐廳訂位或活動購票之類的事情，我就得一手包辦。」其實她那麼早就規畫好行程，也沒有什麼理由，就只是因爲她喜歡提早擬定計畫。

她覺得自己做事有條有理又擅長規畫，但她的心裡其實相當焦慮。她爲了控制自己的焦慮，才會試圖控制周遭的所有事物，幾乎無法忍受不按照她安排行事的人。

她的療程包含了放棄要求朋友凡事達到完美的期待。她必須了解到，聚會不一定能順利完美地進行——至少不一定能達到她對完美的標準。她的朋友大都很隨性，並不在乎是否訂到了最好的餐廳，或買到了每場活動的入場券，只是想開開心心地待在一起，不用搞得像在幾個月前就必須規畫好所有細節。

有時候，降低對別人的期待有助於雙方關係維繫得更長久。如果你堅持別人必須按照你對完美的要求來行爲處事，勢必會很失望。請理解別人擁有不同的標準，你的朋友也沒有義務達到你的期許。

願意當不完美的人使你更堅強

金髮碧眼又年輕貌美的蘇菲．格雷（Sophie Gray）似乎什麼都有了。她是擁有超過四十萬粉絲的 Instagram 模特兒，每天都會在網路上分享她的六塊腹肌照，還有飲食與健身祕訣。

粉絲也都會在留言中加上 #LIFEGOALS（人生目標）和 #PERFECTBODY（完美身材）這類的主題標籤。

但是蘇菲卻覺得自己像是活在謊言之中。她一邊毫無保留地端出自己擁有的一切，營造出自己過著完美理想生活的形象，一邊帶著嫉妒的心態觀察著其他人的 Instagram 帳號。她覺得自己的人生好像即將分崩離析。

私底下的她正對抗著嚴重的焦慮症。有一次，她的情緒瀕臨崩潰，在機場恐慌症發作，結果沒趕上轉接班機，她和男友只好租了一輛車，開了三十八小時的車回家。

她知道很多粉絲也患有焦慮症，覺得自己的六塊肌照片大概幫不了他們。她告訴《美麗佳人》雜誌（*Marie Claire*）：「我不希望將任何人的痛苦焦慮與我營造出的完美生活或完美身材混為一談。我想向與焦慮症共存的粉絲表達理解與同情，並陪著他們度過這樣的日子，藉此告訴自己過往那些『麻煩事』都是值得的。」

後來，蘇菲決定開始在網路上分享真實的她，有些照片甚至素顏。她不再秀出腹肌，而是如實呈現私人的生活樣貌。

她在部落格中解釋，不再勉強自己維持完美表面形象之後，過得好多了。現在的她變得務實，一心幫助他人學習自愛，而不是喜歡自己的外表。

不再堅持完美的個人形象，並不等於看輕自己。你還是可以對自己懷抱高度期望，但同時也要眞心喜愛自己的所有優缺點。眞正的心智強者會偶爾讓自己休息一下，犯錯之後原諒自己，即使遭遇失敗，也知道自己會沒事的。

解惑及常見陷阱

如果你已經營造出完美形象，要暴露出自己的缺點可能很難。如果你從小就開始扮演完美女兒的角色，要打破既有印象也可能很難。當父母說類似這樣的話：「蘇珊向來很乖。」或是：「蘇珊總是很讓我們放心。」你大概也會忍不住要奮力確保自己不讓父母失望。

沒有人希望失去家人的寵愛，或讓父母失望。但是有時你必須停止扮演完美子女的戲碼，例如拒絕父母對你提出的要求，或是跟他們談論你犯錯或失敗的經驗。

還有一種常見陷阱是延後享樂心理。有太多女性想著：「等我升遷，就可以過上很享受的生活了。」或是：「等有朝一日我自行創業，一定會過得很開心。」可惜，生活是現在進行式，所以請好好享受這趟旅程，並接納沿途的不完美。

許多完美主義者都練就了一身隱藏內心混亂情緒的好功夫，所以在擔心防備瓦解的情況下，他們並不會向醫師或心理治療師傾吐自己痛苦掙扎的情況。如果對抗完美主義性格已經影響到你的日常生活，請尋求專業協助。這個情況很容易治療，而且愈早求助，就能愈快獲得改善。

實用技巧

- 認清你要為執著完美付出什麼代價。
- 利用「這代表什麼意義」的問題，釐清自己的癥結點。
- 向自己和他人坦承缺點。
- 寫封暖心信給自己，並經常閱讀。
- 意識到你對別人期望過高。

當心陷阱

- 期待他人完美無缺。
- 使用嚴厲的字眼批評自己。
- 認定必須沒有缺點才能成功。
- 隱藏自己的缺點，不讓別人知道。

3 不把弱點當缺點

弱點是我最不想要被你發現的，卻是我最想從你身上找到的。
——情感專家布芮尼．布朗（Brené Brown）

維洛妮卡是爲了應付個人焦慮才開始接受治療。當我問到是什麼類型的事情會使她感到焦慮時，她說：「幾乎所有事情，包括工作、社交場合、家庭聚會，任何你說得出來的事情。」儘管她說「所有事情」都會使她焦慮，但是隨著她的描述，我愈來愈清楚她的焦慮通常是在參與社交場合時會達到最高峰。我們一小時的會面接近尾聲時，她站起來輕描淡寫地說了一句：「噢，我應該要跟你說一下，我有妥瑞氏症。下週見囉！」

這樣突如其來的自白稱爲「門把自白」（doorknob confession），在治療時相當常見，就是指個案臨走前，甚至已經將手握在門把上了，卻突然吐露一項重大線索，然後就匆忙離開治療室。所以下一週維洛妮卡又來的時候，我在面談一開始就請她再多聊聊她的妥瑞氏症。

她說：「喔，那沒什麼大不了的啦。我有時臉部會抽動，但其實大家都沒注意到。」她早就發現一些可以機智地掩飾抽搐的方法，主要是做個小鬼臉、皺皺鼻子，有時也會揉眼睛或撓鼻子。我在第一次面談時，就注意到她有些躁動，還懷疑是與焦慮有關。不過她確實很成功地隱藏了那些抽動。

維洛妮卡也有聲語型抽動的狀況，也就是她會不斷清喉嚨。只有在她非常焦慮時，聲語型抽動的情況才會變得非常明顯，所以為了妥善控制這個現象，她有意地避開了會導致焦慮感飆升的事情，例如公開演說。

維洛妮卡說：「我擔心別人會覺得我的抽動是個嚴重的問題。我自己是很習慣了，但是怕其他人會以為我瘋了。」她盡可能避開社交場合，實在躲不掉的話，就會竭盡全力去掩飾抽動的情形。這樣一來，反而很難投入對話，她耗費了很多精神，試圖避免讓別人注意到她的臉部抽動。

這也難怪她很焦慮，畢竟她正藏著一個祕密。

她只跟知道她有妥瑞氏症的親友來往。她覺得寂寞又孤單，想要談戀愛，卻又覺得約會「太可怕了」，羞於與他人進一步認識。

社交對維洛妮卡來說很重要，而要克服恐懼的最佳辦法，就是直接面對她自己的恐懼。

但是在她做好準備之前，必須先了解，她沒有必要對認識的所有人隱藏抽動的症狀。

她抱持著實驗心態，同意在別人面前試著用比較坦然的態度與妥瑞氏症共處。她從小就不曾告訴別人自己的狀況，所以也不曉得大家會有什麼反應。

她第一步就選擇告訴主管：「你可能有注意到，我的表情有時看起來挺焦躁的。我想解釋一下，那是因爲我患有妥瑞氏症，緊張的時候，臉部的抽動就會變得更加明顯。」主管很體貼也很支持她，讓她鬆了一口氣。這件事對她來說意義重大，因爲她原本很害怕自己的抽動會被視爲缺點，而在職場上，一有缺點就等於屈居劣勢。

後來，她又告訴了另外幾個同事，沒有人反應過度或小題大做。有人認識別人同樣會出現抽動情況或患有妥瑞氏症，也有人向她提問或傾吐自己不爲人知的煩惱。

維洛妮卡每次向人坦承的經驗都很平順，也逐漸對社交有了勇氣與自信。她比較不壓抑抽動症狀，也不再覺得自己必須避開一切社交活動。

她在治療後期的一次面談中表示：「我一直覺得別人會大驚小怪。但是隱藏了這麼久之後又『煞有其事地宣布』，說明眞正大驚小怪的人其實是我。」

你會將弱點視爲缺點嗎？

很多人覺得弱點就是缺點，但卸下武裝並不表示你很脆弱。相反地，願意敞開心扉正是說明你勇於冒著受傷的風險，相當堅強。以下有哪幾項符合你的情況？

□我的朋友很多，但是都沒有深交。
□我比較喜歡聊些膚淺的話題，不想談論自己或過去，即使談話的對象是很熟悉的人也是如此。
□我很難信任別人。
□我覺得如果別人認識眞正的我，就不會喜歡我了。
□我認爲我的生命中有些特定的部分必須藏起來，不能讓任何人知道。
□我怕如果讓其他人與我太親近，他們會傷害我。
□我很少透露眞正的想法，因爲我怕受人評斷。
□我很害怕被遺棄或傷害，所以有時候在人際關係裡會太過依賴。
□我很怕我愛別人多過別人愛我。
□我避免讓自己處於可能失敗或遭拒絕的情況。

爲什麼我們會抗拒示弱

維洛妮卡說，患有妥瑞氏症的女孩子在成長過程中特別辛苦。這種症狀較常見於男生，她不認識其他有這種情況的女生。她說：「妥瑞氏症的男孩子通常從小就是班上的丑角，透過吸引他人的目光來應對。我是女生，不太想要那樣，因爲怕會變成怪咖，或莫名其妙受到矚目。」

患有妥瑞氏症的人長大後又會面臨新的問題。她說：「我媽有些知道我有妥瑞氏症的朋友或是老家的人，他們都問過我會不會生出妥瑞兒。就我所知，有妥瑞氏症的男生卻沒有被問過這樣的問題。我敢說，如果去問他們，也一定沒有人知道妥瑞氏症會不會透過基因遺傳。」

維洛妮卡的戀情都不太長久，她也不確定自己想不想要生孩子。但是身爲女性，她覺得人生好像有很大一部分的價值來自生育能力。她很憂心讓別人知道她有妥瑞氏症，會引起更多關於她的「基因是否具有生育價值」的討論，所以她認爲隱藏抽動症狀比較容易，而不去面對這個問題。

你或許沒有妥瑞氏症這樣需要極力隱藏的情況，但或多或少都會有不想公開的弱點，可能是你對數學不是很在行，或是成長過程中有個嗜酒如命的父親或母親。總之，有一部分的你或過往經歷可能因此被你掩飾、隱藏或遮蓋起來了。

自尊心強的女性不願表現柔弱

我有個朋友曾就職於一間大型金融公司。公司的副總裁在週五生了孩子，週一就回到工作崗位。

完全不休產假對她來說是榮譽的象徵。她很自豪在生理和心理條件上，都能夠於產後立即回歸工作。她似乎很害怕別人將陪伴寶寶或調養身體視爲弱點。我那個也在同公司上班的朋友表示，她從不覺得老闆施加過這種壓力，甚至有很多高層似乎對於她回來工作很詫異。

大概是這位主管自覺有必要挺身對抗「女性就是柔弱」這個深植人心的想法。不過這樣是有點偏激了。她奮力證明自己並不無助、無能或無力的行爲，可能到了不太健康的程度了。

「自我照護」雖已成爲自我提升領域的熱門詞彙，不過承認自己需要善待依然令人覺得是個弱點。你是否曾在別人來電把你叫醒時，否認自己剛剛還在睡覺？你是否曾顧慮到在家休養顯得自己太虛弱，而逼迫自己拖著病體上工？

你專注鎮定的神情是有作用的。如果你是運動員，這樣或許能唬住對手；又或者你得知家人醫療檢測結果並不理想時，這種方式可以讓你度過看診那段時間。表現得若無其事，可以避免痛苦的情緒和引起這類情緒的人傷害到你。

許多女性從小就學會築起堡壘。惡霸找你麻煩又嘲笑你是愛哭包時，你學會假裝那些刺耳的字眼無關痛癢；你把祕密告訴朋友，卻被她宣傳得全校皆知，於是你不再與任何人分享私事……這些瑣碎的片段讓你看透人性，也學習拿捏讓別人參與你生活的程度。

兒時與照護者的關係也會深深影響你願意展現脆弱的程度。如果你成長過程中，雙親給予滿滿的關愛與信任，教導你出色的情緒和溝通技巧，你未來就比較能夠信任他人。

不過，如果你的父母、老師和照護者都冷漠、疏離或有虐待傾向，你可能就會預期別人總是惡意相待，而且認定沒有必要與人親近，因為最後只會落得被傷害的下場。

你帶著童年的經驗成長，判斷什麼時候可以卸下心防或接納別人。如果你傷得太重或太常受傷，成年之後很可能會變得防備心過重。

女性情緒波動會受嚴厲批評

我寫書時訪談過二十六歲的海瑟。當我問到她的職場經驗時，她表示在工作環境中感受到不能顯露情緒的壓力。她說：「我是那種喜怒哀樂都藏不住的人，但我很早就了解到，在工作上難過或受驚時不能顯現出來。我很容易掉眼淚，只要覺得受傷，就忍不住會哭。所以我必須跑進廁所再哭，才不會被人看見，然後我還得假裝自己沒哭過，才能回到座位上。不過遇到把睫毛膏都哭花的時候，實在很難佯裝若無其事。」

雖然男女都有維持外表堅強的壓力，但女性感受到的壓力卻與男性不同。一般而言，女孩子獲得的教育是哭泣沒有關係，但是男孩子則會被告誡要堅強起來。成人女性哭泣的頻率通常高於男性。在有些地方，女性哭泣的情況僅稍多於男性，但是在美國文化中，女性哭泣的情況比男性多得多。

只不過，大眾普遍認爲女性不該在公開場合哭，尤其是工作場合。在工作時哭可以算是在自尋死路，所以女性在工作環境中還背負著要壓抑淚水的情緒壓力。

加州大學戴維斯分校管理研究所（UC Davis Graduate School of Management）教授金珀莉・埃爾斯巴赫（Kimberly Elsbach）針對女性在工作場所哭泣進行了廣泛研究，發現在工作時掉眼淚的女性通常會被視爲「軟弱、不專業、耍手段」，而且會受到男女兩性的嚴厲批評。

這是個很怪異的現象。我們告訴小女孩「哭吧，沒關係」，多數人也都認爲哭泣屬於健康行爲。但是我們又說：「只要別在公眾場合哭就好了，特別是工作的時候。」我們被禁止在工作環境下表達情緒，絕大部分是因爲可能害別人不自在。

悲傷並不是女性身上唯一的負面標籤。憤怒也引發一系列的討論。大家普遍很能忍受男性生氣，卻受不了女性憤怒。

二〇一五年有篇發表於《法律與人類行爲》（*Law and Human Behavior*）的研究，探討了人們對男女憤怒的觀感，實驗邀請兩百一十位大學生，透過電腦上的即時通訊程式參與模擬陪審團。

研究人員告訴受試者，會將他們分成六人一組的虛擬陪審團，並解說一起眞實發生的謀殺案件。受試者要在聊天室中與其他陪審員討論案情，並在討論的過程中回報自己的裁決以及信心程度。

不過受試者並不曉得，聊天室的對話內容其實都是由研究人員編寫而成。每個聊天室中，都會有四位陪審員同意受試者的裁決，另外一位持不同意見。立場不同的這位陪審員（稱爲異議陪審員）都是名爲傑森的男性或名爲艾莉希亞的女性。異議陪審員有兩種表態形式：毫不顯露情緒，或是明確表達憤怒，例如打字：「**說真的，這情況搞得我很生氣！**」還有「**真是愈來愈煩了！**」討論的過程中，其中一位陪審員會轉變觀點，改而認同異議陪審員。

商討過後，受試者回報最終裁決，並衡量自己對這項決定的信心程度，還要完成一項調查，報告他們對共事的陪審員有什麼看法。

異議陪審員是男性且表達憤怒時，即使己方意見佔多數，受試者依然比較會懷疑自己的看法。不過，如果異議陪審員是女性且表達憤怒，受試者則傾向對自己所持的相反觀點更有信心。受試者覺得，男性發怒具有力量與說服力，但是女性生氣則適得其反。

令人遺憾的是，很多女性發現職場也是如此。男性在會議上提高音量時，大家會視他爲領袖；女性提高音量時，就被當成「情緒失控」。爲了避免成爲辦公室裡「情緒化的瘋女人」，許多女性便選擇全副武裝，阻止任何人窺探她們的情緒。

表現得好像無時不刻都很開心，又不過度興奮，或許有些好處，但拒絕示弱也會有些壞處。

問題所在

維洛妮卡已經習慣掩飾她的抽動，並避免出席別人可能會注意到她抽動的社交場合。這使她無法認眞發展及經營關係，而是一心一意試圖遮掩她的祕密，反而很難與新認識的朋友建立起緊密的連結。

她在療程某週說：「我眞羨慕兒時的那些朋友。這麼些年來，他們都交到了很多新朋友。但我好像被卡住了，沒辦法與任何陌生人拉近距離。」

如果是你將別人都擋在外面，不讓他們認識眞正的你，你們大概就只能維持膚淺的關係。同樣的道理，如果你害怕丟臉，就很難踏出舒適圈並發揮自己的最大潛能。

故作堅強會阻斷有意義的人際連結

我曾遇過一位個案彤恩，她以往的戀愛關係都不太健康，而她認定這是因爲她吸引到的男性都是不適合的類型：「我總是遇人不淑。」

她談到了現任男友奎格，但這段感情並不順遂。她堅信奎格出軌了，只要兩人沒待在一起，她就不斷打電話或傳訊息給他，怪他在跟其他女人聊天。

面對彤恩無盡的指責，奎格選擇逃避與她相處。他在親朋好友身上尋求慰藉，但這又加深了彤恩認定奎格不愛她的想法。

彤恩陷入了很多害怕示弱的人會落入的循環；她的情緒愈強烈，行爲就愈瘋狂。在各種嘶吼、指責和要脅的背後，其實是強烈的焦慮，讓她覺得自己就要受到傷害了。

彤恩在每段感情中都會面臨類似這樣的拉扯。她對被拋棄的過度恐慌，造就了她令人避之唯恐不及的一面。追根究柢，她最恐懼的事情之所以屢屢成眞，正是自己一手釀成。

彤恩的焦慮是源於她不甘在溝通時放下身段，如果她可以直接說：「我現在非常焦慮，因爲我覺得你不想跟我在一起。我眞的很希望你能哄哄我。」奎格或許可以說些話讓她安心一點，然後兩人變得更親密，關係也更健康。不過，前提是她必須願意表達自己的情緒。

彤恩對自己總是吸引到不對的人這樣的假設並不正確，相反地，是她親手將好男人從自己身邊推開。彤恩跟我很多個案一樣，不安全感使她無法培養出健康的人際連結，因此在建立有意義的交流互動時面臨了種種掙扎。

你對弱點的害怕會以很多種形式傷害到你們的關係，以下提供幾個常見例子：

- 你怕被拒絕而在感情中與伴侶保持距離。
- 你覺得受傷時，也不會告訴至親的人。
- 你不會邀請不熟的朋友參加聚會，因爲你怕他們沒那麼喜歡你。
- 你避免告訴別人自己的私事，怕他們不喜歡你。

如果你覺得弱點無論以什麼形式呈現，都會顯得自己很遜，那麼你永遠無法與他人眞正親近，因爲不管你是愛情親密度不足，還是缺乏知心朋友，都會爲了避免受傷而與人保持距離。

心態固化會使你畫地自限

不過，拒絕示弱傷害到的不只有你的人際關係，還可能會使你無法創造精采人生。逃避失敗及避免錯誤通常都是因爲害怕暴露弱點，而這正是女性似乎比男性更常具備的特質。《心態致勝》（*Mindset*）作者卡蘿．杜維克（Carol Dweck）指出，女性在社會化過程中會培養出固化的心態。她們認爲自己的錯誤是來自人格缺陷，而非可以改善的行爲方式。

杜維克研究發現，在小孩身上也可以看出面對失敗時反應的性別差異。男孩比較常認爲考試成績不好是因爲上課不專心，而女孩則傾向於認定考差了是因爲自己不夠聰明。

杜維克表示，這種差異的形成是因爲大人對男孩和女孩的反應不同。她的研究發現，老師通常會在男孩失敗時提供與努力相關的回饋，而在他們成功時給予能力方面的回饋。如果男孩子考得不好，老師可能會說：「你下次要更認眞讀書。」男孩表現很好時，老師卻比較可能說：「你眞聰明。」

但是女孩比較可能獲得的回饋，卻是失敗要歸咎於能力不足，而成功是因爲行爲正確。也就是說，老師比較可能告訴考得不好的女孩：「數學對你來說太難了。」女孩表現出色的時候，老師則可能說：「你考得好是因爲上課很認眞。」

這樣下來，也難怪女性都很怕暴露弱點。如果你認爲單一錯誤就意味著你能力不足，當然很有可能會預防失敗或隱藏失誤。

固化的心態會使人無法發揮最大潛能。其中幾種危機列舉如下：

- **你會避開挑戰而不是加以克服**。你不會申請升職或參選家長會長，而是待在舒適圈內，以免失敗受傷。
- **你會回應批評，卻不會從中學習**。無論你是對給予意見的人發飆，還是直接忽略不喜歡的批評，只要你不敞開心胸去考量他們的想法，就無法透過他人有所學習。
- **面對他人的成就，你會覺得備受威脅，而不是獲得啟發**。如果你認爲天分是與生俱來，可能會對看起來天賦優於你的人產生憎惡。

如何改變做法

維洛妮卡想走出去看看世界，認識新朋友，但是將自己攤在眾人面前，也表示她必須冒著受傷的風險。有些人可能不了解她的病情，或許會帶著異樣的眼光看她、問些失禮的問題，或是對她有所揣測。不過大方展現自我，也意味著她可能會建立起一些全新且深富意義的人際關係。

爲了自我鼓勵，她寫了一封信給自己，描述更坦然看待弱點的所有好處。然後她先待在舒適圈內閱讀這封信，才舉步邁向全新的環境。她提醒自己，即使有人不接納她，也沒關係。將自己攤在眾人面前接受評斷並不容易，但有其價值。你不必一口氣面對自己的所有恐懼，可以每天向前一小步，比昨天更勇敢大方一點就好。

識別自己的武裝

害怕示弱有很多種呈現方式。有人可能化身爲完美主義者（正如我們在第二章所探討）來躲避對自己能力不足的擔憂，也有人會把自己變成刺蝟，阻止別人靠得太近。無論是採取什麼形式，這些武裝都是爲了減少傷害與痛苦。

想一想你用來保護自己的武裝方式。你在職場上可能有一套策略，回家後又會採取另一套完全不同的方式。這些策略可能已經成爲習慣，你自己大概都沒有意識到。

我們每個人都會發明一些原則來保護自己不受到傷害，例如：

- 開會時不發言，就不會有人覺得我很笨。
- 盡量不要聊到我的童年，就不會有人問起我父母的事。
- 如果我表現得超乎老闆預期，她就不會覺得我不適任。
- 只要我表現得不感興趣，就不會有人知道我其實是不敢嘗試。
- 他開口提我不想聽的事情時，我只要哭，他就會住口了。

如果想有效地釐清自己的武裝方式，可以問自己幾個問題：我會面臨到最痛苦的情緒是哪一種？我會怎麼避免這種情緒？

怕丟臉的人會選擇坐在最後排，盡力避免成爲眾人的焦點；耐不住寂寞的人會在一段感情結束之後，立刻展開新的戀情。

你也可以思考生氣時的情況來找出自己的武裝方式。憤怒是一種強而有力的防護盾，也比悲傷或受傷痛快，還可以賦予你力量。但是在憤怒的表面之下，通常潛藏著恐懼、羞愧和痛苦。

如果有人批評你，你立刻發洩出來並回罵對方是白癡，表示你或許是想掩飾他們為你帶來的難堪。而有時你對伴侶大吼，可能是想要避開你不想討論的話題。憤怒並沒有錯，但是關鍵在於要思考憤怒可能是在隱藏更痛苦的情緒。

主導自己的命運

要說誰最有資格挖個地洞躲進去，再也不出來，這個人應該非莫妮卡・陸文斯基（Monica Lewinsky）莫屬了。全世界都知道她與美國總統的桃色新聞。她談論兩人親密時光的對話遭人偷錄，還對全世界播放。

更慘的是，她還必須出庭宣誓，提供她曾與總統發生性行為的證詞。每個不堪的細節，包括那套惡名昭彰的藍色洋裝，都為人大肆討論與詳加審視。

莫妮卡不太走運，這起事件在一九九八年爆發，當時幾乎所有家庭都已經能夠使用網際網路。這段故事便成為世界各地的許多人接觸網路世界初期讀到的報導。她遭到誹謗、奚落、網路霸凌——那時甚至還沒有「網路霸凌」這個詞。她因自己的行為受盡羞辱，還整天被狗仔隊跟蹤。

莫妮卡離開白宮後根本找不到工作，因為企業機關都不願與當時總統的婚外情對象有所瓜葛。後來，她想創業銷售手提包，各家媒體卻指責她是想藉醜聞的熱度大撈一筆。她沉寂好幾年，但是媒體的炮火卻斷斷續續地延燒了十年之久。

最後，她前往英格蘭攻讀研究所，並取得了心理學碩士學位；回到美國後積極求職，同時卻陷入了低潮；她盡力避開公眾的目光，又亟欲有所突破。

後來到了二〇一〇年，她聽聞羅格斯大學（Rutgers University）大一生泰勒．克萊門蒂（Tyler Clementi）的故事。泰勒被室友利用網路攝影機偷拍，捕捉到他與另一名男性接吻的畫面，因而在社群媒體上飽受凌辱，幾天後便從華盛頓大橋（George Washington Bridge）一躍而下，結束了自己的性命。

莫妮卡深刻了解泰勒生前經歷的痛楚，因為她最隱私的時刻也曾被散布流傳到全球各地。莫妮卡在為《浮華世界》（*Vanity Fair*）撰寫的文章中提到：「在泰勒的悲劇發生之後，我的痛苦折磨有了不同的意義。我覺得自己應該可以透過分享個人經歷，幫助其他人度過最黑暗屈辱的時刻。」

她接著又說：「我去年滿四十歲，是該正視自己的過往與別人的未來了。我決定要讓自己的故事有個不同的結局。我決定把頭探出堡壘的矮牆，拿回我的話語權，並為過往賦予意義。」

不久之後，莫妮卡便決定站出來對抗這種羞辱他人的文化。她的TED演說影片至今已達一千兩百萬觀看人次。

專門研究羞愧感的頂尖專家布芮尼．布朗表示：「展現勇氣的第一步就是挺身而出，讓別人看到自己。」這正是莫妮卡想做的。她勇敢地挺身出來，主導自己的命運。她將自己完全攤在陽光下，冒著遭遇更多嘲弄的風險，但是這麼做完全是爲了激勵眾人打造更富有同情心的世界，希望未來愈來愈少人需要承受她所經歷過的那種羞愧與恥辱。

你或許不曾承受來自全球各地的公然凌辱，但可能還是有些不願回首的經歷。你可以效法莫妮卡，選擇在面臨種種掙扎時找出目標意義，而不是躲在弱點後面，不願公開示人。

你或許可以選擇不同的道路，爲你的故事創造不同的結局，也可以聊聊自己的經驗，避免他人重蹈覆轍。無論你經歷了什麼，都要先展現自己的弱點才能取得主導權；你必須承認自己的錯誤，面對自己的恐懼，並願意承擔受傷的風險。

審慎展露弱點

有位個案在初次治療時曾告訴我：「我每次跟別人初次約會，都會表明我小時候曾經被性騷擾，然後就能立刻知道，對方到底能不能接受我的過去。」想當然耳，她的感情路並不順遂。

後來深入了解她之後，我才明白她不只告訴潛在追求者自己曾遭性虐，也把那段可怕的經歷分享給知己、不熟的朋友、同事和虛擬世界的陌生人。她覺得散布被虐的經歷表示自己是個眞誠坦蕩的人，但事實上，她不斷宣告這段過往，正是因爲她還沒有徹底療癒創傷。

她覺得自己背負著一個深刻又黑暗的祕密，而且覺得大家光是看到她就能察覺異樣，所以爲了舒緩她的焦慮，她選擇將她受虐的種種詳述給絕大多數認識的人。

其他人的自我介紹可能是：「嗨，我是律師。」她的開場白則其實是在宣告：「嗨，我是個背負著痛苦經歷、傷痕累累的人。」她將祕密脫口而出之後便如釋重負，但是別人卻不太知道該怎麼消化這項資訊。有些人會被嚇退，有些人則會報以同情，但這兩種情況對她的愛情與一般人際關係都造成了傷害。

心理治療稍稍撫平了她先前不曾妥善照料的某些情感傷口。療程的部分重點，就是學會認知受虐只是她的遭遇，而不是她的全部。隨著時間流逝，她愈來愈能坦然面對自己身上的傷痕，也不再那麼迫切地覺得需要告訴所有人她那段充滿創傷的過去。她也明白，自己不必藏著大祕密過活，但是面對人生經歷的點點滴滴，也能保有些許隱私。

隱私和祕密之間有很大的差異。隱私透露與否全憑你心甘情願，不像祕密受制於外在因素。

多留意自己分享隱私資訊的對象和時機。你不必向所有人展現自己的弱點，而是應該在過度透露私生活的點點滴滴前，先建立起相互信任的關係。一旦你做到了這點，就表示你將能主導自己的命運，而不是受制於自己的經歷。

練習示弱

沒有人哪一天起床，就突然變得謙遜、願意聆聽批評，或是卸下武裝。允許自己展現弱點是一種技能，跟其他技能一樣需要練習。

你可以問自己這些問題，讓你更能坦然展現弱點：

- **我不願示弱的原因是什麼？**你是害怕示弱會讓你渾身不自在？還是擔心別人怎麼想嗎？你不太知道該如何啓齒？找出障礙能幫助你加以克服。
- **我可以更放心地對誰示弱？**審愼挑選你要展露弱點的對象，通常可以優先選擇另一半、密友或家人。
- **我今天可以做點什麼小事來示弱？**對某些人來說，約鄰居去喝杯咖啡可能就需要鼓足勇氣了，因爲對方也許會拒絕。也有人會覺得尋求幫助就是跨出一大步。總之，請找出可行的做法並付諸行動。
- **我在示弱的同時，要怎麼保護自己？**想一想，被激起不舒服的情緒時，你會使用哪些健康的策略來照顧自己？散散步、深呼吸、寫日記、看搞笑電影，這些都是有助於調整情緒的健康方式。

你不必一開始就揭開舊傷疤或挖出過去最黑暗的片刻，可以在日常與他人對話時稍微示弱。你可以將以下這些詞句融入對話來展現你的脆弱：

- 對不起。
- 我需要幫助。
- 我犯了一個錯。
- 我很害怕。
- 我很受傷。
- 我錯了。

經過練習，示弱會變得容易一點。這並不表示你永遠不會受傷，但是你能越來越有自信地應對不適的感覺，而且有助於你活出更豐富、充實的人生。

日常應對：事業

「千萬別讓人看見你在拚命」的想法確實有其道理，尤其在職場上更是如此。不過，掩飾缺點、壓抑情緒、堅持事必躬親是要付出代價的。如果硬是裝作在工作上完全不受情緒、私事和過去經驗的影響，這樣有點蠢。

你可能會認為弱點在辦公室裡根本毫無容身之處，因為大家不會將被貼上過度情緒化標籤的女性視爲可靠的人。但是你不一定得淚灑會議室，才算是在辦公場合示弱。

在工作上展現脆弱的一面，並不見得是對老闆掏心掏肺或時時眞情流露，也可以採取這些方式：

- 如果你想到更好的做法，就在開會時大方發言。
- 傷害到別人時道歉。
- 對掙扎奮鬥的人表達同情。
- 嘗試新事物，即使自知可能失敗也不逃避。
- 在社群媒體上公開你最近的新創投資業務。
- 告訴別人你的新產品構想。

●主動洽詢聯絡人，討論可能的合作方案。

日常應對：家庭

我曾遇過一位個案，聽說孩子在日間托嬰中心使用兒童便盆後非常生氣。她先前一直試著訓練兒子在家使用馬桶，卻徒勞無功，因爲他對練習使用馬桶興趣缺缺。她說：「我覺得是托嬰中心的老師逼他的，這樣他們白天就可以少換幾次尿布。」

她立刻開始研究還有哪些替代的日間托嬰方案，「我想尋找會眞心疼愛我兒子的人。」但她聯絡到的所有日間托嬰中心都已經額滿了。

幾天後，她稍微冷靜下來，要求與老師當面聊聊她的疑慮。這時她才知道，兒子是在另外幾個小朋友開始練習使用馬桶之後，才逐漸展現出學習的興趣。托嬰中心的老師會在小朋友每次成功使用廁所後給予鼓勵，而她的兒子似乎躍躍欲試。

聽完這段說明之後，我的個案覺得很不好意思。她原本直接認定是托嬰中心的老師偷懶，或設法把她比下去，而她當時生氣其實是因爲覺得受傷。她認爲自己是個無能的媽媽，而托嬰班的老師是想刻意表現得比她好。聆聽老師的說法需要先承認自己的弱點。

你覺得自己身爲母親、妻子、女兒或姊妹的地位受到威脅，可能會更難大方面對自己的弱點。雖然直覺可能會告訴你要採取防備姿態，但這樣或許就會失去變得更優秀、更堅強的機會了。

覺得受傷時，請不要立刻做出結論和宣洩怒氣，深呼吸一口氣，提醒自己更坦然地面對自己的弱點。

日常應對：社交

科技改變了人與人互動的方式。社交活動的邀請函通常是透過文字簡訊或社群媒體寄送。很多人不這麼問了：「你想不想跟我去逛街？」而是說類似這樣的話：「我要去逛街。你想去的話，跟我說一聲。」這樣的措辭意味著你不必面對被拒絕的情況。

雖然你不必特地點名對象，但是「你想一起去的話就來吧」這句話，也是一種自我保護的方式。如果對方不回應或表示正在忙，對你而言也不如聽到直截了當的「不要」來得傷人。

在處理人際關係上面，有很多方式可以表現自己脆弱柔軟的一面。以下提供幾個例子：

- 別等特殊的時刻，大方地先說「我愛你」。
- 寫張簡短的字條給某個人，告訴對方他對你的意義有多麼重大。

- 覺得受傷時，勇敢說出來。
- 搞砸事情時道歉。
- 分享你失敗和難堪的經驗。

示弱使你更堅強

荷莉・羅賓森・皮特（Holly Robinson Peete）的電視作品豐富，包括《龍虎少年隊》（*21 Jump Street*）、《與庫珀先生一起玩耍》（*Hangin' with Mr. Cooper*）、《談話》（*The Talk*）、《愛情企業》（*Love, Inc.*），是三十年來電視圈的指標性人物。她嫁給了前美國國家美式足球聯盟（NFL）四分衛球員勞德尼・皮特（Rodney Peete），兩人育有四個孩子。但他們一路走來並不容易。荷莉並不羞於在公眾面前分享一家人經歷的各種難關。

二〇〇〇年，雙胞胎兒女中的兒子診斷出患有自閉症。養育特殊條件孩子所帶來的額外壓力，使夫妻兩人瀕臨離婚邊緣。

荷莉在二〇一〇年接受《紅皮書》雜誌（*Redbook*）專訪時提到，她和勞德尼已經漸行漸遠，並描述自己在這段混亂衝突之中的姿態：「當時的我需要幫助，但我一直假裝沒事。所以勞德尼回家時，我會表現出自立自強的樣子，就像是在說：『做好你分內的事就好。我會送他去上學，還會負責這個和那個。』勞德尼完全沒有機會參與；我要求他盡一份心力，但是又不讓他動手。」

荷莉和勞德尼向心理治療師尋求協助，兩人的關係逐漸改善。她說：「這有點像是老生常談：『逆境會使你更強大。』自閉症的問題就在於，你不曉得情況會不會好轉，而是必須調整期望。那正是當時我知道自己需要勞德尼的原因；在這趟旅途上，我需要一個伴。」

她沒有必要告訴所有人家中的難題。她是知名女演員，而他是國家美式足球聯盟的出色退役球員。他們大可裝作生活上一切美好順遂。

不過，她選擇公開他們遇到的困境，希望能幫助其他因子女特殊需求而面臨挑戰的家庭。她願意真誠展現脆弱的一面，使她獲得了大眾支持，甚至因此受邀拍攝《幫幫皮特吧》（*For Peete's Sake*）電視實境秀。儘管也有像脫口秀主持人溫蒂．威廉斯（Wendy Williams）這類的人批評荷莉「無聊」，但是荷莉的立場很明確，她堅守個人價值觀，並呈現忙碌家庭養育特殊孩童的真正生活樣貌。

用實際的態度面對難題和情緒，不僅能幫助你自己，或許還可以幫助剛展開類似旅程的其他人。

如果你一輩子都採取防備姿態，試圖保護自己免受苦痛，那麼就無法創造出最美好的人生。如果想充分享受人生，就必須樂於敞開心扉，承受偶爾受到傷害的風險。坦然展示脆弱會幫助你累積能量，而隨著你愈來愈強大，也會對自己承受情感風險的能力更有自信。

解惑及常見陷阱

你向別人分享內心深處的想法，或是坦承自己的感受之後，很有可能隔天一早醒來會很恐慌，覺得自己吐露太多了。不過，如果你剛開始練習展現自己脆弱的一面，出現這種「示弱後遺症」（vulnerability hangover）很正常。請記得，你恐懼和悲觀的想法可能太誇張了。提醒自己，展現脆弱面就長遠而言對你有益。

儘管如此，你可能還是會有些時候跨越了界限，導致過度展現自己的脆弱。可能是同事在你們兩人競爭同一個晉升機會時，利用了你說過的話來對付你；又或者你與他人太快變得過度親密，但是後來才發現他並不適合在你的人生擁有一席之地。千萬別因犯錯而為自己築起高牆，而是要從錯誤中學習，並且偶爾讓自己喘口氣。

大家常落入的另一個陷阱是把故作堅強和眞正的心智堅強混爲一談。壓抑情緒和否定痛苦都算是故作堅強，而不是眞正的心智堅強。了解自己的缺點並坦承以對是需要力量的。鼓起勇氣將自己攤在他人面前是強大力量的象徵，而這個過程會幫助你鍛鍊心智強度。

實用技巧

- 找出保護自己不受傷害的武裝方式。
- 主導自己的命運，不受制於自己的經歷。
- 經常練習展現自己脆弱的一面。
- 在日常對話中運用示弱的詞語。

當心陷阱

- 外表故作堅強，讓別人無法傷害你。
- 時時壓抑自己的情緒。
- 自認無法應付被拒絕和失望的情況，而逃避承受社交及情感風險。
- 宣洩怒氣來掩飾內心的痛苦。

4 不讓自我懷疑阻斷目標達成

你不必理會心中那些讓你痛苦的聲音，或害你感到無能、愚蠢或無力的聲音。
——作家珊娜雅．羅曼（Sanaya Roman）

多米妮克在高中時就展現了出眾的藝術天分，但她從沒認眞想過要靠著創作維生，直到她準備卸下家庭主婦身分、重回職場時，才興起了這個念頭。

她很喜歡爲孩子製作個人專屬的繪本，書裡的圖畫亮眼又繽紛。朋友也經常請她爲他們的孩子創作繪本。她總是做得很開心，而且不願意收取製作費用。

現在她認眞思考要以插畫家的身分開業，但不太確定自己的作品是否好到能夠對外收費。思考了幾個月之後，她還是沒辦法正式開張。

她的猶豫不決成了夫妻的爭端。丈夫希望她開始賺取收入，以稍微減輕他的經濟壓力。

多米妮克也想賺錢，只是不確定自雇經營是否正確。

她因爲這個情況來到我的治療室。她覺得遇到了瓶頸，而且對於自己的恐懼影響到全家人相當自責。她說：「我不知道有沒有能力經營好自己的事業。」

我問她究竟是對什麼沒有把握，她說：「我不曉得該如何經營事業，不確定自己有資格當個藝術家，也不知道到底能不能賺到錢。」

所以我又問她：「如果有人要經營類似的事業，還自稱：『我完全知道該怎麼經營我的事業。我是有史以來最頂尖的藝術家，而且絕對可以變得超有錢。』你會怎麼想？」多米妮克笑答：「我會覺得這個人過度自信，大概不知道自己在說什麼吧。」

這使我們開始談及自負、過度自信的危險，還討論到輕微的自我懷疑不但很正常，可能還是個優點。

後來多米妮克問我：「你覺得我做得到嗎？」我的回答讓她有點錯愕：「『我』覺得你能不能做到根本不重要。如果這件事對你來說很重要的話，關鍵在於『你』覺得自己能不能做到。」她需要學習如何相信自己的判斷。

沉默了好長一段時間之後，她說：「我覺得我做得到。但是腦子裡一直有個煩人的聲音在低語：『你絕對會失敗。』」所以我們一起制定了計畫：

● **提升她的勇氣。**多米妮克需要一些勇氣來消除她的自我懷疑。我建議她寫下指出可能成功的所有跡象，把「我丈夫相信我做得到」、「我朋友都很喜歡我幫他們畫的圖」等全都列了出來，然後鼓勵她只要想放棄時，就拿出這份清單來讀一讀。

● **深入了解如何經營事業。**多米妮克需要進一步掌握經營家庭式事業的實務細節，例如要保留哪些稅務紀錄，以及如何自我行銷。她決定加入爲女性業主成立的當地組織，以獲取更多相關知識。從他人身上學習，讓她對自己的成功更有了自信。

● **付諸行動，一次一小步。**關於多米妮克的事業，最棒的是她不需要耗費什麼成本就能開張。她找出可以著手的幾件事，例如架設網站、找出目標群眾、建立業務專用的社群媒體網頁等。專注於各項小目標，可以避免她壓力過大。

在接下來的幾個月，我只有再見多米妮克兩三次，但每次面談，她都有新進度可以分享。療程結束時，她的網站已經架設好並上線了，她也主動聯絡了一些獨立出版的童書作家並提出合作邀約。儘管對於自己的事業還是有些質疑，但她下定決心要盡力一試。

你在與自我懷疑纏鬥嗎？

你與自己的對話可能使你的自信心更上層樓，也可能奪走你付諸行動所需的堅定意志。每個人偶爾都會面臨自我懷疑的時刻，但有些人會設法激勵自己達成目標。以下哪幾項描述符合你的情況？

- □我不相信自己的判斷，所以經常尋求他人的意見。
- □我很難在別人的注視下做事，因爲我怕自己做得不對。
- □嘗試新事物之前，我會聯想到可能失敗的各種原因。
- □我經常想像自己出糗的情況。
- □面對舒適圈以外的事物，我會說服自己別去嘗試。
- □在冒險之前，我需要其他人的肯定。
- □我會辱罵自己、貶低自己。
- □我覺得別人對我的信心高於我的自信心。
- □我覺得缺乏自信就意味著我不該再朝特定的目標邁進。
- □我會反覆質疑自己到底能不能成功，因而很難下定決心。

爲什麼我們會懷疑自己

在其中一次治療面談時，多米妮克談到了幾個造成她自我懷疑的原因：「我高中時參加過一次美術競賽，結果一無所獲，連個參賽的榮譽獎都沒有拿到。那次經驗讓我覺得，我也許沒有自認的那麼優秀。」

多年來，多米妮克的藝術創作獲得了很多稱讚和正面回饋，但是她最記得的卻仍是批評、錯誤和過去失敗的經驗。

我們想到過去不好的經歷，或是想像未來發生悲慘的事情時，就會產生自我懷疑的心理。通常這些想像或回憶都會誇大或扭曲，我們卻依然深信不疑。

社會教育我們，男孩天生聰明而女孩需要努力

儘管任何人都可能自我懷疑，但女性通常比較容易面臨信心的問題，其中一個主因就是孩童成長的過程都相信，男孩天生聰明，而女孩需要努力。

一篇發表在《科學》期刊（*Science*）的研究發現，女孩到了六歲就已經認定男性比女性更聰明、更有天賦。難怪女孩比較不會有什麼遠大抱負。

在該研究的第一部分，研究人員對孩子說了有個人「非常非常聰明」的故事，然後給孩

子看兩男兩女的照片，要求他們指出心目中那個聰明絕頂的人是誰。照片中的男女外貌年齡相仿，表現得一樣開心，而且選擇專業的穿著打扮。

五歲的男孩和女孩都比較會將聰明連結到自己的性別；男孩大都選擇照片中的男性，而女孩通常選擇女性。

但是，研究人員詢問六歲及七歲的兒童，答案就出現了顯著改變。幾乎所有兒童都猜測聰明的人是男性。即使改爲提供兒童的照片而非成人照片，調查的結果也是如此。

有趣的是，當他們要求孩童選出看起來學校功課最好的兒童，而不是最聰明的人，答案就有所不同了。女孩傾向選擇女孩，這表示她們對聰明的認知並不是以在校表現爲準。研究人員猜測，女孩可能認爲天賦或智商佔聰明的比例高於努力與成就。

研究的第二部分則是讓孩子選擇玩其中一種桌上遊戲：一種號稱專給聰明絕頂的孩子玩，另一種則適合認眞努力的孩子。五歲的男孩和女孩一樣偏好挑選給聰明兒童的遊戲，選擇該遊戲的比例相等；但是在六歲和七歲的群體中，女孩比較常選擇適合認眞玩家的遊戲，男孩依然偏好適合聰明兒童的遊戲。

那篇研究的作者群表示：「這樣的刻板印象會阻礙女性追求許多地位崇高的職業，也就是說，在重視聰明才智的領域內，女性仍然發揮得不夠充分。」

女孩究竟是從哪裡獲得女性不聰明的想法？這種刻板印象的形成時間約莫是孩童開始就

學的年齡。女孩需要非常努力，但男孩比較可能天生擁有聰明才智——我們的公立教育體系眞的會刻意強調這樣的概念嗎？

綜觀歷史，有許多偉大的藝術家、科學家和領袖都是男性，所以孩子認識的許多聰明人才可能都是男性。儘管現在已經有很多玩具製造商試著打破性別刻板印象，然而，要讓小女孩們了解到長大之後可不是只能當公主而已，我們還有一條漫漫長路要走。

如果這種觀念在兒時就滲入你的思維，即使並不深刻，仍然可以清楚說明你爲什麼比男性更常面臨自我懷疑，另外，也難怪女孩可能不像男孩懷有那麼崇高的目標。

家庭教育與社會化經驗之間的斷層

我爲了撰寫本書而訪談的一位三十二歲女性表示：「我好像卡在兩個世代中間，上一代女性所擁有的權利有限，而下一代則可以處於更平權的環境。別人告訴我，我可以想做什麼就做什麼。但同時，將我拉拔成人的那一代女性卻非常重視服侍丈夫、負責洗碗等家務。我擁有一些權利，並對此相當感恩，可是我也見證了歧視，讓我知道面前仍有重重阻礙，使得成功更爲艱難。」

大部分的年輕女性可能都聽過這句話：「你可以想做什麼就做什麼。」父母、老師和其他成人都向她們保證，女孩跟男孩一樣好。

然而，社會整體而言卻還跟不太上這樣的觀點。位居領導地位的女性人數少得可憐。女性在社會大多數層面也大都是扮演輔助的角色，男性則相對比較常擔任醫師、執行長和總統。如今，我們確實看到女性獲得了更多機會，可是她們在許多領域依然艱辛地搏鬥著。各個世代女性接收到的資訊和我們實際觀察到的現象之間存在斷層，導致了一些問題。凱洛管理學院進行了一項調查，發現百分之五十七的女性都說自己太常受自我懷疑影響而行事，也就是說，許多女性可能並未試圖將個人和專業潛能發揮到極致。

強調成就的潮流也會引發自我懷疑。告訴女孩她們可以想做什麼就做什麼，似乎是個極具啓發性的論點，但我們同時也該告訴她們如何應對錯誤、失敗和挫折，否則她們根本無從學習成功所需的技能。

問題所在

多米妮克從小到大都夢想能夠靠藝術創作維生，但是她對自己的質疑大大減低了她的創作能力。她說：「自從我興起了創業的念頭，就一直非常焦慮，而且這種焦慮甚至破壞了我的創造力。」

起初，她認爲焦慮暗示著她不該將藝術創作當作事業發展，並這麼說服自己：「我應該把創作當成興趣就好。」不過她心裡很清楚，她沒有其他目標；如果能夠靠自己的興趣賺錢，簡直就是美夢成眞。

我們很容易像多米妮克一樣說服自己，認為自我懷疑是直覺在提醒你不該繼續向前，但你不該因自己的質疑而放棄嘗試。

自我懷疑會影響心理健康

二十八歲的安妮特在我寫書時接受過我的訪問。當我提及自我懷疑時，她說：「我的腦袋裡有個宏亮的聲音，一直說我什麼都做不好。這個聲音是在我展開一段不快樂的戀情時開始出現的。」兩年前，她開始與一名男性交往。當時所有人都提醒她要三思，但她置若罔聞，依然維持那段戀情。「事實證明，那眞是個天大的錯誤。他脾氣很差，而且會打我，更可怕的是會言語凌辱。他每天都說我靠自己絕對不可能有所成就，沒了他就活不下去。」

交往大約一年後，安妮特總算鼓起勇氣離開他。她說她對於離開充滿恐懼，生怕他會對她做出些什麼，不過她更擔心自己再待下去，不知道會變得如何。

她說：「他不再出現我面前用言語凌辱我了，但我還是會聽到他的聲音。我聽見他說我不夠好，我也開始告訴自己，我什麼都做不好。這個聲音揮之不去。我離開他之後，有些家人迫不及待地對我說：『早就告訴你，他絕非善類。』這對我一點幫助也沒有。他們說得對，他們當初就告訴過我了，而我沒有聽進去。所以，現在我幾乎不敢再相信自己的判斷了。」

即使你不會遭遇家暴，也不太可能完全沒有人說過你不夠好，或是你絕對無法達成目標。有時候，這些話就深深烙印在我們的腦海裡，日夜縈繞於心。

人在胸有成竹和自我懷疑時的思考、感覺和行爲方式會有所不同。長久下來，強烈的自我懷疑會對你的心理健康造成傷害。有一篇二〇〇二年發表於《個性與個體差異》期刊的研究發現，自我懷疑會導致以下現象：

- **較不能自在地應對不確定感**。不確定感是生活的一部分，但深受自我懷疑所苦的人會無法忍受不確定感。
- **比較需要他人的認同**。對自己抱有強烈懷疑的人也會憂心自己決策錯誤，因此經常請別人爲他們做決定。
- **自尊心低落**。不信任自我判斷能力的人會對自己沒有信心。他們的懷疑會影響表現，而失敗又會再度重挫他們的自信。
- **更為焦慮和憂鬱**。極爲懷疑自我的人會自認幾乎無法控制人生的各種發展結果，而且較有可能出現長期焦慮或憂鬱的情況。
- **更會拖延**。容易懷疑自我的人會放棄需要決策的事情，因爲那會激起過度強烈的焦慮。

他們通常還會優柔寡斷，延誤工作完成。

自我懷疑會變成自證預言

一旦你不相信自己能夠達成目標，很有可能事情發展就會如你所想。不停告訴自己會失敗，是保證你無法成功的最快方法。令人遺憾的是，女性通常都會這樣看輕自己。

康乃爾大學（Cornell University）研究人員於二〇〇三年發表的一項研究發現，女性普遍低估自己能力，而男性則是高估自己。研究人員請受試者告知自己的科學能力，女性平均自評六點五分，而男性自評分數則爲七點六。回答科學相關問題之後，女性預測自己在十題之中會答對五點八題，男性則預估會答對七點一題。但其實男女答題的正確率幾乎相等：女性每十題答對七點五題，男性爲七點九題。

接著，學生在不曉得自己答題表現的情況下，受邀參加科學競賽。只有百分之四十九的女性報名競賽，而百分之七十一的男性有意參賽。

這或許可以解釋爲什麼女性比較不會主動要求升職。女性抱著自己無能的想法之後，就連嘗試都不願意了，而且也低估了自己的能力。

自我懷疑可能也說明了爲什麼女性比較不會要求提高薪資。既然你都不相信自己，當然就很難開口要求加薪。

無論你是想戒菸還是改善與伴侶的關係，自我懷疑都會使你很難成功，進而形成難以突破的惡性循環。

以下就舉例說明，自我懷疑會對女性進行工作簡報造成什麼樣不健康的心理循環：

- **思維**：我簡報的時候，一定會害自己丟臉。
- **情緒**：恐懼、擔憂。
- **行為**：在簡報時，她有一半的心力都耗費在批評自己。她一直環視場內，想找出好像對她表現並不滿意的人。她肯定自己的想法，覺得沒有人對她的簡報內容感興趣，便提早結束了演說。
- **結論**：簡報結束後，她想：「我就知道我做不好。」最後，她更加堅信自己不善於公開演說，依舊深陷自我懷疑的情緒。

再舉一個女性約會的例子：

- **思維**：我真的很不會跟人閒聊，完全想不出什麼有趣的話題。
- **情緒**：焦慮。

● **行為**：開啓任意的話題，因爲她無法忍受任何短暫尷尬的沉默。
● **結論**：約會之後，她發現自己漫無目的地聊了很多，卻未能眞正提出有助於深入了解約會對象的問題。她的結論就是自己眞的很難聊。

自我懷疑會使你犯錯，或認定自己永遠不會成功。這種思維方式使得做出正確選擇更加困難，而且形成惡性循環。有時，我們很難發現這樣的循環，更別說要從中跳脫了。

如何改變做法

多米妮克在某次治療面談時，提出了各種理由，說明爲什麼她堅信自己不適合做生意。她說：「商務女性應該要有自信。可是我對自己毫無把握，所以我的繪畫事業一定會失敗。」從某方面來說，多米妮克說得沒錯；她如果自認繪畫水準不足，在向客戶收費時就會很掙扎。但另一方面，些微的自我懷疑並非全然錯誤。只要她將自我懷疑轉化爲正向行動，就能帶動她的事業蒸蒸日上。

我們共同努力的目標不是清除一切的自我懷疑。如果要等到她百分百自信，那麼她永遠都不會開始行動。所以，我們著重於如何在她質疑自己的狀況下推展計畫。

自我懷疑不一定會阻礙你，但相信你的懷疑並對此感到絕望，卻會使你無法達成目標。

監督自己的情緒

你的想法會影響你的情緒。想到壞事（例如遇上事故或被炒魷魚）可能引起害怕的情緒；想像自己過著精采的生活或下次度假的情景，或許可以帶來幸福的感覺。

反之亦然，你的情緒也會影響你的想法。你如果對於某件事情感到焦慮，可能會開始聯想到一切不順利的事情；當你很期待某個機會，可能就會聯想到最理想的情境。

所以關鍵在於要察覺自己的情緒，並意識到這些情緒會對你看待事物的觀點有什麼影響。研究顯示，即使你的焦慮與手邊事務完全無關，你依然會受到影響而採取安全保守策略。舉例而言，如果你很擔心爺爺近期接受醫療檢測的結果，你在工作上的態度就會變得比較不願冒險。

二〇〇一年一篇發表於《行爲研究與治療》（*Behavior Research and Therapy*）的研究證實，生活中某一層面引起的焦慮可能擴及其他層面。研究人員請學生預測，他們在即將來臨的考試會表現如何。對某件事感到高度焦慮的學生預測自己會考非常差，即使他們擔心的事情與課業完全無關，也會產生這種觀點。毫不相干的焦慮感加深了他們對生活中其他層面的自我懷疑。

提高自我懷疑的情緒不只有焦慮。悲傷可能也會使你變得謹愼保守。

卡內基美隆大學（Carnegie Mellon）研究人員於二〇〇四年發表一項研究，他們將受試者分成若干組。一組人看了電影《天涯赤子心》（*The Champ*）的悲傷片段，也就是小男孩的心靈導師離世的場景，並在看完短片時寫出如果自己面臨相同的情況，會有什麼感覺。這個反思的步驟是爲了引出悲傷的情緒。

然後，一部分受試者被要求爲重點銷售商品制定價格，其他受試者則要回答，他們願意花多少錢購買這些重點商品。

在銷售組中，帶著悲傷情緒的受試者所定的售價低於控制組；而在購買組中，情緒悲傷的受試者則願意比其他組別花更多錢購買商品。

即使他們難過的感覺與手邊的工作無關，情緒悲傷的那些組別卻在做出經濟方面的選擇時，與其他組別有了明顯不同。研究人員猜測，情緒悲傷的受試者甘於較差的條件，是因爲他們懷疑自己無法應對被拒絕的情況。

由此可知，如果你正面臨困境，可能會沒有勇氣嘗試新事物或協商要求加薪，因爲你無法承受自尊心再度受創。

只要覺察自己的情緒，並辨識你的情緒屬於悲傷、開心還是焦慮，就能幫助你了解自我懷疑可能是非理性的判斷。學著告訴自己：「我現在很焦慮，所以可能會低估自己。」或是：

「我今天很難過，所以可能高估了遭遇不順時的痛苦程度。」這或許能夠幫助你掌握更切合實際的觀點。

收集證據

並不是所有的自我懷疑都負面得很離譜。如果我想加入專業足球隊，那麼「我不可能入選」或許是個正確的想法；但如果我是要應徵心理治療師，卻抱著「他們絕對不會錄取我」的心態參加面試，這種念頭就不太正確了。

在你宣稱所有自我懷疑絕對眞實或全然荒謬之前，請先思考事實現況。請問問自己：「有什麼證據說明這是眞的？」還有：「有什麼證據說明這不是眞的？」檢視實際的證據，可以幫助你判斷自己是否需要改變思維或行爲方式。

如果有位女性覺得自己利用業餘時間重返校園進修不會順利，她可以在紙張中間畫一條線，然後收集證據，就像下表這樣：

我重返校園不會成功的證據	我重返校園可以成功的證據
我已經超過十年沒有讀書了。	我有動力想把事情做好。
我自律能力很差。	我很期待取得學位。
我高中時只是個表現很平庸的學生。	我去年完成了一個證照的學程。
我做事缺乏組織規畫。	我可以制定計畫來掌控自己的進度。
我不太會寫專題論文。	我可以尋求撰寫和編輯論文的協助。
一旦落後，我就很容易打退堂鼓。	我一週有二十小時可以專注學業。

檢視逐一列舉出的證據，有助於你判斷自我懷疑的準確度。你一開始可能會完全相信自我懷疑的想法，但是仔細思考事實之後可能只會相信六成。不那麼深信不疑，或許是有助於你落實行動的關鍵。

如果你的自我懷疑確實有理有據，請採取行動來一步步讓自己更可能達成目標，例如習得更多技能、更努力練習、累積更多經驗等等。

就以多米妮克的例子來說，她對經營事業了解不多，事實也的確如此。所以如果她要提升對自雇生涯的信心，就必須增進自己的商業知識。

如果你的自我懷疑大部分來自非理性的揣測，最好的辦法就是轉念。每次覺得自己註定失敗時，就告訴自己有哪些證據表明你可以成功。

接受輕微的自我懷疑

《紐約時報》（*New York Times*）暢銷作家雪兒・史翠德（Cheryl Strayed）分享她與自我懷疑對抗的心路歷程。她的著作取得了莫大成就，不僅入選歐普拉讀書會（Oprah's Book Club）的介紹書單，她的回憶錄甚至翻拍成電影，並由瑞絲・薇斯朋（Reese Witherspoon）主演。但是雪兒還是對自己的寫作能力有所質疑。她在二〇一四年接受文學雜誌《小書攤》（*Booth*）的訪問時表示：「寫作向來是不斷自我懷疑的體驗。不過我寫第一本書時，實在懷著滿滿的自我懷疑，過程中更多的是掙扎著保持信念。到了我寫《那時候，我只剩下勇敢》（*Wild*）的時候，已經很習慣自我懷疑與厭惡的感覺了，只覺得：『好，看來寫書就是這樣。』」

有時候，接受「自我懷疑只是必經過程」會對你比較好。別再耗費心神強迫自己自信，勇往直前吧。利用不確定感來激發你的鬥志，或許成功的機率會更大。

別忘了，過度自信可能與滿心自我懷疑一樣有害。想著「考試一定很簡單」的人可能不會想努力讀書，認為「我一定能輕鬆搞定面試」的人，事前也許根本懶得準備。

二〇〇六年一篇發表於《應用心理學期刊》（*Journal of Applied Psychology*）的研究發現，研讀時間和考試成績會隨著自信心的提升而下降。稍微有些自我懷疑的學生無論智商高低，都比較有可能取得高分。

研究顯示，些微的自我懷疑有助於運動員提升表現。以高爾夫球員爲例，信心滿滿的球員會表現很差。而且滿懷自信的人會採取冒險做法，卻沒有細思行動方式。過度自信的人通常會變得自滿，因而不尋求成功所需的準備工作。

對自己有些懷疑沒什麼不好。一點自我懷疑可以鞭策你更加努力、表現更好。當你覺得自己可能會失敗時，就會投入更多心力。別等到你對事情的發展滿懷自信才行動。提醒自己，就算對自己有些懷疑，還是能有非凡成就。

做最壞的打算

我有個朋友偶爾兼差表演單口喜劇。她多年來一直很嚮往這個工作，但是卻因自我懷疑而遲遲沒有行動。她自知有能力在社交場合逗笑別人，卻不曉得大家會不會欣賞她在舞台上的幽默感。

最後，她問自己：「最壞的情況是怎麼樣？」最糟的就是觀眾不笑，也就是說在場所有的人都不覺得她好笑，也就如此而已。可能會有些尷尬的片刻，但也不是世界末日啊。

她眞正想通之後，很容易就決定繼續朝目標前進了。現在，即使她又興起了質疑自己的想法，也只對自己說：「他們不笑又如何？」然後步上舞台。

我們很容易陷入自我懷疑的泥淖中，卻忘了思考爲什麼害怕向前邁進。通常最糟的情況也沒那麼糟。

如果你上了大學卻沒有順利畢業會如何？你或許損失了一些時間、金錢，但也好過下半輩子都在懊悔自己不曾嘗試。

還有一種情況：要是你創業了卻經營不順會如何？你也會損失時間和金錢，而且可能是很大一筆錢，日子會變得艱苦，但世界也不會毀滅。就算你把房子都賠上了，可能要度過一段艱難的生活，但你會熬過去的。

再換個情境，假設你轉職後很痛恨自己的工作，又會如何？你或許可以換回前一個工作，或是辭職去做些完全不同的事情。這樣的情況可能不甚理想，但你並不是沒有選擇的餘地。

諷刺的是，你認爲自己無法承受失敗或選擇錯誤時所面臨的情緒波動，通常比你所害怕的最糟情況更痛苦。其實，你比自己所想的還要堅強，而且可以應付尷尬、被拒絕或失敗的情況。

日常應對：事業

作家瑪雅・安傑洛（Maya Angelou）享有國際盛譽並獲獎無數，但仍深陷自我懷疑的泥淖而無法自拔。她曾說：「每次我寫書，看著那疊黃色的草稿紙，就覺得我面臨了莫大的挑戰。我寫過十一本書，每次我都覺得：『完了，他們很快就會看穿我了。我一直都在糊弄大家，他們會把我揪出來的。』」

幾乎人人都會有自我懷疑的感覺，只是多數人避而不談，所以你可能會環視周圍，覺得其他人好像都充滿自信。事實上，無論外表看起來多麼自信或成功，他們的心裡很可能同樣藏著一定程度的自我懷疑。

不過，獨自沉浸在自我懷疑的情緒裡，可能會使你沒有歸屬感。覺得參加研討會的其他所有女性都理解全部的內容，或認爲同事懂得比你多，因爲他們看起來個個信心滿滿。這些揣測可能會使你開始與他們比較（正如我們在第一章討論過的那樣），而且覺得自己無法融入其他在場那麼有自信的眾人（我們在第十三章還會再深入探討這點）。

此外，認爲其他人都很有自信的假設，也會讓你放棄提出升遷要求或轉職。你可能認爲還需要靜靜等待，只要你再有些成就或更多經驗，就會擁有自信。不過，你有可能永遠無法對自己產生百分之百的信心。所以，即使你對自己的職涯仍有質疑，依然可以立刻採取行動。

你發現自己一直想著即將失敗的各種理由時，請試著反駁一下。問問自己，如果事情比我想像得更順利成功，那會是如何？花幾分鐘想想自己的成就可能超越期待，可以與你災難般的預言稍微平衡一下。

日常應對：家庭

我是好伴侶嗎？我是夠格的母親嗎？我夠孝順嗎？這些都是值得提出的問題。回想你對待家人的方式，能幫助你深入了解可以做出的改變。

不過，女性有時會耽溺於自己的不安，而破壞了與另一半的關係。我曾有位個案就是如此。她不信任自己在教養子女方面有能力做出健康的決策，所以即使是雞毛蒜皮般的小事也都會求助於丈夫。

她會在丈夫下班回家的路上打電話問他：「孩子們晚餐想吃披薩。但他們上週五晚餐才吃披薩的，現在又讓他們吃，這樣好嗎？」她丈夫不斷表明相信她的判斷，並希望她遇到這類小事情可以自己決定。但她實在很擔心會搞砸，所以還是一直徵求他的許可。這種行爲似乎比較像是個青春期的小保母，而不是堅強且滿懷母愛的媽媽。她與丈夫的關係也因此受到了影響。

適時尋求他人的肯定是示弱的一環（我們在上一章討論過了），但是不斷索求他人的保證，卻會損害你的人際關係。所以請相信自己可以做出健康的決定，以免傷害到與家人的關係，這點很重要。

日常應對：社交

你選擇經常往來的對象能夠培養你的自信，也可能加深你的自我懷疑。朋友會贊同你的好點子嗎？還是會否定你，並總是指出你無法成功的各種理由？

擁有誠實又友愛的朋友非常重要，畢竟有朋友會提醒你牙縫有菜渣是件好事。只是人們有時會遇到這樣的朋友：老是挑剔他人的計畫，或點出他人的缺陷（這麼做大概是出於嫉妒或是對生活的負面心態吧）。這樣的朋友可能就對你的心理健康有所損害。

此外，我們也很容易盲目遵循社交慣例，不斷重複地與相同的人一起做相同的事。自我懷疑通常就是根植於此。你可能會害怕邀請新的成員花時間與你相處，或是因爲不信任自己交友的能力，而不敢冒險跨出你的社交圈。

請想想朋友對你的信心多寡有什麼影響。你不該仰賴朋友來認同自己，也不需要爲你帶來過多自我懷疑的朋友。

不讓自我懷疑阻礙前進使你更堅強

你願意用幾年的時間嘗試克服某個特定的挑戰？如果你不斷失敗，會懷疑自己實現改變的能力嗎？

安妮．格倫（Annie Glenn）是口吃患者，而且想說卻無法順利表達的字數比例大約百分之八十五，這使她的日常生活變得異常繁瑣。

她的口語表達障礙嚴重到無法搭乘計程車，因爲根本無法說明地址；她無法接聽電話，在商店內想找特定商品時，也沒辦法請人協助。

有一次，她女兒踩到鐵釘，安妮要撥打緊急求助電話，卻無法向指揮調度中心的接線人員吐出任何一個字，只好將電話交給鄰居，請鄰居幫忙叫救護車。

她從未想過要成爲媒體的焦點，但偏偏嫁給了時任美國參議員的約翰．格倫（John Glenn），也就是美國第一位成功繞行地球的太空人。因此，小至各主流新聞媒體、大至當時的總統，每個人都想與安妮交談。

安妮數度嘗試接受語音治療課程，但仍無法矯正口吃的現象。

安妮在一篇《華盛頓郵報》的報導中，回顧她活在公眾鎂光燈下，卻無法清楚表達想法的日子：「那時對我來說眞的很艱難。在只能選擇迎頭奮戰或直接放棄的時刻，很容易就會覺得自己毫無選擇、進退兩難。我知道自己當時就是這麼想的，因爲我已經在嘗試和失敗之間徘徊了許多次。」

安妮並沒有放棄克服口吃的希望。在五十六歲那年，她在電視上看到一位醫師談到幫助病患克服口吃的療程，便報名參加，並花了三週的時間重新學習說話。

她在療程期間被禁止與家人聯絡，後來她打了一通電話給約翰，他對她的進步驚喜不已。她說約翰哭了，不敢置信她終於能夠順利說話。約翰在回憶錄中說到，安妮當初對他說的其中一句話就是：「約翰，這幾年來我一直想告訴你：拜託，撿起你的襪子。」

安妮在這次驚人的轉變後，不僅成了俄亥俄州立大學聽語科學系（Ohio State University Department of Speech and Hearing Science）語言病理學兼任教授，也開始爲身心障礙者發聲，並憑著對口吃族群的諸多貢獻獲獎無數。

如果安妮當初也不相信自己能夠改變，就絕對無法順利矯正口吃現象。幸虧她在每次治療失敗後都能夠捲土重來，並堅持覓得有效的療法。就算在過程中，沒有人敢向她保證她的症狀能夠改善，她也不曾放棄。

只要你願意不斷努力，即使對自己能否達成目標沒有全然的把握，依然有可能創造出不凡的成果。你每次擊碎自我懷疑、勇往直前，心智強度就又提升了一點。你的心智愈是堅強，就愈能長保自信。

解惑及常見陷阱

有時，女性會誤以為自我懷疑都是有弊無利。不過，你確實應該懷有些許自我懷疑。如果有人建議你為能夠快速致富的構想投資兩萬美元，想著「我對這筆投資能不能回本，沒什麼把握」說明你還有些智慧。所以，別一味認定自我懷疑就是信心不足的表現。

常見陷阱也包括認為自己「相信直覺準沒錯」。許多女性認為，如果對特定事物反感，就不該去做。不過這種反感其實通常是害怕，害怕的感覺使她們心裡充滿了對自己的質疑，這正好說明為什麼收集證據非常重要。當你了解事實時，就能夠在理性訊息（思維）和感性訊息（情緒）之間取得平衡。

很多女性也會覺得，凡事都有正確和錯誤的選擇，但通常並非如此。你該換個新工作嗎？這有好有壞，卻沒有正確答案。如果你不喜歡新工作，也不表示你做錯了選擇。提醒自己，無論發生什麼事、做了什麼選擇，你都會沒事的。

實用技巧

- 監督自己的情緒。
- 質疑你的自我懷疑。
- 檢視引起自我懷疑的證據。
- 做最壞的打算。
- 接納些微的自我懷疑。

當心陷阱

- 深信自己的一切想法。
- 陷入自我懷疑與消極怠惰的不良循環。
- 將恐懼與直覺混為一談。
- 讓情緒影響你，加深你對個人能力的質疑。
- 堅持等到擁有百分百的自信才採取下一步。

5 不想太多

思考經常使我難過，親愛的，但我這輩子卻從未因行動而悲傷……我是這麼認為，「做點什麼吧，我的好姊妹，可以的話就做點好事吧。但不管怎樣，做點什麼就對了。」

——維多利亞時代英國小說家伊麗莎白・蓋斯凱爾（Elizabeth Gaskell）

芮吉娜在來電預約第一次面談時表示：「我需要幫忙。我覺得我快崩潰了。」在第一次面談時她說：「我睡不著，也不能專注於工作。我的大腦完全關不了機。」

芮吉娜年約四十五，幾年前離婚了。朋友告訴她線上交友很安全，社會接受度也很高，她最近才又開始認識新對象。她雖然很樂於大方展現自己，但是在這個社群媒體當道的年代認識新對象，也使她有點慌亂。

她解釋：「我結婚前還沒有社群媒體，所以我不習慣這些傳訊息和 Facebook 的東西。這讓約會變得好複雜。」

她又說：「有個男人是我的 Facebook 好友，我們曾單獨約會過一次，但兩人之間沒有任何火花，所以沒有再約第二次。他還是會幫我的 Facebook 貼文按讚。現在我有個比較認真的約會對象了，我該立刻將之前那個男人解除好友嗎？」

總是有很多這類的問題困擾著她，使她夜不成眠。當她徵求朋友的意見時，通常又會獲得相互抵觸的建議，反而令她更加困擾。

不過，她的疑問和顧慮其實並不單純來自社群媒體的禮儀。她花了很多時間調查柯特，也就是現在她逐漸認眞交往的那個男人。她認爲如果研究得夠徹底，就能確保他是適合她的男人。

她利用能找到的每個搜尋引擎來搜尋他的姓名，仔細瀏覽他所有社群媒體帳號所發布的每一篇貼文，接著，又開始瀏覽他朋友的社群頁面，想看看他們是否提到過他。最近，她還細看了柯特前妻的社群帳號，試圖藉此更加了解柯特。

我問她這些調查是否讓她放心，她回答：「唔，我還沒找到可以讓我覺得他不老實的證據，也沒發現任何危險警訊，但是我還會繼續挖掘。」她毫不擔心自己與柯特實際相處的安全，卻很顧慮情感是否有所保障。她想確定他是好人，而且不會背叛她。

我問她，這些調查對她和柯特的關係造成了什麼影響，她答：「我好像是在收集線索。如果他提到了一個朋友或家人的名字，我就記下來，方便之後對那個人展開調查。我想竭盡所能去了解與他有關的人。」

做些簡單的調查來保護自己是明智的決定，但芮吉娜對柯特的調查已經走火入魔了。分析每一次的留言、資訊或互動並不能使她更有安全感。事實上，她花愈多的時間想東想西，就愈覺得無所適從。

她必須接受一個事實：凡是發展新戀情，都會伴隨著一定程度的不確定性。她要減緩痛苦，就必須停止在社群媒體上毫無節制地調查柯特的朋友和家人。

芮吉娜不太願意放棄對柯特進行的「調查」，我們只好開始探討她爲此付出了什麼。她一開始認爲調查一下對方能使自己放心一點，沒想到現在卻造成了反效果。她一心想找出可能有損他名譽的資訊，而非專注於建立眞心付出且相互信任的關係。她同意停止調查柯特一週後，便發現自己更能投入與柯特的相處了。她必須了解，想人多並沒有辦法化解她的恐懼不安，反而會更助長這些情緒。她改變了行爲之後，就不會再過度糾結兩人關係的各項細節，於是可以享受與柯特相處的當下，兩人各處一地時，也更能專注於較健康的活動。

你屬於想太多的那種人嗎？

自我反省和自我覺察是健康的行爲，但是過度分析、沉溺與擔憂可能使你鬱鬱寡歡，並影響正常作息。你是否符合以下所述的情況？

- □我經常在腦中重溫與他人的對話，以及懊悔當時應該怎麼說。
- □我會不停地回想丟臉的時刻。
- □我會擔心幾乎不可能發生的事情。
- □我會問自己很多這樣的問題：「要是……會如何？」
- □別人說了我不喜歡的事情之後，那些話會不斷浮現在我腦海。
- □我花很多時間在想別人對我說過的話或已經發生的事，是不是有隱含的意義。
- □我睡得不太好，因爲心裡總是有很多事。
- □我有時會因爲沉浸於其他事情，而沒有意識到周圍的事物。
- □我一旦想到自己的失敗，就很難抽離去想其他事情。
- □我經常回想自己犯過的錯誤。

爲什麼我們會想太多

芮吉娜在婚後多年發現丈夫與其他女人在網路上有親密對話。她從沒想過丈夫會這麼對她。他的種種行爲使她開始質疑彼此的關係，甚至步上了離婚一途。

她爲了避免類似的事情重演，便決定要鉅細靡遺地調查每個約會對象。她不想再次面臨男人出軌或藏有祕密。但是她調查得愈深入，就愈是欲罷不能。

受傷與苦痛可能會引起過多顧慮，但這並不是女性常鑽牛角尖的唯一理由。女性之所以會過度分析大小事及事後檢討，涉及的原因有很多。

女性容易顧慮過多

每個人都可能偶爾會有過多的顧慮。你是否曾花好幾天的時間來思考要怎麼傳達某個不好的消息，後來總算說出口時，卻發現沒什麼大不了的？或是否曾糾結於某個決定好幾個星期，彷彿這個決定攸關性命，但最後發現你的選擇並不重要？

想得太多涉及反覆回想或不停擔憂，甚至綜合這兩種毀滅性的思考模式。

反覆回想就是琢磨自己煩心的事、可能的原因和結果，所以只是著重問題本身，而且大都是過去的事件或無法改變的事物，反而不是思考解決之道。反覆回想可能包含這類的想法：

- 我害自己在眾人面前丟臉了。我說話總是不經大腦就脫口而出。他們一定覺得我是笨蛋。可能我一走，他們就開始議論我。
- 我當時真該把握另一個工作機會，我在那裡會比較開心。但我太懦弱了，沒有採取行動，結果現在我這輩子都毀了。
- 我當時應該勇敢發言的，但我太生氣了，沒辦法好好表達立場。我大可以說他是在扭曲我的意思，並點出他的所作所為都是為了把事情搞砸。

不停擔憂包含抱有負面（而且通常是災難性）的預測觀點，例如：

- 我絕對沒辦法償清債務，也不會有足夠的錢可以安心退休。我老的時候，會過著窮困的悲慘生活。
- 我一定會在明天的晚宴上把自己搞得很尷尬。其他人都彼此認識，一定有話可聊，而我只是個格格不入的怪咖。
- 我的孩子絕對找不到工作，然後一直待在家裡啃老，不想獨立，還期待我支持他們。

各項研究一致顯示，女性反覆回想與擔憂的頻率高於男性，有部分是源自大腦結構的差異。加州阿門診所（Amen Clinics）的研究人員分析了來自超過四萬五千人的資料，並根據顯影資訊總結出，女性大腦明顯比男性大腦活躍。在女性大腦，血流比較集中在可提升專注與同理的部位，以及形成焦慮的部位。

科學家表示，這或許有助於探究為什麼女性較容易出現阿茲海默等大腦失調的病症，而男性較容易出現注意力不足過動症（ADHD）之類的其他失調症狀。因此，神經科學或許可以解釋你的大腦為何過度運轉，但這也不是唯一原因。

另一個可能的原因有點像是雞生蛋、蛋生雞的問題。女性是否因為思考的層面比較廣泛，所以通常被賦予較多家務，例如掌控全家人的每日行程？還是因為她們必須管理諸多事務，才變得顧慮比較多？

我有個煩惱很多的朋友，她總是說：「我老公什麼都不放在心上，所以我的煩惱就變成兩人份。」雖然是玩笑話，但也並不全然是空話。

一項二〇〇八年的研究審視了雙親在管理全家行程方面所扮演的角色。研究人員發現，母親明顯投入較多精力去安排家人行程及相關雜務。父親較常指導體育活動，而母親則較常安排交通、處理文書工作，以及規畫日程。

研究人員也注意到子女活動減少時，母親的受薪工作時數會增加。換言之，子女的課外活動愈少，母親的工時愈長、薪酬愈高；如果子女參加的鋼琴課程愈多，母親的工作時數就愈少。反觀父親的工時則較少因子女課外事務而有增減。

並不是所有家庭都會有這種情況，但是就我所知，多數家庭確實普遍有此現象。爸爸只要出現在孩子的足球賽現場觀賽，媽媽卻要研究包車共乘的時間，並確保球隊制服乾淨；女性經常規畫派對細節，而男性則負責烤肉。

所有規畫籌備的工作都可能是女性多慮的部分原因。如果她們希望忙碌的一家人都能像運作順暢的機器般配合無間，就會有許多大小事情需要考量。

反省的邏輯思路不當

我曾有位個案在每次治療面談時，都至少會問十次：「你覺得我爲什麼會那樣？」無論是某天晚上比平時更晚睡，或是打電話給好幾個月沒聯絡的朋友，她都想釐清爲什麼她會做出那樣的決定。

她不滿意類似這樣的簡短回答：「你那晚特別晚睡，可能是因爲你還不累。」「你打電話給久未聯絡的朋友，大概是前幾天因爲什麼事情想到她了吧。」

她堅稱在她的行爲背後，一定隱含著更深一層的理由：「我覺得一定有股神祕的力量試圖傳達訊息給我。只要我抱持開放的心態，就能有更深刻的了解。」

她爲了追尋所謂深刻的意義，會提出類似這樣的問題：「你會不會覺得，我熬夜其實是因爲想懲罰自己？還是我潛意識裡知道愈早睡覺，隔天就必須愈早起床去面對我不想面對的事情？」

對於聯絡故友，她也有自己的見解：「我覺得我是怕被遺棄。那可以追溯到我的童年。我在三年級的時候搬過家，而在那個年代，我跟朋友理所當然斷了聯絡，因爲當時根本沒有手機、汽車之類的。所以對我來說，好幾年不跟朋友交談，或多或少重現了三年級時經歷的創傷感。你覺得有沒有可能是這樣？」

她還會分析我的每個行爲。有一天，她說：「你通常是安排早上跟我面談，但你之前說這週的早晨時段已經額滿了。事實上，你是不是因爲想了解我的情緒在午後會有什麼變化，所以才安排在下午見我？」

我說：「不是，我其實只是剛好早上沒空而已。」她貌似理解並點點頭，過沒幾分鐘又說：「如果眞的如我猜測，你會告訴我嗎？還是你這麼說只是爲了評估我下午的情緒，同時又不讓我察覺到你的意圖？因爲如果我知道你的動機，可能就會改變行爲方式，使你無法掌握我平常下午時的狀況。」

聽她說話令人筋疲力盡。我可以想像她整天都被這樣的自言自語轟炸，會是什麼感受。

她覺得自己是在尋求啓發，而且這種做法可以提升她的自我覺察能力，不過其實這種凡事追根究柢的習慣反而會把她逼瘋。這就是自我提升失當的絕佳範例；她把顧慮過多與自我反省搞混了。

有時候，深入了解自己的價値，確實能夠釐清你的童年或未療癒的創傷對個人行爲造成了什麼影響。自我反省可以幫助你學習，但是不斷回想同一件事並不能讓你有所成長。

問題所在

芮吉娜堅持要「揭開」柯特不爲人知的一面，因而無法盡情投入交往。她在某星期說：「我每週總共見到柯特五六個小時，但我都要花兩倍的時間在網路上調查他。」她沒在社群媒體上瀏覽柯特的親友時，就拿著他最近傳的簡訊，要求自己的朋友爲她解讀。

她的調查對兩人關係弊多於利。她說：「有一次，我跟柯特冷戰了一陣子，因爲有另一個女人說他有張Facebook照片拍起來很帥。我一口咬定他出軌，但後來才發現那是他表妹。」

她心裡知道這種做法並無益處，卻仍不願善罷干休。她總覺得自己會錯過什麼重要的資訊，所以連一丁點的線索都不放過，只不過她的揣測和結論通常都是錯誤的。她的戀情或許確有發展的可能，但是不斷質疑勢必會使她無法建立起相互信任且具有意義的交往關係。

想太多無法解決你的問題，反而可能引發新的問題。

想太多會使日子更難過

想太多不但是惱人的惡習，可能還會衝擊到你的健康。想太多對生活品質會有諸多影響，以下就列舉其中幾項：

- **提高出現心理問題的風險。**二〇一三年發表於《異常心理學期刊》（*Journal of Abnormal Psychology*）的一篇研究發現，過度沉浸在自己的缺點、錯誤和問題，可能引發憂鬱和焦慮症狀。反覆回想會使你陷入難以突破的循環，想太多則會造成心理問題，而隨著你的心理健康狀況逐漸下坡，你就愈有可能陷入反覆回想的思維。
- **使原有的心理問題更加嚴重。**負面的念頭會加劇心理壓力，並導致情緒更加惡劣。如果你原本就有心理健康方面的狀況，沉溺於自己的不幸會加重及延長病情。
- **更難振作起來。**無論是微不足道的不順，還是影響重大的困境，在壞事發生後一再回想都會削弱你的恢復能力。
- **使人喪失分析能力。**顧慮太多的人都自認爲是靠著不斷檢討問題來提升自我。但反覆回想其實會阻礙問題的解決。不斷思考問題本身時，就無法想出解決辦法。
- **可能導致不健康的行為。**二〇〇八年發表於《心理科學觀點》期刊（*Perspectives on*

Psychological Science）的研究點出反覆回想與不良應對策略之間的關係，而所謂的不良應對策略包括暴飲暴食、酗酒、自殘。

● **影響睡眠**。在腦子好像無法關機的情況下會睡不著，似乎不是什麼值得訝異的事。二〇〇三年發表於《個性與個體差異》的一篇論文及其他研究都指出，反覆回想與擔憂會壓縮睡眠時間，而且再睡回籠覺也不一定有幫助。另外，想太多也會破壞睡眠品質，因為在大腦超時運作的情況下，很難進入深度睡眠。

想太多會破壞人際關係

我大學時的宿舍裡有個學生經常詢問其他同學，她該如何穿搭打扮，有時甚至會逐一去每個房間徵求意見。雖然多數人都會維持禮貌，告訴她哪套衣服比較好看，但其實根本沒人在乎她穿什麼去上微積分或健身。

有一次，她買了三件冬季夾克，並且留著吊牌，然後去問了宿舍裡的每個人。問完之後，她退回了獲得最少人青睞的兩件夾克。

我猜她覺得穿著別人喜歡的衣服有助於獲得他人好感。諷刺的是，大家都被她的優柔寡斷弄得很煩。

想太多的人的出發點雖然不是要逼瘋所有人，卻經常落得這番下場，因爲他們會徵求別人意見卻拒絕採納，或是對耐心傾聽的任何人描述特定情況的各種可能發展。不斷給予保證或頻繁安撫最終使他們的親友身心俱疲。

如何改變做法

芮吉娜不該再縱容自己總想著自身戀情，並且抵抗時時上網調查柯特的衝動，別再一直找朋友幫忙分析兩人的關係。她愈是頻繁談論，就會愈想深入調查，而調查得愈深入，就愈容易落入事事糾結的輪迴。

芮吉娜每次覺得焦慮，就求諸社群媒體，想進一步了解柯特和與他有關的所有人。她的調查不但沒使她好受一點，反而更加焦慮。若要終結想太多的行爲，她必須找到可以在焦慮時做的其他事情。

她開始問自己：「我可以做些什麼來改善我們的關係？」然後她可能會傳則簡訊給柯特，說她正在思考兩人的關係，或是規畫一場特別的約會。起初，這些事情對她來說有點困難，但後來發現確實能夠將自己緊張的情緒轉化成兩人關係的助力，而不破壞感情。

爲了建立起健康的戀愛關係，她還必須在懷有疑問或顧慮的時候，直接告訴柯特。這個過程需要她示弱（如第三章所述）並克服自我懷疑（如第四章所述）。

區別想過多和解決問題

準備與規畫都是解決問題的實際策略。你可以發揮創意，找出化解挑戰的辦法，也可以制定計畫來防止自己重蹈覆轍。不管你要處理的是感情議題、工作問題，還是財務困境，專注於造成阻礙的事物都有助於擬定有效的解決辦法。

不過，如果耗費太多時間分析問題，可能會對自己造成更多壓力。一旦你心情低落，又一直想著讓你自卑自責的事物，就會更加難受。焦慮感升起時，想到壞事降臨會使你陷入無限焦慮的狀態。

顧慮太多與解決問題的差別，在於你投入的時間和思考的模式。當你意識到自己正在思考某個問題或不快的事件時，請思考以下的問題：

- **這個問題有沒有解決辦法？**有些問題是無法解決的。你沒辦法讓親友的病痛消失，也不能逆轉已經發生的痛苦事件。消極地沉浸在這類的事情之中，可能會對你的心理健康造成傷害。
- **我現在是專注於問題本身，還是在尋找解決辦法？**如果你面臨財務問題，真正有幫助的是找出能賺更多錢、償清債務的辦法。光是幻想自己無家可歸，或是埋怨眼前的處境有多麼不公，則會讓你陷入負面情緒而無法自拔。

● **我想著這件事可以達到什麼效果？**如果你是積極想找出新的觀點，可能會發現思考問題有所幫助。不過要是你只是不斷祈求局面有所改變，或是想像各種可能導致意外結果的情況，而不找出能幫助你成功的實際做法，那就只是多餘的空想而已。

釐清這些問題，有助於你在自己想太多時有所意識。你可能會在判斷自己的思維毫無建設性之後，改而採取能夠解決問題的策略，或者理解自己無法解決，體會到繼續空想也無濟於事。以下這些做法可以幫助你別再懷有太多顧慮。

規畫煩惱專用時段

如果想避免煩惱，卻又精心安排時間來讓自己煩惱，這似乎有點荒謬。不過這招確實有效。爲你的煩惱加上了時間限制之後，你就不會成天陷在憂愁的情緒裡。

這個論點先前一直只是個理論，後來總算有荷蘭研究人員進行實驗。他們發現，相較於仰賴較傳統焦慮症治療方式的人，安排煩惱時段者的焦慮和憂鬱明顯較低。

研究人員發現，限制煩惱佔用的時段需要經過四步驟的流程：

1. 辨別出自己在煩惱的時刻。
2. 騰出特定的時間和空間來思考煩惱的事物。
3. 發現自己在煩惱時，先專注於手邊的事務，延後煩惱情緒的釋放。
4. 使用「煩惱時段」來解決你有疑慮的問題。

假設，你決定讓自己利用每天晚上的八點到八點半來煩惱；在一天之中其他時間意識到自己在煩惱時，請自我提醒，現在不是該煩惱的時候。你可以對自己說：「我今天晚上再來煩惱這件事，現在我應該要專心做完這份報告。」到了晚上八點，就可以想想一整天下來你煩惱過的事，看看你是否能解決問題、降低風險，或規畫採取正向行動。

你可以在煩惱時段將自己的煩惱寫下來，也可以單純坐下來好好思考。

這是我多年來建議心理治療個案的策略，多數個案都覺得很有效。他們不會隨時受到引起憂慮的想法影響，而且認爲自己有足夠的能力將這類念頭控制在特定的時間內。

切換頻道

無論是忍不住想著別人的評語，或是在腦中不停重演上週某個丟臉的場景，你都很難讓自己的大腦「抽離」。直接叫自己「別想了」絕對毫無幫助（除非你保留了「煩惱時段」讓自己事後重新思考）。

你可以透過分神，有效地讓你的大腦改而思考較具實際效益的事情。在心理治療領域，我們通常稱之爲「切換頻道」。

別呆坐在沙發上想著工作上遇到的問題，起身動一動吧。你可以播點音樂，打掃一下地面，或打個電話給朋友，聊聊完全不相干的事。

你可能需要轉換一下場景，例如走到戶外或前往其他房間，也可能需要活動活動筋骨，像是轉開音響在室內舞動一下。總之，找到能幫助你的大腦切換頻道的事物。你開始做其他事時，大腦就會想著其他事，使你好過一點。

如果你只是在腦中重複已經發生的事情，或是擔憂可能不會發生的事情成眞，那麼切換頻道會有幫助。但是對於你可以掌控的事情，該怎麼辦？

難道不該花大量時間思索要不要買那棟房子？不該花更多時間思考自己的職涯方向？其實，想得久、想得多，也不一定想得通。研究顯示，切換頻道的做法有助於解決複雜的難題。

在一篇二〇一〇年發表於《心理科學》（*Psychological Science*）的研究中，研究人員檢視了深思熟慮對於最終選擇有什麼影響。在第一項實驗中，他們要求受試者評估可能的室友人選。然後，在第一組人評估完畢之後，研究人員立刻詢問他們的決定。第二組人則收到了一道英文字母拆字謎題，要花幾分鐘解出字謎，然後再根據要求回答對於人選的決定。結果，花了幾分鐘執行無關任務的受試者，他們所做的決定比較理想。

在第二項實驗中，研究人員要求受試者評估潛在求職人選。結果沒有改變，決策之前有機會短暫考慮的人選擇結果較不理想。

還有很多其他研究都指向類似的結果：花時間不去思考問題，有利於做出最佳決策。潛意識的敏銳程度其實相當驚人，讓你的大腦有機會在暗地裡找出解決方案，可以幫助你做出最正確的決定。

所以，如果你想熬夜解決某個問題，或許還是先去睡覺，隔天再說比較好。你的大腦可能會幫你解決難題喔。下次你想第五度對另一半闡述自己的各種意見時，去做點其他事吧。你在院子裡除草或整理衣櫃時，或許會靈光一閃而有獨到見解。

練習正念

我曾遇過一名個案，來到治療室後對我說：「我晚上睡不著。我的大腦都不關機。」她說她總是翻來覆去好幾個小時，同時又忍不住想著當天發生或明天要做的各種事情。她的解決辦法就是打開電視機。如果有節目的聲音當作背景音，可以稍微平息她腦中紛亂的思緒，進而幫助她入眠。但是開電視會害她丈夫睡不著，他只好每晚都去睡沙發。

她當初是向醫師索取助眠藥物，不過醫師介紹她接受心理治療。她初次參加治療面談時表示：「醫生好像認爲來聊聊我睡不著的情況會有幫助。眞是沒道理。」

這麼說也不完全錯誤；我們沒必要一直談她失眠的困擾，因爲那可能使她的焦慮更加劇（通常失眠的人會煩惱自己睡不著，而那種焦慮感會使失眠現象更加嚴重）。她需要的是學習放鬆的技巧，幫助她減少夜間多餘的思緒，所以我開始跟她聊起正念（mindfulness）。她答應試試看，幾週之後就說大腦變得比較平靜，她也不必開著電視就能睡著。

正念要求專注當下。如果你的視覺、聽覺、嗅覺和味覺完全地沉浸在當下，就不會有工夫擔心其他事情。練習正念技巧的好處並不僅限於主動練習的當下，還能減少你反覆回想的情形。

正念的目標是全心全意投入當下，但不對事物做出評斷。要精進正念的技巧，有很多種方法。以下提供幾個基本步驟：

1. **觀察當下發生的事情。**無論你在哪裡，都暫停下來，留意周遭環境。你聽到什麼？看到什麼？嘗到什麼？聞到什麼？感覺到什麼？
2. **讓評斷自然浮現並逝去。**記下你產生的評斷，但不要太過留意。把這些念頭想像成飄過你的大腦，別去抵抗它們，也別因爲自己做出評斷而批判自己。

3. **回歸到觀察當下的狀態**。你的想法會游移，或執著於某些評斷。只要將專注點調回當下就好。

4. **寬以待己**。正念是需要練習的技能。心思會游移，別因此批判自己。請不斷將專注力聚焦於眼前的事物。

如果你需要更具體的經常正念實踐做法，市面上有很多相關的應用程式、書籍、影片和有聲產品，甚至還有些正念團體陸續出現，讓你可以跟他人一起做團體學習並練習相關技巧。

日常應對：事業

就芮吉娜的個案而言，她調查柯特親友的欲望已經影響到了其他層面，不只是戀愛交往而已。她很難專注於其他事情，因為進行調查讓她筋疲力盡。

她有時甚至會在上班時間搜尋那些資訊，而她也承認這影響了工作效率。她找到一絲新線索後的好幾天，或是發現有更多想調查的事物時，就變得心不在焉。

儘管工作效率下降，芮吉娜卻毫不擔心。其實她是因為一直惦記著要調查男友，而顯得對自己的工作不太在乎。

不過，有些人想太多是因爲對事業的顧慮使他們的大腦不堪負荷。他們總想著要接受升遷、接下新職位，或直接換工作，或者深夜裡依然不斷在心中重新排演著商務會議的流程。

如果你認爲自己犯下會斷送前程的錯誤，或現在的工作毫無前途，可以告訴自己並不是毫無選擇，也別覺得現在已經太遲或自己年齡太大。很多成功的女性都是在有了一定年紀才轉換職涯跑道的。

如果你無法克制自己在閒暇時想著工作，可以試著另外撥出時間來煩惱公事。限制自己只能在通勤或午休時間爲工作所擾，讓你脫離辦公環境之後，能夠專心享受私人生活。

日常應對：家庭

家庭可能引發各種反覆回想的情況。爲什麼爸媽比較疼哥哥？爲什麼媽媽要跟繼父在一起？爲什麼我的家人不能接受我眞實的個性？

家人也可能帶來許多煩惱。妹妹會戒酒嗎？婆婆會在這次家庭聚會上損我嗎？我爸媽會扮演我心目中理想的外公、外婆角色嗎？

治癒家庭問題所衍生的舊傷，可能是擺脫顧慮過多的關鍵。而且就算涉及的是還健在的家人，通常也需要歷經一段哀悼歷程（grief process）。

你也許需要哀悼自己的童年不那麼快樂平和，或接受你母親不願接納你真實個性的這個事實。

不過，治癒的過程並不是要一直回想童年，或是祈禱情況有所不同。如果有未了的家庭問題讓你痛苦不堪，你有兩個選擇：改變情況，或改變想法。

改變情況包括與家人保持有限的接觸，以及只在對方清醒未醉的時候陪伴他。改變想法則是在你每次回想童年時「切換頻道」，或是主導自己的命運（正如第三章所述）。

日常應對：社交

曾有位女性一來到治療室就說：「我就像天生輸家，都沒有朋友。」自從成了家庭主婦，她就覺得愈來愈難有社交生活。她與從前的同事幾乎都斷了聯絡，跟大學時期的朋友也沒什麼交集。

「我會在等孩子游泳課或踢足球時，跟其他媽媽聊天，可是我看不出哪個媽媽在這些活動上顯得格格不入。我又不能直接問：『想做朋友嗎？』這樣聽起來很蠢，但我不知道還能怎麼說：『約個時間出去晃晃吧。』雖然我心裡很崩潰，但還是不希望自己看起來那麼難堪。」

她接著解釋，自己已經盡力與其他媽媽攀談，「有時候，如果我知道在接下來的活動上可以遇到稍微認識的家長，我還會寫下幾個適合聊天的話題，確保我有話可說。不過這一切都是白費工夫，我還是沒有任何可以稱之爲朋友的對象。」

她又分享了面對其他媽媽之前的各種準備工作，包括記錄她們喜歡什麼，試著開啓她們感興趣的話題，還有花很多時間思考該怎麼讓其他媽媽跟她做朋友。

雖然她花了這麼多心思，卻從未邀請任何一位家長去喝咖啡，或提議一起帶孩子出去玩。她對於交不到朋友這件事情太過緊張，因而忘了可以直接提出邀約。她嘗試幾次簡單的邀請之後，立刻發現其他媽媽都很樂意進一步認識她。

社交生活是簡單還是複雜，完全取決於你。過度分析朋友的行爲、埋怨忿懣，或讓他人踐踏你的地雷，都會把你的社交生活弄得一塌糊塗。

我們教導孩子的簡單道理，也同樣適用於成人：交朋友最好的方式，就是主動示好。堅守簡單的原則可以防止你對交朋友產生過多不必要的顧慮。

活在當下使你更堅強

歐普拉（Oprah）有很多事情要思考。她獲譽爲「最富有的非裔美國人」和「泛媒體女王」。即使她的《歐普拉秀》（*The Oprah Winfrey Show*）已經停播多年，她每週仍透過自己的電視台和雜誌觸及數百萬人。

她也從不吝於分享個人的痛苦經歷，遭人性虐、在貧困中成長等種種困境，她都撐過去了。

她大方分享，自己內心的堅強有很大一部分是靠冥想而來，並在《O：歐普拉雜誌》（*O, The Oprah Magazine*）中的一篇文章寫道：「外在世界總是想讓你認爲自己不夠好，可是你沒有必要如其所願。冥想可以幫助你抵抗這種念頭。」她承認自己是正規冥想[1]的擁護者，但她會整天實踐正念，因此能夠隨時把握當下：「這是種昇華的生命狀態，能讓你當下進行的所有事情成爲生活中最美好的事物，讓平凡無奇的時刻化爲精采萬分的瞬間。」

如果歐普拉深陷過往的經歷，或沉湎於從前的每次訪談或對話，恐怕無法有如今這番成就。同樣道理，如果她投注一切時間和心力煩惱未來可能發生的悲劇，就很難做出必要的決定來幫助她獲得今日的地位。她希望活在當下的念頭使她能充分享受生活，同時也激勵了無數大眾盡力發揮潛能。

想太多會使你錯過眼前的事物。如果你總想著昨天發生過的事，或煩惱明天可能出現的危機，就不可能把握當下的時光。當你不再浪費時間和心力瞻前顧後，心智就會更堅強。

解惑及常見陷阱

如果你有憂鬱症或焦慮症等心理問題，反覆回想和煩惱的可能性比較高，但是這不表示你不堅強，而是說明你應該訴諸專業協助。請諮詢醫師，了解是否需要尋求心理方面的專業人員。你可能必須接受治療才能緩解，置之不理可能會使症狀加劇。

如果你曾遭遇導致創傷的經歷，可能會出現創傷後壓力症候群（ＰＴＳＤ）。創傷後壓力症候群會改變你的大腦，造成往事歷歷在目，可能導致你深陷不安而無法自拔。這並不是因爲你不夠堅強，而是同樣表示你需要專業協助。

另一種常見陷阱是寫日記。維持寫日記的習慣有很多好處，但是對想太多的人來說，可能會造成反效果。如果你寫的是當下的壞事、你的煩惱或不自在的情緒，日記可能會加強你的負面想法。

如果你很喜歡寫日記，但又經常過度情緒化，可以試著只著墨事實本身。回溯事件時，

1 譯註：正規冥想（formal meditation）是指講究形式的冥想，通常會要求冥想者排空一切雜念，讓身體處於靜止狀態或進行特定的動作、儀式，並維持一段時間，最常見的形式應屬靜坐，而瑜伽、氣功、念經等活動亦屬於正規冥想。另外，相對於正規冥想的是非正規冥想（informal meditation），強調專注當下正在進行的事物，時間可長可短，屬於比較廣義的正念，下文提到歐普拉會全天實踐的，即屬於非正規冥想。

請說明事情經過，而不是你的感受情緒。關注事件的相關事實，可以稍微減少令人不快的成分，對你會有幫助。

實用技巧

- 規畫所謂的「煩惱時段」。
- 讓大腦切換頻道。
- 練習正念。
- 休息一下，別一直想著某件事，讓大腦有機會在潛意識中解決問題。

當心陷阱

- 拉著朋友跟你一起東想西想。
- 讓多餘的顧慮佔據你一整天的時間。
- 陷入思維的泥淖，喪失分析能力而無法自拔。
- 誤以為只要思考得夠久，任何難題都能迎刃而解。

6 不迴避艱鉅挑戰

堅強的女人會勇敢直視挑戰，然後俏皮地對它眨眨眼。

——無名氏

雪倫因爲情緒低落而尋求心理治療。自從二十年前母親過世後，她就一直跟父親住在一起，因爲她不希望父親變成獨居老人。

她很樂意幫忙下廚、打掃，但是住在兒時的臥室並不利於她的社交生活——更準確地說，是對她的感情生活沒有益處。雪倫覺得自己到哪裡都沒有歸屬感，因爲多數同齡的朋友已經結婚生子，而單身未婚的朋友似乎都忙著事業。

雪倫雖有學士學位，卻不曾從事所學相關的工作，反而是擔任低薪的電話客服。她每週上班四天，每天工作十小時。她並不喜歡這份工作，也不喜歡週休三天無所事事。

她想不出任何辦法。

我問她是否爲自己設立了任何目標，她說：「我只是想繼續照顧爸爸，大概就這樣吧。」

我又詢問她對職涯的具體展望，她的回答是：「公司通常會將已任職一陣子的員工升爲團隊負責人。但他們找我談升遷時，我都推辭了。」

她不想擔任團隊負責人，因爲那會使她生活壓力更大，「大部分的同事通常都沒待很久，而且這是多數同事的第一份工作。這些社會新鮮人甚至需要別人提醒他們上班別遲到。要我來監督他們，壓力實在太大了。」

逃避壓力似乎是雪倫個人經歷的主軸。她想去參加一場演唱會，但是會場的車程要三小時。她擔心車子會半路拋錨，或是塞在車陣當中，所以決定不去了。

她不想加入健行社團，因爲覺得加入之後會有一堆麻煩事。她之前聽說他們開會規畫後續健行的行程，並討論安全議題。她說：「我只想要健行。但他們還要開會，感覺把事情搞得太過複雜繁瑣。」

雪倫洋洋灑灑列出了許多事情，都是她認爲參與之後會爲生活帶來不必要的問題而放棄的事情。她覺得自己只是「不想把生活弄得太複雜」，實則是在逃避可能爲她帶來愉悅的事情，也難怪她會悶悶不樂了。

她的主要問題其實不是憂鬱，而是焦慮，只是她沒有察覺到而已。我問她是否經常覺得焦慮，她給了我否定的回答。這也合理，因爲她逃避可能引起一絲絲焦慮的任何事情，例如工作職責的改變、拓展新社交圈等等。

她爲自己創造極其平淡安穩的人生。這種生活方式雖然降低她的焦慮，卻也助長了她的憂鬱傾向。

要是雪倫眞的想要調適憂鬱情緒，就必須挑戰自我，嘗試新事物並走到外面的世界，換句話說，就是要面對自己的恐懼，並承受一定程度的焦慮。

我最初向她提出這個想法時，她很抗拒，並說：「我爸很需要我待在他身邊。」還有，「我的班表很不固定，可能要在週末和夜間上班，根本沒辦法參加任何活動。」

不過，她父親其實不需要她隨時在家，而且身體很硬朗。而她的工作雖然時段變化比較大，但也不構成無法加入健行社團的理由，因爲那只是各界同好相約去樹林裡散步的非正規團體。他們不會因爲她缺席會議就將她逐出社團。

如果想降低焦慮憂鬱的感覺，雪倫必須進行更多挑戰。她得在短期內承受更多壓力，但長遠而言，這樣的做法將會改善她的情緒和生活品質。

過了幾週，雪倫才同意採取幾項行動讓自己過得更充實。她加入一個教會團體，他們會去探視因身體條件而無法出門的老人和身心障礙者。她對於自己樂在其中感到意外，還覺得這類活動賦予了她使命感。

後來她又加入了健行社團，覺得那些活動成了重要的社交管道。她還訂下目標，每個月都要參加一場大型活動，例如去聽演唱會或欣賞舞台劇。

雖然邁向嶄新未來的每一小步都令她倍感壓力，但是每從事一項新鮮活動都讓她的心態有些轉變。她開始覺得自己有能力應付新的挑戰，而且憂鬱的情況也逐漸消逝。雪倫在一次面談時表示：「我想我的能力超乎原先對自己的期待。壓力並不是世界上最可怕的東西。」

你會迴避艱鉅挑戰嗎？

艱鉅挑戰可以爲你的人生帶來許多啓示，甚至讓你了解自己比想像的更加堅強。不過，面臨選擇時，我們還是很容易想要規避感覺困難的事物。以下有哪幾項像是在描述你？

□很難回想起上次做十分困難的事情是什麼時候。
□受邀參與會帶來焦慮的事情時，我會拒絕。
□我怕失敗時，就會避開那些嶄新的機會。
□別人會鼓勵我去做某些事，但我還是不敢嘗試。
□我想待在舒適圈內，不願嘗試挑戰自己的極限。

□我會想方設法逃避不自在的感覺。
□我應付不了龐大的壓力。
□我害怕壓力會大到無法承受，通常即使出現機會也不願把握。
□相較於冒險犯難，我比較喜歡打安全牌。
□我很想接下艱鉅挑戰，但是眞的要採取行動時又會很掙扎。

爲什麼我們會逃避挑戰

有一週，雪倫和我正在討論她迴避自我挑戰的原因，她對我訴說一段故事，解釋了她認定自己不該嘗試新事物的想法源自何處。她在校時期的成績一直保持在中上水準。高中時，輔導老師邀她參加資優學程。只有少數幾位學生入選，雪倫很高興自己也是其中一員。

不過，學程的內容比預期困難很多，課業也相當繁重。她的成績一落千丈，而且她愈努力想跟上進度，似乎就落後得愈多。一個學期後，被當了好幾科的她又被安排回到普通學程班級。

被「貶」回普通學程的感覺糟透了。雪倫很氣自己浪費那麼多時間與精力，也怨恨輔導老師當初邀她加入資優學程，因爲她的在校平均成績明顯下跌，成績單也很難看。簡直就是一場無妄之災。

雪倫在那次經驗中學會了教訓：凡事安全保守爲上。她得出結論，挑戰自我並沒有換來什麼成就，而且徒增不必要的壓力，最終只會傷害到自己。

你對雪倫的經歷或許可以感同身受。你可能認定過著不充分發揮潛能的生活比較自在，或覺得凡事謹慎才是維護自尊的最佳方法。如果你不曾失敗、犯錯、遭到拒絕，或體會何謂不堪負荷，可能覺得自己能夠更有自信。不過，總是躲在舒適圈內的人是不會有自信的。

男女應對風險的方式不同

有人天生就比其他人更享受挑戰，生物結構可能是部分因素。有些人的基因使他們喜歡承擔極大風險，有些人則天生就容易自尋煩惱。

你的成長經歷也會有影響，因爲童年是你初次了解到何謂挑戰的時期。有大好機會出現時，爸媽會鼓勵你去爭取嗎？還是會暗示你根本不該白費力氣或可能會失敗？

身爲女性的這個事實，也可能影響你面對阻礙和契機的態度。各項研究一致指出，男女對風險的認知並不相同。

遇到新的機會時，女性通常會猶豫不決，而男性則傾向立刻嘗試。《信心密碼》（*The Confidence Code: The Science and Art of Self-Assurance—What Women Should Know*）作者凱蒂・凱（Katty

Kay）和克萊爾．史普曼（Claire Shipman）表示，信心是核心問題。她們論述：「信心低落，自然就會退縮不前。女性在沒有把握而有所遲疑時，會選擇勸退自己。」

凱和史普曼在書中引用了一項驚人的研究，描述女性面對艱鉅挑戰時，有多高機率會選擇逃避。這項研究是由心理學者查卡里．艾斯提茲（Zachary Estes）所進行。他為五百位學生安排一系列測驗，要他們在電腦上重新排列立體影像。

關於空間的題目，女性分數遠低於男性。但是艾斯提茲更進一步檢視後便立刻發現，女性表現不理想是因為她們並沒有試著多答幾道題目。

他又重新規畫了一次實驗，不同前次的是，他要求所有學生試著答完全部題目。結果，這次男女的成績相差無幾。

艾斯提茲還安排了另一項實驗，要求學生要回答測驗中的每一道題目。這次男女的成績表現相當，答對題數都是八成。接著，他又為學生安排另一次測驗，並在每道題之後詢問他們有多少把握答對。女性答對率降至七成五，而男性的答對率則飆升至百分之九十三。

很不可思議吧？女性自省個人表現時，比較可能出現削弱信心的自我懷疑，並低估自己以至於實際表現變差。此外，男性評估過自信程度之後，表現會更好。

自我懷疑（如第四章所述）可能是女性規避挑戰的其中一個因素。想太多（第五章主題）和執著完美（第二章重點）也會有所影響。女性比較容易鑽牛角尖，因而猶豫不前。

當然，男性比較願意冒險，也有可能是因爲我們的社會對男性來說比較不需要承擔風險，特別是白人男性。女性則相對容易淪爲伴侶暴力、性侵、性騷擾的受害者，有較高機率過著貧困生活，甚至相對很少獲得加薪。女性面臨的風險和問題太多了，或許因此養成迴避艱鉅挑戰的習慣。

舒適圈太舒適

有一天，我發布一則 Facebook 貼文，談論感受恐懼、焦慮、尷尬、悲傷等不舒服的情緒很重要，要經過這個過程才能更加信任自己承受不快的能力。有位女性在那則貼文下留言提問：「究竟爲什麼我要讓自己不自在？我一直想讓自己過得更自在，因爲我幾乎隨時都很不自在！」

我也有些心理治療的個案提過類似的評論。難道我們不該努力創造更自在舒適的生活，減少負面的情緒嗎？

長遠來看，若要過著較爲安穩舒適的生活，就意味著你必須在近期之內忍受不安。減重、還債、改善人際關係、精進技能，這些事情都不簡單。朝著偉大目標努力邁進的過程中，勢必會面臨負面情緒，但付出這般代價之後，最終就能達到從容自在的境界。

不過我經常發現，女性花了好幾十年追求快樂，都是選擇做當下能夠開心的事情。可惜不久之後，這種轉瞬即逝的滿足感就會反噬，讓她們嘗到苦果。

我們在人生中總會面對某些事情採取這樣的方式。你可能在撰寫無聊的工作報告時，瀏覽社群媒體。你獲得了幾分鐘短暫的愉悅，但是你卻要花更多時間才能完成工作。

或許你有個很想深入認識的朋友，但是你不願冒著尷尬的風險去攀談，而是保持距離耍酷。你避開了伴隨風險而來的焦慮，然而經過一段時間，卻可能會後悔自己從未把握機會。

你的大腦會告訴你處理不來那些負面情緒，促使你採取保守策略，並要求避開具有高度挑戰的事物。不過，諷刺而殘酷的是，希望躲在舒適圈內的想法長久下來會爲你帶來更多壓力。

問題所在

在雪倫某次心理治療時，我們談到她逃避壓力的企圖，她說：「有個同事曾邀約我一起爲一位即將退休的同事規畫歡送派對，我拒絕了，因爲我不曾參加過類似的活動，不知道這實行起來會多累人。退休前的歡送派對聽起來是個盛大重要的活動。」

雪倫已經習慣抗拒一切，甚至連最簡單的工作都會婉拒。她明明有能力爲別人在辦公室裡舉辦小型的退休歡送會，卻擔心相關的工作會引發過多焦慮。

她並沒有認知到自己的人生需要更多挑戰，因爲無趣本身會使人感到壓力。她已經習慣蜷縮在自己的舒適圈內，甚至因此創造出助長憂鬱情緒的環境。

即使你不像雪倫這麼極端地規避艱難挑戰，可能也曾逃避使人生昇華到另一層次的機會。

你會錯失大好機會

規避挑戰不見得是壞事。如果接下一項新挑戰「有機會」使業績營收翻倍，並不表示你應該貿然行事。如果你就這樣接下更多工作，可能需要犧牲更多陪伴家人的時間，或是在生活上得進行其他取捨，而這可能有違你的價值觀。

當然，也有很多種冒險行爲是你最好避開的。男性較願意接受挑戰的情況，也意味著他們也更有可能爲愚蠢的行爲送上性命。男性相對較常因爲意外受傷或運動傷害而被送到急診室，在車禍中喪命的情況也較爲常見。男性通常年紀較輕就離世，有一部分原因是因爲接下自己無法負荷的挑戰。所以避開「某些」挑戰其實算是一大優勢，重要的是適當處理眼前的挑戰，並透過判斷避開應付不來的難題。

二〇〇六年發表於《判斷與決策》（*Judgment and Decision Making*）的一篇研究指出，女性接納的挑戰類型多於男性。男性較常從事危險的肢體和娛樂活動（因此男性的汽車意外保險費率也比較高），女性卻較常捐獻腎臟（但是女性獲得器官捐贈的情況卻少於男性）。

不過，女性卻會躲避對自身有益的挑戰。由女性領導的公司營運表現較佳，不過擔任領導職位的女性卻少得可憐，部分原因可能是女性比較少主動提出升遷請求。

研究顯示，女性協商議定的平均起薪低於男性。男性薪酬高於女性，其中當然涉及許多可能因素（我們在下一章會談到，有些女性因薪資協商的態度過於強硬而受到懲罰）。但有項研究發現，女性不積極協商的主因是自認不是受邀來要錢的。

二〇一四年，哈佛大學（Harvard University）的研究人員檢視求職者如何根據徵才廣告來協商薪資。他們發現，如果廣告中提及薪資可議，女性會提出薪資協商的機率與男性相當。不過，若未於徵才廣告中明確表示薪資可議，女性協商起薪的情形便遠不及男性。

想像一下，女性因爲不敢談及這個議題，可能在面談過程中損失了多少錢，而這個金額可能會隨著她們的職涯發展而累計超過數十萬美元。這只是其中一個例子，你可以再想想，女性可能還會因不敢嘗試而錯失什麼。

多數用人主管不會直截了當告訴你，如果你對薪酬不滿意可以要求加薪。他們就是希望讓你認爲他們最初提出的聘雇方案，就是你能爭取到的最佳方案。但是只要女性不願主動議薪，女性迴避艱鉅挑戰的觀點就不會消逝，而這個觀點愈深植人心，女性就愈難有自信。這樣便會形成難以打破的循環。

你不會有出色表現

其實，你在感受到些微焦慮時，才能充分發揮潛能。當你面臨艱難的挑戰時，你會發憤圖強以求實現目標。如果沒有各種困難的挑戰，你就不會成長，無法探求極限。

研究人員發現，人在受到輕微壓力的狀態下，能力表現會達到巔峰。你可能曾有這樣的經歷：面對緊迫的交期，工作效率超越了自己的預想，不過在沒有截止日期的情況下，大概就會無止境地拖延下去；或者逼迫自己擔任委員會召集人之後，意外發現自己頗爲擅長籌組募款團體。但是你必須踏出舒適圈，才能知道這些事。

有個心理學原理就叫「葉杜二氏法則」（Yerkes-Dodson law）。根據這個定律，表現會隨著生理或心理的激動程度而提升，可是一旦上升到某個程度導致壓力過大，表現就會變差。

心理學家多年來一直在研究「最佳表現區間」（optimal zone of functioning）。最初的研究對象只限運動員。些許壓力和焦慮有助於提升精英運動員的表現。但是這幾年來，研究人員發現，我們每個人在日常生活中都會有所謂的最佳表現區間。

事實證明，需要巧妙地調整，才能找到最佳表現區間並長期保持。假設你往舒適圈外踏了一步，幾週後，你的舒適圈就會改變。如果要繼續維持在最佳表現區間內，你就需要向舒適圈外再邁一步。換言之，你必須不斷移動，才能確保壓力程度維持適中，否則就很容易鬆懈怠惰、得意忘形。

在你漸漸習慣踏出舒適圈之後，承受些微的焦慮就不再那麼令人畏懼，你也會對於踏出下一步更有自信。

二〇一三年發表於《心理科學》的一篇研究，仔細探究畏縮於舒適圈對老年人的心智有什麼影響。研究人員發現，聆聽古典樂或填寫拼字遊戲這類活動，並不足以幫助老年人保有敏銳的思考能力。

反而是發起自我挑戰並突破舒適圈，才能帶來最高效益。學習攝影或拼布等新技能，或是到陌生環境參加社交活動，能夠有效預防認知能力退化。來自德州大學達拉斯分校（University of Texas at Dallas）的研究計畫主持人丹妮絲・派克（Denise Park）表示：「單是去找點事做還不夠，關鍵在於必須嘗試不熟悉的事物，以便帶來精神上的挑戰，並大量刺激其心理和社交模式。當你待在舒適圈內，也就意味著可能無法有所成長和提升。」

你大概親眼見證過這樣的事。有人退休後，成天癱在沙發上看電視，短短一兩年內，整個人的反應似乎就不如以往了。

這並不只是老年人才需要重視的問題。只要我們經常挑戰自我以發揮潛能，便有可能讓自己的生理和心理都保持在最佳狀態。

如何改變做法

雪倫必須改變想法，離開舒適圈，相信長時間下來會對她有益。只要她邁出第一步，就會感受到滿滿的動力，並相信自己能夠不斷進步。

不過，這一切都必須按照她自己的步調進行。她可以每週找出一件不在舒適圈內的小事，例如向陌生人自我介紹，或是去一間陌生咖啡店嘗鮮。另外，她還需要列出每個月的大目標，像是主動向老闆表明她有意承接更多工作職責。她之所以選擇這樣有條不紊的做法，是因爲較能握有掌控權，也更能見證自己的穩定進步。

有時，即使你不願意，艱鉅的挑戰也會自動找上門。但也有些時候，你可以爲了成就更好的自己而主動挑戰自我。學習新技能、磨練舊技能，以及做些會帶來些許不快的事情，都能夠幫助你更加堅強。

加強正面情緒

琳賽．艾芙納（Lindsay Avner）在二十三歲時，成了當時美國接受預防性雙乳房切除手術的最年輕女性。

她的家族乳癌病史可以追溯到好幾代以前。她還未出世時，外婆和外曾祖母就已經因乳癌先後辭世。她十二歲時，就眼睜睜看著媽媽與乳癌和卵巢癌病魔對抗。

琳賽二十二歲時接受基因檢測，想更了解自己罹癌的機率。檢測結果指出她帶有BRCA1突變基因，表示她的終身乳癌風險爲百分之八十七，罹患卵巢癌的機率也高達百分之五十四。

琳賽一得知這個消息，便決定化被動爲主動，選擇接受雙乳房切除手術。

這次經歷讓琳賽了解到，想在癌症確診之前採取主動措施的女性，她們所擁有的相關資源十分稀少。所以她成立了非營利組織Bright Pink（閃亮粉紅），提供課程、資源和策略聯盟，幫助年輕女性主動捍衛自己的健康。

琳賽在受訪時談到自己是如何鼓起勇氣面對這項艱鉅的挑戰：「在《我們買了動物園》（*We Bought a Zoo*）這部電影裡，有個角色說過：『有時你需要的只是瘋狂二十秒的勇氣——也不過就是尷尬二十秒的勇氣——我敢說，絕對能帶來好結果。』每當我害怕、需要爲自己加加油的時候，就會提醒自己，只要二十秒，任何人都能成就任何事情。這招屢試不爽，眞的！」

這位勇敢的女性竟是透過虛構電影的一句台詞獲得勇氣，得知這個事實很有意思，不過她說的一點也沒錯。

我們面臨難題時，通常會一心想著減緩害怕、恐懼、焦慮等不適的感受。不過爭取改變的關鍵在於增強正向情緒，而非降低負面情緒。

如果你正猶豫著要不要把握某個讓你有些惶恐的機會，可能會想坐下來好好思考。但只要你仍有些許緊張不安，或許就會只專注於可能出現的缺點。要是想用更正面的態度去看待，不妨做些能讓你感到愉悅的事情。

去散散步、改去院子裡辦公，或是約個朋友，好好享用一杯咖啡。改善心情也能夠提升自信。你開心的時候，就比較容易想到採取行動所創造的優勢，而那或許能為你創造出瘋狂二十秒迎接挑戰的勇氣。

勇敢的行為造就堅強的心智

毫不起眼的小挑戰有時彷彿無法跨越的障礙，這實在頗有意思。向陌生人自我介紹，或為了害怕啓齒的問題而預約掛號，這類雞毛蒜皮的小事偶爾都可能令人難以負荷。

喪失客觀理性的心態時，這些事情就會顯得非常可怕。事實上，只要你相信成果是值得的，或許忍耐兩分鐘的尷尬並不算什麼；在醫師問診時勇敢面對心中的恐懼，也許能讓你今年接下來都能高枕無憂。

我們做事時，經常搞錯順序，總想等到信心暴漲再採取行動。其實，我們必須先勇敢行事，才能夠體會到自己的勇敢；換句話說，先改變行為，心態也會隨之改變。

不過說比做容易，所以因為恐懼而無力行動時，該如何踏出第一步？

能幫助你勇往直前的其中一個辦法，就是回想自己曾經面對哪些挑戰。你極有可能做過比眼前更具挑戰性的事情。想想你不得不接受的那些艱難任務，以及順利渡過難關的經歷。回想自己以往的勇敢事蹟，能幫助你客觀地看待事物。你可能曾被迫經歷喪父或喪母之痛，那段經歷應該遠比申請升遷艱難；你可能小時候有閱讀障礙，那也絕對比現在主動提加薪更具挑戰性。

即使你嚇得不能自已，也請主動踏出那關鍵的第一步，然後勇敢採取行動，朝著目標繼續努力。

結交樂意面對挑戰的朋友

我大學期間一直在某間青少年收容所服務。待在那裡的有些孩子是因爲藥物濫用、性向等不同的問題被家人趕出來，有些孩子則是因故逃家不歸。

長年待在收容所的青少年大都沒有繼續升學，成天在街上遊蕩。有人在客運站外向人乞討，也有人靠著販賣毒品或肉體賺錢。不過他們幾乎每天晚上都會回到收容所，吃頓溫暖的晚餐、洗個舒服的澡，然後找個安心的位置入睡。大部分的人都對光明美好的未來不抱希望。

可是有個女孩與眾不同，她叫安娜。她很喜歡爲其他女孩設計髮型，常說有朝一日想成爲髮型師。

收容所的輔導人員帶她去參觀了一間美容學校，安娜非常喜歡那裡，學校職員協助她取得入學所需的補助。幾週後，她便開始上課。

每天傍晚，她就會帶著美髮練習用的人頭模特兒回到收容所，在其他孩子的注視下爲模特兒設計髮型，然後開始說她有多麼開心可以學習化妝。

不過她的興奮感很快就消失殆盡。不到兩個禮拜，安娜開始嫌棄美容學校無聊、其他學生很煩。不久之後，她就蹺掉了所有的課，直接輟學。

安娜趁著其他孩子走遠了，私下解釋她覺得自己好像往返於兩個截然不同的世界。白天時，周遭的人都積極學習新的技能並改善生活條件；但是每到晚上，身邊環繞的人卻個個沒有長遠目標。她覺得自己無論在哪都格格不入，而最終是收容所少年們對她造成的影響超越了校內的學生。

安娜的經歷令人難過，卻也在意料之中。經常相處的對象是很重要的；多與積極的行動派相處，你會更願意迎接艱難的挑戰。

多項研究都顯示勇氣具有渲染力，怯懦也很可能具有相同效果。經常與不敢踏出舒適圈的焦慮者相處，你很可能就會喪失動力；反之，選擇結交勇敢積極精進自我的朋友，你也會愈來愈有能力應對艱難的挑戰。

好好思考你周圍有些什麼樣的人。他們會啓發你不斷達成更高的目標嗎？能讓你有勇氣面對艱難的挑戰嗎？抑或是讓你安穩地窩在舒適圈內卻仍洋洋得意？

與有志一同、無懼直視眼前挑戰的人來往。你可能得參加某些團體，才能認識其他想尋找新機會的人，也可以去上個課或報名新鮮的活動，接觸願意自我挑戰的人，進而激勵你一起進步。

了解自己的使命和價值

單純爲了享受過程中的刺激而接下艱鉅的挑戰，與爲了實現人生目標而自我挑戰，兩者之間大有不同。你的目標如果具有目的，你就會全心全意努力達成。這正是比莉．珍．金（Billie Jean King）親自示範的態度。

比莉．珍．金小時候經常打壘球，但是到了十一歲時受到父母的鼓勵而開始嘗試網球，理由是網球屬於比較「淑女的運動」。她網球打得非常出色，在十七歲時，便與搭檔凱倫．漢策．蘇斯曼（Karen Hantze Susman）奪得一九六一年溫布頓網球錦標賽女雙冠軍，成爲該項目史上最年輕的冠軍組合，並因此登上體育版頭條。

到了一九七二年，她又在短短一年內達成美國公開賽、法國公開賽、溫布頓這三大賽事的大滿貫，獲譽爲全球最頂尖的女性網球選手。她在各項賽事中屢屢獲勝，並成爲首位獲獎金額累計逾十萬美元的女性運動員。

儘管有了這番成就，她卻對一件事遲遲無法釋懷：她所獲得的獎金低於水準相當的男性網球選手。她在一九七二年美國公開賽奪冠時，獎金足足比男子冠軍少了一萬五千美元。

因此在一九七三年，事業如日中天的她利用自己的社經地位成立了國際女子網球協會（Women's Tennis Association），開始積極地對相關單位提出意見，主張美國公開賽應給予男子與女子球員相同金額的獎金，促使美國公開賽成爲第一個爲男女選手提供等額獎金的大型錦標賽。

不過，並不是人人都樂見這項改變。曾獲冠軍的鮑比．瑞格斯（Bobby Riggs）聲稱女子網球賽水準低落，並向比莉．珍下戰帖。比莉．珍接受了挑戰。當時萬眾矚目的那場比賽經由電視轉播，觀看人次估計達到九千萬。最後是由比莉．珍勝出。

比莉．珍在擊敗鮑比之後，創立女子運動基金會（Women's Sports Foundation），讓女性也能享有平等接觸各項體育運動的機會。此外，她也持續爲女性同酬和平權議題奮鬥。

一九八一年，她出櫃表明自己是女同志。新聞爆發後，她的公關代表和顧問團都要求她否認先前的聲明，不過比莉．珍堅持說出眞相。她承認自己曾與女性交往後，所有的代言合約都飛了。

但她並未放棄網球，也沒有躲避眾人目光，反而繼續爲女性熱切發聲，成果頗豐。

她在一九八七年入選國際網球名人堂（International Tennis Hall of Fame），成爲首位冠名重大體育場館的女性。當初舉辦美網的美國網球協會國家網球中心（USTA National Tennis Center），如今名為美國網球協會比莉珍金國家網球中心（USTA Billie Jean King National Tennis Center）。二〇〇九年，巴拉克・歐巴馬（Barack Obama）頒發總統自由勳章給她，表揚她積極為女性和LGBTQ多元性別族群發聲。

之後於二〇一四年，她又創辦非營利的比莉珍金領袖倡議組織（Billie Jean King Leadership Initiative），倡議實現職場領導人員的多元及包容，處理相關重大議題。

比莉・珍對網球的熱忱並不是為了追逐名利，而是懷抱著更崇高的使命：她想為世界帶來改變。她的使命感使她承擔不少艱鉅的挑戰，包括答應與鮑比・瑞格斯對戰、勇於提出對性別薪酬落差的意見，以及坦承自己是女同志，而且一路走來，她都堅守著自己的價值觀。

知道自己的目標是什麼很重要。你每天是為了什麼而起床？在「去上班」或「賺錢」的背後，你需要一個理由。上班或賺錢的目標是什麼？

想得遠一點。如果你充分發揮潛能，可以成就什麼？可以創造什麼樣的貢獻？

你的目標不見得是要改變全世界，但是或許有能力改變一個人。只要你時刻不忘這個遠大的目標，就會更有動力面對出現在你跟前的艱鉅挑戰。

日常應對：事業

先前有位個案之所以開始接受治療，是因爲工作上的壓力。她常說：「老闆對我的期望實在太高了。」或是：「要在規定時限內完成所有事情，幾乎不可能。」

我們討論出兩個方案：改變情況，或改變她對情況的看法。改變情況包括向老闆表明顧慮，甚至辭職尋找新工作。但她其實並不想採取這類做法。她很喜歡現在的同事和負責的工作類型等方面，而且覺得直接與老闆溝通不太明智。

所以我們決定要改變她對工作的看法。她不再想著：「受不了了」、「這根本是不可能的任務」，而是開始告訴自己：「老闆對我期望高，是因爲我能幹又可靠。」還有：「只要我用心去做，可以表現得比預想的好。」

這當然並不是要減緩她壓力的唯一辦法，我們還討論出要以一些健康方式調整她的生活習慣，例如落實更有益身心的飲食習慣，以及利用私人時間從事些休閒活動。

改變她對挑戰的想法對於協助她應對相當有效。她理解到是因爲工作和老闆的要求都比較嚴苛，才使她經常面對艱鉅挑戰。可是她不一定要被動地接受所有被指派的任務。有時候，所謂艱鉅的挑戰也可以是爲自己說話，並拒絕他人的要求。她做好這樣的心態調整之後，便覺得面對工作時充滿了力量。

想想你在事業上逃避的艱鉅挑戰。要怎樣才能採取主動姿態迎接挑戰？你應該爲這些情況改變做法，還是改變自己的思維？好好反思你的職涯以及長遠目標，可以避免你耽誤了自己的發展。

日常應對：家庭

在家人關係方面，人們很容易選擇對問題避而不談，並將痛苦的情緒深埋心中，久而久之甚至會感到麻木。但是忽略家人關係的問題並不能使問題消失，通常還會使情況惡化。

家庭層面的挑戰感覺是最難處理的，因爲我們太習慣逃避。這類挑戰大部分都像是容易忽略的「小問題」，只是我們心裡經常也很清楚，如果置之不理，這些小問題就可能演變成大問題。

你可能覺得伴侶最近有些忽視你，卻又不想提起，生怕愈弄愈糟；或者孩子在課業上遇到了困難，情況比你想的嚴重，但是你不願意找校方溝通，因爲怕他是有學習障礙。

面對「較爲艱鉅的挑戰」時，像是準時完成一項工作專案，或是在保險公司駁回你的理賠申請後繼續理論，消極地等著事情趨緩消退似乎比較輕鬆。但若家人的重要性對你而言不同一般，千萬別忽視眼皮子底下發生的問題。

日常應對：社交

我曾遇過一位對事業懷抱美好憧憬的年輕女性。但她住在鄉間，根本沒什麼高收入的工作發展機會。如果她想找符合專長領域的工作，就必須搬到車程至少三小時以外的地方。

她很期待未來的工作機會及發展。不過，使她遲遲未能付諸行動的是她的朋友。

她有一群從幼兒園就認識且一起長大的女性朋友，感情好得就像姊妹。然而，每次她一提到要搬家，她們就會說：「你搬去其他地方一定會過得很慘。」或是：「你是覺得我們不配跟你當朋友嗎？」

她知道朋友是怕會太想念她才這麼說。她甚至偶爾會因為考慮搬家而產生罪惡感。她說：「我不希望友誼破裂，畢竟我們從小到大都不曾分開。」但是她又很想衝刺自己的事業。

經過幾週的心理治療，她探索了自己內心深處的想法，總結出自己沒有必要在事業和友誼之間二擇一。她開誠布公地向朋友表達非常希望拚出一番事業，如果能獲得她們的支持，對她來說會是多麼意義非凡。幸好，她成功地獲取朋友的支持。其實她事前也做好心理準備，要是她們不願支持，就必須認清她們並非益友。

能給予大力支持的朋友圈可能是你充分發揮潛力的關鍵，但是朋友也可能使你停滯不前。你的朋友會鼓勵你盡力一搏？還是勸你放棄面對艱鉅挑戰？想一想，朋友對你所做的決定有什麼影響。

正面迎擊艱難挑戰使你更堅強

安妮塔・曼恩（Anita Mann）當了一輩子的舞者。在一次因緣際會之下，她獲選擔任貓王艾維斯・普里斯萊（Elvis Presley）某部電影的臨時演員。拍攝期間，安妮塔入鏡的那一幕因故重拍了很多次。她一時興起，擅自在已經排定的橋段加入自創的舞蹈動作——這可是臨演的大忌。

後來在拍攝空檔，有人告訴她：「普里斯萊先生想跟你談談。」她猜想自己大概是倒楣了。不過出乎意料的是，貓王竟說他一直在留意她的舞蹈，不僅對她的舞蹈相當驚豔，還邀請她參與下一部電影的編舞工作！

安妮塔二話不說立刻就答應了，但是其實當時的她對電影編舞一無所知。她只編排過現場表演的舞蹈，那與電影運鏡大不相同。不過，她不願因此放棄這次機會，也相信自己能夠學會，便開始每天跑圖書館，研讀運鏡技巧相關的書籍。

她的努力有了代價。她與貓王合作的電影相當成功，甚至為她迎來了露西兒・鮑爾（Lucille Ball）的合作邀約。露西兒・鮑爾成了她事業上的貴人。

你很有可能看過安妮塔的作品。她動人心弦的編舞作品曾出現在知名電視人迪克・克拉克（Dick Clark）的《美國樂團現場直擊》（*American Bandstand Live*）、奧斯卡金像獎、金球獎、《芝麻街現場直播》（*Sesame Street Live*）、《雪兒秀》（*The Cher Show*）、《勁歌金曲》（*Solid Gold*）等。她也是拉斯維加斯樂蜀酒店（Luxor Hotel）《狂想》大秀（*Fantasy*）的監製與導演。

我有幸訪問過安妮塔，並請教她對自己身爲女性編舞先鋒者的看法。她認爲想在這個由男性所主宰的產業中一直跳下去並不容易，但是又說：「我從不把沒有爭取到工作機會怪罪於自己的女性身分。我覺得自己該負起責任，不該歸咎於其他人。」

我請她談談自己如何創下這番成就，她回答：「我每次都是拚盡全力，從不畏懼。我會告訴自己，必須如此才能有所斬獲。」

難怪她能成爲美國當代五大頂尖編舞家之一，並獲五項艾美獎提名，奪下了其中一座獎盃。她自稱活到老學到老，但也承認自己會犯錯：「不犯錯，就不會有任何成就。」

或許你沒有參與貓王電影那樣不凡的經驗，但未來一定會有某些大好機會出現在你面前。只要你願意接受挑戰，人生可能就會從此改變。

面對艱鉅的挑戰也能幫助你學習與成長。你會對自己的能力更有自信，即使失敗，也能透過學到的教訓進一步發揮個人潛能。

解惑及常見陷阱

你接下挑戰之後，不見得能夠掌控結果。你應徵工作，並不能決定是否獲得錄取；約心儀對象去約會，也不能控制他是否答應。

人們經常對於失敗經驗過度執著，並因此說服自己不該再接受新的挑戰。但是這種態度無益於我們面對當下的處境。遇到挫折或未能達成目標，並不能證明你當初的嘗試是個錯誤。一日將盡時，請問問自己：「我樂於接受全新挑戰的心態，是否使自己的技能更加精進了？」而答案可能是你對於勇氣有更深的體會，或是社交能力更上層樓。

另一個常見的陷阱是大家會自稱「勇敢」或「怯懦」。不過，勇氣其實並不會一口氣體現於生活的所有層面。

你選擇迎接生理上的挑戰，不能證明你善於應對道德難題；你可以對同事完成一場出色的簡報，也不表示你有勇氣爲鄰居準備一頓豐盛精緻的餐點。每個人都有擅長的事情，但也有些事情對我們來說較具挑戰性。

實用技巧

- 振奮自己的精神，讓你能夠正面看待挑戰。
- 以勇氣十足的態度採取行動。
- 經常與樂於自我挑戰的人來往。
- 了解自己的價值和使命。
- 將挑戰視為契機，而非阻礙。

當心陷阱

- 逃避讓你感到壓力的事物。
- 被動等待勇氣從天而降。
- 將過往的失敗或挫折當成不該再度嘗試的理由。
- 讓別人打消你試圖達成目標的念頭。

7 不怕打破常規

鮮有循規蹈矩的女性名留青史。

——歷史學家洛雷爾・薩切爾・烏利齊（Laurel Thatcher Ulrich）

安柏開始接受心理治療時，已經懷孕七個半月，肚子裡是一對雙胞胎。她走進我辦公室時，帶著眼淚說：「我其實不知道你能不能救我，但我不曉得還能怎麼辦了。」

她在孕期就打算在寶寶出生後，改當全職家庭主婦，但是距離預產期愈近，她就愈不確定是否該提出辭呈。

她認爲孩子出生後的至少第一年，她或丈夫必須有一個人全職在家照顧孩子，而那個人應該是她。

她的丈夫道格是軟體工程師，工時很長，而且每週會有幾大不能回家過夜。

安柏想到道格的工作時程，便開始擔心自己要如何在道格可能幫不了太多忙的情況下，獨自照顧好雙胞胎新生兒。她的家人都住得不近，沒辦法提供協助。她不斷想像自己屆時要一手抱一個孩子，忙得筋疲力盡。

她說：「我開始思考是不是要讓道格辭職在家。我的收入跟他差不多，所以經濟上應該不需要擔心。我每天五點就回到家了，還可以幫忙他。但是我擔心別人會對他辭職而我上班的情況有意見。」

她覺得，如果讓道格當全職家管，別人會覺得他很懶惰，甚至會影響到兩人的婚姻。她說：「他向來在工作上很努力。如果不是由他賺錢養家，我不曉得他會怎麼想。」

我問她：「你跟道格談過這件事了嗎？」她說：「有，我提過幾次，他說只要對我們都好，怎麼安排都可以。不過我擔心他現在這麼說，只是因爲我懷孕又壓力很大。我不曉得他是不是眞的樂意當個全職爸爸。」

預產期在即，已經沒什麼時間可以猶豫了。所以面談結束前，我給了她一項回家作業：跟道格一起坐下來，分別列出道格和她顧家的優缺點，接著就等下週回來治療時再討論。我要她仔細檢視兩人做出決定時的思維邏輯，而不是只著重於她自己的情緒。

下次面談時，她帶著那兩份清單回來了，並且說：「我們討論過了，我覺得道格的想法跟我不同，他不擔心不上班會被認爲沒擔當。他比較實際，說那樣才對我們家最好。」

但是安柏仍堅信這不是最佳方案。她說：「這兩個辦法看起來都還是有點恐怖。」於是我問：「你的目標是要選擇讓你最不焦慮的辦法，還是最符合你們一家需求的辦法？」她說：「噢，問得好。我可能是想，如果做出『正確選擇』，或許就不會覺得恐怖了。」

我們討論到，恐懼可能意味著你做錯決定，但也可能表示你的決定很勇敢。我也問了她對於男性和女性在家庭中所扮演的角色，有什麼看法。

她說：「我以前大概都認定女性比較適合當家管，但是現在想想，也不盡然。大部分家庭都是媽媽顧家，我猜是因爲我們都覺得女性比較善於疼愛及照顧孩子，只是我也不太確定事實是否如此。我還得再思考一下，這種想法究竟是從何而來。」

我鼓勵她利用接下來的一週，好好思考有多少害怕的事情是基於事實，有多少焦慮是源於要打破傳統性別角色。

但是我接下來那個星期並沒有見到安柏，因爲她在面談之後幾天就生下了那對雙胞胎。又經過兩個月，我才又見到她。她依約前來時向我宣布：「下個月產假結束後，我就會回去上班，而道格會在家當全職爸爸。」

她說她對兩人的決定很有自信，但有些人並不贊同。她敘述：「每個人都問我：『你要回去上班？』我回答『對啊』的時候，他們通常都預設我是要把寶寶送到托嬰中心，沒有人想到要問是不是道格在家照顧。」

她接著說：「一開始，告訴別人這件事有點尷尬，總覺得好像必須要花很多時間解釋所有的原因。但是道格都只講了一句：『我們做了對全家人來說最好的決定。』我覺得這是最完美的解釋。」

在接下來的一年內，我大約一個月只見安柏一次。她的療程包含很多新手媽媽都會面臨的問題：身心俱疲、對於返回職場懷有罪惡感，以及很難找到時間好好地與丈夫相處。

她承認打破常規令自己恐慌，但最終還是決定拋開別人對這個安排的看法，做出了抉擇。因爲她更在乎家人的健康幸福。

她在最後一次治療時提到：「選擇讓道格當全職爸爸並不符合傳統價值，不過我們確實爲自己和孩子做了正確的選擇。」

你會爲了遵守規範，反而犧牲自己嗎？

你從小到大接受的教育可能都希望將你培養成「乖女孩」，也有可能你本身剛好不是那種喜歡引起騷動的人。循規蹈矩可以爲你帶來許多好處，但是有時候打破常規可能是創造更美好生活的關鍵。針對以下幾點，你會給出肯定的答案嗎？

□我怕打破規矩會「惹上麻煩」。
□與其特殊而突出，我寧可平庸而不起眼。
□我打破規矩時會有罪惡感——即使只是件小事，而且根本不會傷害到任何人，也會覺得罪惡。
□如果有人提議要打破規矩，通常都是我率先表明否定立場：「但我們不可以這樣」，或是「我覺得我們不該這麼做」。
□我擔心觸怒別人。
□用不同的方式做事情，對我來說要耗費很多心力。
□我覺得自己沒有能力創造什麼改變，所以根本懶得嘗試。
□我不喜歡引起麻煩。
□我是個「隨波逐流」型的人。
□我不會花很多時間去質疑既有做事方式的背後原因。

爲什麼我們會因循常規

安柏還在糾結該返回工作崗位還是在家育嬰時，曾描述過堅守傳統性別角色的父母是如何將她養育成人的。她爸爸是認眞努力的建築工頭，媽媽則是家庭主婦，負責照顧安柏和她的兄弟。直到安柏讀小學四年級，媽媽才去超市工作，但她下班回家後，依然負責所有烹飪、打掃、照顧孩子的工作。

安柏雖然嘴上說著男人也能扮演好全職爸爸的角色，但是心裡還是很掙扎。她看過描述爸爸自己照顧孩子的喜劇電影，現實中卻不認識任何一個全職爸爸。她還會說：「坊間這麼多『媽媽寶寶社團』是有原因的，對不對？就沒有人針對全職爸爸成立什麼遊樂社團。」

安柏的決定涉及眾多因素：道格的感受、對婚姻的影響、對孩子最好的做法、兩人的財務能力、她返回職場可能面臨的情況，但是最重要的是，她必須衡量自己的核心價值。

我們的生活中有許多不成文的規定。有些很好，例如別在求職面試時回簡訊；但也有些我們遵循的社交規範不適用於現代社會。

情侶出門時，男性負責駕駛；女性負責打掃；我們會買消防車玩具給男孩，然後買洋娃娃給女孩。

有些不成文的規定是源於恐懼，例如：「如果在工作上被人騷擾，要保持沉默。」勇敢直言或許能終結問題，但也可能會引起反效果，甚至終結你的職業生涯。即使如今已定有明文法規保護願意挺身而出的女性，還是有很多人受到的教育是要她們別引起風波。

社會教導女孩循規蹈矩

生活中有很多種不同的規定。企業主得遵循開支報告和休假時間的相關規定；社區管理委員會的規定則會規範房屋的顏色，或是社區的戶外造景類型；另外，無論是駕駛速限還是繳納稅費，也都有相關規定，破壞規定需要承擔後果。

不過，也有些非官方的規定規範著我們的行爲。有一部分涉及基本禮儀，例如在超市結帳時要排隊。插隊並不違法，但是相當失禮，所以大多數人絕不會想這麼做（至少不會蓄意爲之）。

非官方的規定通常也涉及社會常規，例如你應該不會閉著眼睛跟別人說話。你所處的文化環境可能還會要求你與談話對象進行眼神交流。如果你在別人跟你說話時一直閉著眼睛，對方可能會覺得你很怪異。

研究顯示，男孩比女孩更常打破各種規定，特別是成文規則。男孩從小開始，在校行爲就比較具攻擊性或叛逆。遵守規定當然就會對女孩形成優勢，或許也正是因此，女孩整體在校表現較佳。但是許多女性仍堅守著童年時期的這種原則，認爲應該嚴格遵守各種規定，卻因此帶來了壞處。

有份統計資料廣受討論，內容顯示，男性通常在自己僅符合六成要求時就會應徵工作，女性則在完全符合資格條件時才會應徵。這份統計資料看來是摘自全球管理顧問公司麥肯錫（McKinsey）與惠普（Hewlett-Packard）某高階主管的訪談，並不是經過同儕審查的正式研究。不過許多媒體記者和文章、書籍作者引用這份資料時，卻都做出這番結論：女性缺乏自信，所以不會嘗試要求應徵者完全符合資格條件的工作。

即使那份統計資料並不精確，依然引起了一些令人玩味的討論。《姊就是大器》（*Playing Big: Practical Wisdom for Women Who Want to Speak Up, Create, and Lead*）作者泰拉．摩爾（Tara Mohr）表示，女性在本身資格稍稍不符的情況下放棄爭取相應職位，是因爲她們不想破壞規矩。她調查了超過一千名男女，絕大部分是美國的專業領域人士，並詢問他們爲什麼不符合所有資格條件就不去應徵。

這項調查指出，百分之二十二的女性表示不應徵是因爲怕失敗（持相同看法的男性佔百分之十三），不過卻有百分之十五的女性表示：「我只是按照應徵的標準」，男性則只有百分之九。

如果徵才廣告寫明應徵者必須具備十五年工作經驗，經歷僅十四年以下的女性似乎都不會應徵。如果廣告要求應徵者必須擁有行銷或相關領域的學位，擁有心理學學位的女性則不太會主動投遞履歷。另一方面，男性則大都會將徵才廣告視爲「準則」或「建議」，即使不完全符合資格要求，也不會畏懼爲自己爭取。

部分女性堅持遵守規矩的心態，可能會對她們造成阻礙。她們過度執著要做對每件事情，反而很難理解可以用什麼方式打破社會常規和非正式規定。

女性認知自己犯錯的門檻較低

我幾年前曾在醫學中心上班，當時的櫃台接待員每天都要道歉好幾次。即使是確保工作流程順利的必要工作，她也會爲了提問或寄送過多電子郵件而道歉。

就連我只是站在影印機旁等待文件列印，或在茶水間等咖啡機沖咖啡，如果她恰好有重要的事要說，也都會說很抱歉打擾到我。她道歉的理由經常是她無法控制的事物，例如迫使我們必須撤離辦公室的暴風雪。

大家都再三向她保證，她提供的各項新消息都非常重要，不必擔心會打擾到我們，可是她還是道歉個不停，彷彿光是她的存在就很對不起別人似的。

不過，過度頻繁道歉的情況其實並不罕見。研究顯示，平均女性道歉的次數高於男性。有一項有趣的研究稍微探究了箇中原因。

二〇一〇年發表於《心理科學》的一項研究發現，男女對於何謂冒失有不同的評斷標準。在第一個實驗中，他們要求男女記下自己曾犯下或遭遇過的無禮行爲，並加註是否有人爲此道歉。結果，女性表示自己主動道歉的次數較多，犯下的失禮行爲也較多。

在第二項實驗中，他們要求所有人評估虛構和印象所及的無禮行爲，例如詢問他們以下情況有多失禮：深夜打電話給朋友，把他吵醒，害他因爲過度疲倦而在隔天的面試上表現得很爛。女性將這類事件評得比男性嚴重很多。

研究團隊得出結論，認爲女性判定自己犯錯所設的門檻較低。男性可能認爲自己的行爲完全能爲他人接受，做出相同事情的女性卻會覺得自己破壞了規矩或違反了社會常規。

這並不表示男性做得對、女性做錯了，而是說明爲什麼女性會覺得採取大膽行動比較困難——原因就在於女性認爲稍微踰矩就罪不可赦。更有趣的是，作者群還發現女性通常對於別人踰矩比較寬容。

我推測男女對失禮的觀念差異是始於兒時。當小男孩在討論些噁心的東西，或是跟朋友比賽打嗝時，「男生就是這樣」的觀念爲他們開脫了。有些行爲，男孩做了之後，大家可能一笑置之；但如果女孩做了，卻可能遭到嚴厲訓斥，譴責她沒有禮貌或毫無淑女應有的氣質。

女性打破常規並未受到高度尊重

同樣是違反行爲規範，男性也比女性更容易取得原諒。這種雙重標準常見於職場：突破限制的女性比男性更不討喜。

二〇〇八年《心理科學》期刊有篇研究發現，男性表達憤怒之後，在他人心目中的地位就會立刻升高，女性如果表達憤怒，卻會被認爲是無能的表現。這與第三章的討論很類似，女性會因爲生氣的表現而受到懲罰。

該研究發現，男性領導者提高音量或表達不快時，會受到他人尊重，但是女性領導者如果大吼，就會被冠上「霸道」或「情緒不穩」的名號。

還有其他研究發現，違反性別規範可能引起他人發揮「社會約束力」，試圖將女性「導回正軌」。違反社會常規的女性可能會激怒他人、獲得較低的收入和較少的升遷機會、招致負面批評，或受到大眾排擠。

就拿協商談判來說。關於女性薪資較低這件事，她們經常獲得的解釋是談薪資時不夠積極努力。可是有證據顯示，女性會因爲協商而受到責難，理由是她們要求提高薪資時不夠「溫和」或沒有「心懷感激」。

不過，也不是只有違反職場的社會常規可能引發反效果。離開辦公室，打破社會常規也可能害你遭殃。如果你是水電工，而且穿著工作服就去孩子的足球賽現場，會發生什麼事？其他家長討論包車共乘時，可能就不會邀請你加入。如果你是線上遊戲的重度玩家，又會如何？告訴別人你閒暇時很喜歡玩《決勝時刻》（*Call of Duty*），或許會遭人側目。稍微突破社會性別規範，就會引發人際社交方面的後果。

問題所在

安柏對於打破傳統性別角色的顧慮，在妊娠後期為她徒增許多壓力。她甚至曾拒接父母的電話三天之久，她怕被他們指責，所以不想告訴他們即將由道格全職料理家務。

後來她總算坦承了，她爸媽感到很疑惑。他們剛掛上電話之後，她爸爸就撥了道格的手機並問道：「她會這麼想，該不會是孕期賀爾蒙的影響吧？」道格向他保證，這確實是夫妻兩人審慎思考後的共識。

她的父母理解之後，表達出超乎安柏預期的支持。儘管她父親偶爾會針對道格育嬰的表現給些意見，還會不時表達顧慮，擔心身為全家唯一經濟支柱的安柏壓力過大，不過安柏知道如果她選擇待在家，因此而滿意的會是父母，而不是自己。

有時你想做某些事，但是又擔心牴觸規則，最後就可能會選擇妥協讓步。社會常規和期許都有可能妨礙你做出對自己最好的選擇。請別忘了，一味遵循規範也會帶來不良後果。

循規蹈矩只能維持現狀

一八七二年，蘇珊．B．安東尼（Susan B. Anthony）在總統選舉時違法參加投票。當時女性並沒有投票權，所以她被捕了。她對指控表達強烈抗議，但反抗依然失敗，並且被判一百美元罰金——只不過她從來沒有繳納。

當年她被視為罪犯，但是也因此讓很多人初次了解到女性也應擁有投票權。就在政府明令禁止她投票的七十多年後，後人為了表達紀念，將她的肖像刻印在美金一元硬幣上。她成了史上首位獲此殊榮的女性。

可惜，她沒有機會親眼見證自己一番努力後獲得的成果。一直到她逝世後十四年，《美國憲法第十九修正案》（The 19th Amendment to the U.S. Constitution）才終於賦予女性投票權；不過正是多虧她當年勇於打破陳規，為所有女性開闢了平權之路。

沒有人想要率先挺身而出，這很合理，因為開路先鋒要承受最多反擊的炮火，蘇珊．B．安東尼就是很好的例子。當有一兩位勇敢的女性站出來試著改變現狀時，通常無法獲得多少人支持。起頭影響社會的人反而會被忽視。

職場性騷擾正是如此。哪有女人會想身先士卒，揭露自己遭到老闆性騷擾？第一個打破沉默要承擔的風險最大。

美國公平就業機會委員會（U.S. Equal Employment Opportunity Commission）於二〇一六年的研究發現，有百分之二十五至八十五的女性曾遭遇職場性騷擾（由於這類事件通報比率低於實際發生情況，所以很難掌握真實數據）。就算是根據最保守的估計值，也有四分之一的女性在工作上遇過性騷擾。

公然反抗男性主管有違社會上的不成文規定。我並不是要譴責覺得挺身而出太過冒險的人，但是女性不願彼此支持的情形使這種不良現象得以延續不止。有時不得不打破成規，才能創造改變的契機。

幸好，一旦突破現狀，通常就會有足夠的動力推著我們前進。就以美國國務卿這個職位爲例。

美國官方是在一七八九年才設立這個職位，而能夠擔任這個職位的人都可以說是總統內閣中極其重要的人物。從那時起，一直都是男性擔任國務卿，直到一九九七年，馬德琳・歐布萊特（Madeleine Albright）成爲首位女性國務卿，情況才有所不同。歷經兩百多年，終於有女性得以進入內閣，但是在那之後，後續改變的腳步就愈來愈快。康朵麗莎・萊斯（Condoleezza Rice）於二〇〇五年獲派上任，後來還有希拉蕊・柯林頓（Hillary Clinton）於二〇〇九年接任國務卿。一旦有人打開了改變的大門，要將改變延續下去就容易多了。但前提是要有人願意一馬當先，勇敢表達心聲：「我知道這不是尋常做法，可是我想改變。」

動搖現狀才能創造改變

無論我們承認與否，每個人都會帶著些性別偏見，而且這些偏見可能妨礙女性的成長與發展。

哥倫比亞大學（Columbia University）一項二〇一四年的研究發現，就算有數學敏銳度較高的女性求職者，男性受雇負責數學相關工作的機率仍高達女性的兩倍，而且即便已經握有女性求職者較爲適任的證據，用人主管還是會選擇聘雇男性。

在該研究中，他們要求一百五十位受試者完成一項數學測驗，要在四分鐘內盡可能將二位數相加，演算愈多數字愈好。完成測驗之後，他們都會得知自己的分數。

部分受試者被隨機分配成兩兩一組的「求職者」，其他人則扮演「雇主」。雇主會見到一組受試者，而且要「雇用」其中一人來執行與數學有關的第二項任務。如果雇用的求職者在第二項任務中表現最佳，雇主可以獲得額外獎金，所以挑選數學能力優異的人才會對雇主有利。

雇主沒有求職者的技能資料，必須單憑照片來選擇雇用對象時，選擇雇用男性的可能性是雇用女性的兩倍。

在另一項實驗中，他們爲雇主提供了求職者的數學測驗確切成績。即使資料明確指出女性表現較佳，男性受雇的機率依然高於女性。

還有另一個版本的實驗是，研究人員讓求職者有機會自述數學能力。他們發現男性誇大其辭，女性則過於保守，因此男性獲選的機率通常高於女性。只要大家還是認爲男性對於數學和科學比較在行，男性就依然會是那類職位的絕對多數。

我寫書時訪談過一位女老師，她說：「我們學校有九成的老師是女性，而行政人員幾乎都是男性。我覺得這樣的情況會影響到下一代，讓孩子認爲男性握有比女性更多權力。」可惜，社會依然廣泛接受男人當老闆、女人當助理的概念，勢必需要很長時間才能改變，而且若不加以改變，這種觀念就會一直延續下去。

如何改變做法

安柏說她最後下定決心重返職場的其中一個因素，就是在思考要給予子女什麼樣的教育環境？是希望孩子像她一樣，在性別角色的刻板印象中成長？還是想教導他們想做什麼就能做什麼？找到這些問題的解答後，她也找到了勇氣，做出對全家人最好的決定。

但並不是每個人都贊同她的決定。她的祖父告訴她：「眞正的男子漢就該撐起一個家。」有時，她被問到負責照顧寶寶的哪些工作時，也很不自在。

不過，隨著時間過去，她愈來愈能接受並非人人都得贊同他們的決定，她也沒有義務要說服所有人。她只需要做出對家人最好的選擇，或許還能因此啓發別人也選擇最適合自己的做法。

無論面對的是官方規定還是不成文的規範，挺身而出打破規則都非易事。但是踏出關鍵的第一步之後，或許能就此改善你與別人的生活。

了解不成文規定的存在

愛蓮娜．羅斯福（Eleanor Roosevelt）對於美國第一夫人的身分毫無興奮期待之感。她並不想放棄自己教師的工作，也不願拋下先前發起的社會改革。但是在一九三三年，隨著她的丈夫富蘭克林．羅斯福（Franklin Roosevelt）宣誓就職，她也自然接下了第一夫人的頭銜。

以往第一夫人都是扮演白宮女主人的形象，但是愛蓮娜不希望自己只是負責款待各種嘉賓的角色，而是想利用這個機會爲社會帶來改變。

於是，她成爲早期民權運動及女性運動的倡議人士。她鼓勵丈夫任命更多女性進入政府機關，並舉辦僅限女性參加的記者會，因爲當時女記者通常被禁止參加白宮記者會。

她在經濟大蕭條期間四處奔波，親自察訪國內各地民情，並向總統回報哪些措施奏效、哪些政策效果不彰。

她還撰寫報紙專欄，該專欄在不同報紙聯合刊載近三十年，探討女性在職場與戰爭中的角色、性別平權等議題。

而這一切的前提，就是她必須意識到當時確實有不成文規定，要求第一夫人都該扮演社交名人，而非突破現況的行動派人物。懷有這樣的認知是決定自己是否遵循的第一步。她發現自己並不想循著前人腳步之後，便選擇採取不同的做法。

我們很容易就落入這種思維陷阱：「我們要這麼做，因爲大家從以前就一直這麼做。」即使目前的辦法並沒有什麼眞正的意義，你可能也會迷迷糊糊地就沿用舊有的做法。

所以要能夠打破常規，就必須先認知既有的不成文規定，否則就只會盲從而已，而這點可是有研究證實的。

二〇一四年發表在《消費者研究期刊》（*Journal of Consumer Research*）的研究凸顯了這個法則。研究人員將兩人安排在同一個房間內，分別請他們選出一種茶。茶包的描述是以韓文撰寫，受試者並不懂韓文，所以無法根據描述來選擇。

研究發現，後挑茶包的人極有可能會模仿前一個人的決定。他們可能是認爲另一個人比較了解狀況，也有可能是想表現與對方見解相同。

這成了學界經常研究的概念。社會影響力對於人的行爲影響很深，體現的層面包括亂丟垃圾、慈善捐獻、購物等。我們沒有意見時，就會模仿周圍他人的行爲。

要擺脫這種從眾心態的關鍵，就是要形成個人觀點。在你做出決定之前，請停下來想想背後的動機。給自己一點時間思考，即使只有短短一兩分鐘也無妨，想出自己的觀點，可以幫助你在盲從時立刻察覺。

釐清選擇的理由

無論你選擇追隨大眾還是反其道而行，都要想清楚爲什麼做出這個決定。我要強調，此事無關他人，只需要對自己有所交代；而你必須了解自己爲什麼要採取當下的行動。

我們一般會選擇走比較輕鬆的路，通常這也就意味著接受預設的選項。以 401(k) 退休金提撥[1]、額外健保福利、器官捐贈等議題爲例。如果公司希望員工主動提撥退休金，就會寄送「不願提撥者請勾選」的表單，藉此吸引更多員工參與。如果他們寄送的表單是「願意提撥者請勾選」，願意參與提撥計畫的人就會比較少。

推廣器官捐贈也是如此。在實行自願者徵求機制的國家，器官捐贈者少於預設人人都願意捐贈的國家。

想起來很不可思議，對吧？重大的人生抉擇，甚至是可能攸關他人性命的決定，竟然取決於你是否要額外簽署一份文件或勾選一個方格。

多項研究顯示，人們如果已知事後必須解釋選擇的原因，就比較不會模仿別人的行爲。所以問問自己爲什麼這麼做，能幫助你避免從眾的心理。

1 譯註：401(k) 是美國於一九八一年創立的退休福利計畫，相關條文載於美國《國稅法》第 401(k) 條，故一般簡稱 401(k) 計畫。勞工可自由選擇是否參與此計畫，若確定申請設立專戶，則勞工須每個月從薪資中提撥固定金額到退休金專戶，離職時可選擇將該帳戶中的款項撥至私人帳戶，或是新公司的 401(k) 專戶。

這不是要說服你事事與他人唱反調。你可能判斷改變做法的風險太大，或是後果過於嚴重，而且這種判斷可能是正確的。

或許你決定要遵循尋常女性的事業發展途徑，是因爲你不想擔任主管，而且對於現狀相當滿足，不想再額外承擔當主管的壓力。

不過，你面對的抉擇也可能是，你無法接受女兒的學校撥給男孩的體育活動較多經費，相對輕忽女孩的體育活動。你判斷這是有必要探究的議題，因而主動表態，抗議女孩總是穿著破破爛爛的運動服裝，在幾乎不堪使用的遊樂場地上玩耍，也比較沒有機會好好活動。

你可以想像一下，自己有朝一日必須向女兒解釋，爲什麼願意將她送去在體育經費上重男輕女的學校。思考要如何回答這個問題，可以激勵你採取實際行動，因爲你根本找不到保持沉默的理由。

無論你做出什麼決定，請務必好好思考背後的理由。這樣一來，你至少知道自己是有意識地下決定，而不是單純貪圖簡便。

行動比言語更有力

關於打破常規，並沒有現成的「規則」解釋怎麼做，以及怎樣才能做得好。但是，徵求意見後等待許可的做法大概不太有效率。有時你必須直接採取行動，同時也要認知到自己的行為會引發後續效應。

我最敬佩的一位熱血先鋒典範是凱薩琳・斯威策（Kathrine Switzer），她在一九六七年成為史上第一位參加波士頓馬拉松（Boston Marathon）的女性。

凱薩琳那時是雪城大學（Syracuse University）二年級學生，在一名跑步教練的指導下接受嚴格訓練。當時社會普遍認為，女性的體力不足以跑完二十六點二英里的全程馬拉松。不過，她報名時並沒有遭到阻止，所以到了比賽當天，她跟其他男性選手並肩站在起跑線後，並與教練和男友一起出發。

當她跑到兩英里標示物附近時，有個大賽人員朝她跑去，試圖逼她棄賽。她的教練要大賽人員退開別煩，但他依然緊追不捨，後來是凱薩琳的男友將那位先生擋下並趕出賽道。整起事件意外被附近由大賽派車載著的媒體拍攝下來。凱薩琳繼續跑著，但是出現大批記者和攝影師跟在後面追問：「你想證明什麼？」「你打算什麼時候才要放棄？」凱薩琳說，她並沒有試圖證明什麼，只是想達成長久以來訓練的目標：跑完全程。

凱薩琳利用四小時二十分鐘完賽。隔天各家報紙都大幅刊登了她的照片。不久之後，她便開始收到許多不贊同她行為的人寄來的黑函。外界對她的負面抨擊延續了四年之久，其中不乏其他女性的憤怒批評言論。

曾有人請教波士頓體育協會（Boston Athletic Association）主任威爾・克隆尼（Will Cloney）

對於女性參賽的看法，他說：「女性不能參加馬拉松，是因爲規則明文禁止。如果我們無視規則，整個社會就會一片混亂。我不是制定規則的人，但我會努力遵循。馬拉松比賽絕不寬貸擅闖大賽的人，就算是男性也一樣。要是那個女孩是我女兒，我一定揍她。」

經過那次事件，凱薩琳成了正向社會變革的倡議人士。到了一九七二年，總算有女性正式受邀參加波士頓馬拉松。

凱薩琳藉由跑步實現女性賦權，進而帶來社會變革，並因此於二〇一一年入選美國國家女性名人堂（National Women's Hall of Fame）。二〇一七年，在她初次參賽屆滿十五週年的重要時刻，她再度參加波士頓馬拉松，領到的選手編號是二六一，這個號碼正是她一九六七年時分配到的編號。波士頓體育協會也在同年決議，此後的賽事不再編派這個號碼。

竟然會有人深信女性跑不了馬拉松？以今日的觀點來看，再荒謬不過了，然而就在不久之前，這樣的想法就是所謂的常理。

有時，言論的作用有限。告訴別人自己有能力達成目標，或請對方再考慮一下，可能都還不夠。坐而言不如起而行。若眞想改變現狀，就必須付諸行動；要讓別人打從心裡相信，就以實際作爲讓大家知道你眞的辦得到。

為後人開闢改革之路

要爲世界帶來正向改變，有很多種方法。其中一種辦法就是當領頭羊，不過你也可以爲後人開路，幫助他們邁向變革。

雷舒瑪．索雅妮（Reshma Saujani）各方面的學經歷都相當優秀。她拿到哈佛公共政策碩士後，接著攻讀耶魯法學院（Yale Law School），畢業後來到華爾街上班，不久便踏入紐約市政壇，並成爲歷來眾議員候選人之中首位印度裔美籍女性，甚至還是首位南亞裔美籍女性。後來，她獲選《財富》雜誌（*Fortune*）的「四十歲以下的四十大影響力人物」（40 Under 40）。

協助年輕女性在雷舒瑪心目中是件極其重要的任務，她認爲最好的方式就是教女孩使用電腦。

她成立了協助學齡女童編寫程式的非營利組織 Girls Who Code（編碼女孩），致力於扭轉大眾對程式設計師外貌和工作的印象，進而消弭科技領域內的性別差異。Girls Who Code 提供七週的暑期沉浸式教學課程、兩週的專門校園課程，以及課後社團活動，教導女孩們程式設計、機器人、網頁設計等運算技能。組織目標是在二〇二〇年之前，教一百萬名女童編寫程式。

你或許沒有能力發起全國性的計畫來教導一百萬人，但是可以協助另一位女性。如果你工作環境中的女性能見度很低，請爲其他女性提供輔導協助。你也可以擔任志工，到當地學校的職涯認識活動中發表演說。

跟你的女兒、孫女、姪女、外甥女、朋友的孩子聊聊，看她們長大後想做什麼，並讓她們曉得女生也能和男生擁有相同的職業發展機會。這世界不一定要她們當護士，男孩當醫師；不一定要她們當老師，男孩當校長。

日常應對：事業

改變或打破幾項規定，可能對你的事業發展有益。蘿莉・格雷納（Lori Greiner）就是一個範例。她不僅是實境秀《創智贏家》（*Shark Tank*）的固定班底之一，還是大家口中的QVC購物台天后，也是身價五千萬美元的投資人兼創業家。

她顯然並未處處循規蹈矩。就拿睡眠這件事來說。你隨隨便便就能找到一大堆書籍或文章說，成功的祕訣就在於早睡早起。你可能也聽過蘋果公司執行長提姆・庫克（Tim Cook）上午三點四十五分就起床，英國維珍集團（Virgin Group）董事長理查・布蘭森（Richard Branson）清晨五點起床，因爲他們都希望把握時間，趕在日出前就展開一天的行程。

但是蘿莉可不這麼做。她告訴《遊行》雜誌（*Parade*），她通常凌晨一兩點才睡。她睡前都在做什麼呢？運動。我覺得你大概很難找到健康主義者或生產力專家會建議睡前進行高強度健身運動。不過自稱夜貓子的蘿莉認爲這樣的時間安排比較適合她。

已有證據顯示打破常規有助於成功，尤其是在兒時就有此傾向的人，日後成功機率更高。《發展心理學》期刊（*Developmental Psychology*）曾刊登一篇文章，其中的研究歷時四十年，發現經常打破規矩的孩子，成年之後最有可能賺到較多的錢。這項研究是於一九六八年開始，以十二歲孩子爲研究對象。

研究人員記錄了他們的特徵、行爲、智力，還有父母的社經地位，然後在他們成年後持續追蹤。令他們訝異的是，「調皮的孩子」是收入最高的群體。他們的職銜並不一定最響亮，但是實際賺到的薪資卻高於曾經「孜孜不倦」的那些孩子。

該研究的作者群對此結果提出了多種可能的原因。第一種可能：破壞規矩的孩子不畏懼更頻繁地要求加薪。另一種可能：他們比較可能另闢蹊徑，成爲創業家和創新者。

即使很多文章都會告訴你，想達到最佳生產力或取得最佳成就應該怎麼做，但是請別忘了，你需要的是選擇最適合自己的做法。這並不表示學習前人成功的案例有失妥當，而是要告訴你不必完全仿效他人。或許打破幾條規矩，有助於開闢出專屬於你的成功之道。

日常應對：家庭

家庭內部通常都會有很多不成文的規定。上過大學的父母通常會希望孩子也能上大學，甚至賺更多錢；創業起家的家長則會希望孩子參與家庭事業。不過，有時你必須抵抗這類期望，才能達到自己的目標。

歷史上有很多人都冒著風險打破父母訂定的規則，我們應該對其懷抱感恩之心。就拿佛蘿倫絲・南丁格爾（Florence Nightingale）來說吧。她的父母是富有的地主，當佛蘿倫絲表明想當護士時，兩人嚴厲表達反對。他們希望她嫁給門當戶對的人家，而不是接受訓練去做一般人眼中粗鄙低賤的工作。

但是佛蘿倫絲無視家人的反對，拒絕不少人的提親，依然決心追尋她的護士夢。她爲醫療領域持續奉獻，包括改善各家醫院的衛生條件。她的貢獻吸引了英國政府的注意，並頒發多枚勳章給她，維多利亞女王（Queen Victoria）甚至曾贈送她一枚鐫刻的胸針。

她正是因爲違抗了家規，才能創造如此偉大的變革。你在人生中的某些時刻，可能也必須如此。

我在治療室裡見過很多年輕人，他們爲了抉擇追尋個人志向或遵從父母建議而掙扎不已。我也見過很多有一定年紀的人面臨中年危機，因爲他們當初按照了父母的意願，如今卻感到萬分後悔。

破壞家中的規矩肯定會造成一些後果，可能是父母不再幫你負擔學費，也可能是你無法融入家庭。但別忘了，思考遵循規範的後果也很重要。

日常應對：社交

幾年前，我無意間翻到了一本書，那是我丈夫史蒂夫的九十六歲高齡祖母的書，寫於一九五〇年代，內容講述社交禮儀。每一頁都提供了一些小訣竅，教導女性如何在賓客面前當個有禮好客又大方迷人的女主人。書中還強調，無論賓客的教養如何，女主人都應維持淑女的形象，更提供了各式各樣的祕訣，講解如何在招待賓客、上菜時保持高雅優美的姿態。

幸好，距離眾人視女性爲家政女神的年代，至今已有莫大的改變。不過現代仍有不少社會加諸於女性的規範，例如穿著打扮和日常的選擇決定等等。

可是你不一定要照單全收。單單是意識到自己必須不時做出抉擇，也是一種解放。

你不必依據孩子的性別來決定要將他的房間粉刷成藍色還是粉紅色；不必等著男人向你求婚；也不必明明喜歡啤酒，卻爲了營造某種形象而點葡萄酒。針對讓社會接納女性打破常規，我們雖然已有長足進展，但是前方也還有很長的一段路要走。所以請記得，只要你願意主動破除陳規，就有可能啓發別人效法。

打破常規使你更堅強

從《神啊，你在嗎？》（*Are You There God? It's Me, Margaret*）到《鯨脂》（*Blubber*），茱蒂·布倫（Judy Blume）從一九六〇年代起就一直聚焦描繪少女的青春期情懷。她的著作銷量超過八千兩百萬冊，共譯成三十二種語言版本。不過她卻不像其他寫類似作品的人那麼受歡迎。對於青春期的騷動不安，她是第一位明白描寫出相關細節的作家。並不是每個人都欣賞她那麼直白地敘述性徵發育、自慰和避孕等議題。有些地方甚至以「性描寫露骨冒犯」爲由，將她的作品列爲禁書。多年來，被她作品激怒的人寄來各種黑函與死亡威脅，她還一度需要聘請貼身保鑣。

可是布倫依舊創作不輟，她的著作也幫助無數年輕書迷度過某些最彆扭尷尬的人生階段。書迷來信數量眾多，她後來甚至蒐集成冊並出版。書中的角色讓許多年輕女孩感同身受，她也因此獲得「知心作家」的封號。

歌手亞曼達·帕爾莫（Amanda Palmer）寫過一首關於茱蒂·布倫的歌，並說布倫筆下的角色使她敞開了曾經深鎖的心扉。

儘管全世界無數女孩和女人都熱愛布倫的文筆，布倫也坦承，撰寫這些年輕女性掙扎度過青春期的故事也幫助了她自己。她接受《衛報》（*The Guardian*）採訪時說過：「寫作挽救了我的人生。它拯救了我，賦予我一切，也帶走我所有的病痛。」但她也是打破了一些規矩才做到的。在《巧克力冒險工廠》（*Charlie and the Chocolate Factory*）和《時間的皺摺》（*A Wrinkle in Time*）大受歡迎的時代，她就大膽談論起女孩與性的議題。

你在生活中打破幾條規則後，會爲自己秉持原則活出自我而滿足。即使遇到有些人不滿你的決定，你也知道自己是忠於個人的價值與信念行事，因而可以從中找到力量。

解惑及常見陷阱

堅守立場而打破成規與「爲了反對而反對」不同。我聽過很多人在違反特定規範時會說：「哎呀，這樣他們就不得不處理啦。」會發表這種言論，其實是態度懶散或漠不關心，而不是因爲有特定的立場。所以在宣稱自己是反叛分子之前，請先花一分鐘時間思考你的目的爲何。

說到打破常規，等待別人發難似乎是個誘人的想法；加入別人已經發起的運動，比身先士卒號召革命要簡單多了。但如果你想做點不一樣的事情，很有可能其他人也有相同的念頭；你只需要當率先邁出第一步的那個人，就會有人應和。

我們很容易因爲太過習慣而忽視了「規則」的存在，所以請花點時間好好思考你所遵循的各種規則和流程。有些事情行之有年，但不表示是正確的做法。

你或許不禁會想，前人也太能容忍了，或是他們早就該有所改變。可是話說回來，女性脆弱到無法跑完馬拉松的這種想法，畢竟也不過是短短幾十年前的事情而已。另一方面，後人也極有可能不認同我們遵行不悖的事情。目前，我們的體育運動都按照性別來分隊伍，這似乎很符合邏輯。但眞是如此嗎？接下來幾個世代的孩子會不會提出疑問：「究竟是誰覺得可以這麼做的？」就當下而言，按性別劃分的做法似乎合理，但隨著時間過去，我們或許會對於這類議題產生不同的觀點。

實用技巧

- 找出你所遵循的不成文規定。
- 對自己解釋選擇的理由。
- 用行動向別人證明你有能力，別只是紙上談兵。
- 幫助別人探索他們的潛能。
- 思考遵循規定的後果。

當心陷阱

- 出於懶散或不尊重的心態破壞規則。
- 等待別人發起行動。
- 遵循成規，卻不思考是否真有幫助。
- 即使違背了自己的意願，依然選擇隨波逐流。

8 不為抬舉自己而貶低他人

看到別的女人王冠彎了，默默修復而不向旁人聲張，這才是真正偉大的女人。

——無名氏

瑪瑞蒂斯第一次走進我辦公室時，看起來疲憊不堪。她說：「我差點遲到，因爲同事在我要離開公司的時候，一直來問我蠢問題。」

她的多數煩惱和壓力來源都圍繞著「蠢同事」。她在一家業務繁忙的公司擔任組長。公司雇用了很多大學剛畢業的新鮮人，而且幾乎每一位新聘的員工都不討瑪瑞蒂斯喜歡。

她說：「你知道現在的年輕人都怎麼樣嗎？他們完全沒有工作倫理，懶惰散漫又自命不凡，而且什麼都不懂！」

瑪瑞蒂斯最近幾年對於工作愈來愈倦怠，「想到五年後的年輕人會變成怎樣，我就害怕。

我必須在那之前離開這間公司。還有什麼會比伺候現在這些草莓族更糟？」

瑪瑞蒂斯的工作壓力也影響到了私人生活。她每天晚上都會向丈夫抱怨一整天下來所累積的怨氣：「我會告訴他，當天是誰贏得了『今日我最蠢』的獎項。」

我問瑪瑞蒂斯爲什麼還待在這個工作崗位上，她說：「我很喜歡工作內容，只是很受不了那些人。」她接著解釋她並不是討厭工作上認識的「所有人」，只有她的下屬而已。她說：「我跟其他組的組長聚在一起的時候，只要講到公司派給我們帶的那些蠢材，就很有話聊。要不是他們也跟我聊這些事，我大概會覺得我瘋了。其他組長也跟我一樣不滿公司新聘員工的素質。」

既然瑪瑞蒂斯早已總結出問題在於組員，於是我就問她來接受治療是希望獲得什麼。她說：「我知道我沒辦法讓老闆改而雇用更優秀的員工，但希望能有辦法減輕我的壓力。」

瑪瑞蒂斯說得沒錯，確實有些辦法可以減輕她的壓力，但我不確定她願不願意採用。我當時想到的辦法包括改變她對其他員工的觀點、減少她抱怨同事的時間，以及專注於個人工作。

不過，我知道我得循序漸進。只要瑪瑞蒂斯依然覺得自己領導的是一群慵懶愚蠢的傢伙，就不太可能做出那些改變。

所以，我們首先處理她向丈夫抱怨員工的時間。她一開始認爲，向丈夫敘述「今日我最蠢」大獎得主是利用幽默感降低壓力的方式。不過也同意試著別再分享獎項的事情，看看能不能讓自己過得開心一點。

在瑪瑞蒂斯接受幾週的治療之後，我才問她，「你有沒有想過，你耗費在回想、討論及厭惡組員的精力，才是眞正使你焦慮不堪的原因？可能問題並不在於那些人本身，而是你對他們的想法，以及用來抱怨他們的時間多寡。」

她說：「喔，如果你也整天跟一群笨蛋共事，就會知道他們就在你的腦海中揮之不去。只要一不注意監督，他們就會把所有事情搞砸。」

我看得出來她很沮喪，但還是開口提問：「向你老公抱怨下屬，能阻止他們搞砸事情嗎？跟其他組長一起抱怨，能提升工作效率嗎？」

她承認私下嘲弄同事無益於他們的工作表現，但是認爲那有助於降低壓力。她說：「我總得找個辦法宣洩一下。你也知道，遇到這種事情，誰也不會想全都悶在心裡。」

這番話讓我得以見縫插針。我給她看了一些研究，內容是關於發洩情緒有助於改善心情的常見迷思。研究顯示，發洩情緒會火上澆油，助長沮喪和憤怒的情緒。

看到眼前的這些證據，瑪瑞蒂斯變得比較願意改變她的行爲模式。接下來的幾次治療，我們討論了可行的其他做法，例如減少抱怨組員的時間。

接著，我們檢視她的思維。減少說人壞話的時間是一回事，改變內在想法是另一回事。

她需要雙管齊下，所以我們開始探討如何調整她對組員的看法。

與其覺得他們「愚蠢」，倒不如改而提醒自己新進員工需要的是引導，而那正是需要她來擔任組長的原因：提供意見和回饋，而不是辱罵。

幾次治療下來，瑪瑞蒂斯的心態開始有了轉變。她不再時時想著組員爲她帶來的挫敗感，而是努力提升自己的領導能力。她專注於自己可控的事物，也就是她應對別人的方式，一切隨之有所改善。壓力並沒有在一夜之間就煙消雲散，但是隨著心態的改變，她也變得更能採取有助於改善情況的做法。

你會貶低別人嗎？

我們從小就學習不可以辱罵人，但是對有些人來說，貶低別人卻是很難戒除的習慣。其實，成人貶低他人的方式更難察覺卻更傷人，有時甚至不會意識到自己正口出惡言。下列有哪些描述看起來與你相符？

- □ 我經常很快就指出別人的缺點。
- □ 如果有人用惡毒的話來評論不在場的人，我並不會想挺身仗義執言。

□我喜歡聽人八卦議論，大家也都知道我會散播小道消息。
□我判斷某個人不是好人之後，就會想讓其他人知道原因。
□我會在朋友不在場時，說些關於他們的閒話。
□我跟一群愛議論別人缺點的人在一起時，會急欲加入。
□貶低別人似乎是拉近人際關係的好方法。
□我指出別人的錯誤，是因爲想要大家都知道他有缺失。
□我經常在腦中咒罵別人。
□貶低別人讓我更有自信。

爲什麼我們會貶低他人

我問瑪瑞蒂斯，堅信員工很蠢有什麼好處。她說那發揮了兩個作用：一是顯得她比較聰明，其次是嘲笑員工不懂「常識」，能讓她以玩笑的方式稍微減輕壓力。

她說：「如果他們要我負責管理不能幹的員工，我只好苦中作樂了。」可惜她顯然樂不起來。她抱怨得愈多，就愈是對自己的工作不滿。她已經陷入惡性循環，而且單靠自己的力量很難突破。

其實我們每個人應該都能點出，自己曾在人生中特定時刻用某種方式貶低他人。這種方式或許有助於創造短暫的自我感覺良好，或當作遭人貶低時的應對措施。

發表惡毒言論能提升地位

以「大人」的方式貶低他人，在臨床術語上稱爲關係攻擊（relational aggression），就是指造謠、誹謗、排擠、公開訕笑和八卦議論。我猜大多數的人都會否認自己這麼做，不過確實很多人會有這種攻擊行爲。

現代社會似乎不太鼓吹人們彼此激勵和點出對方長處，而是喜歡破壞他人形象。從《時尚糾察隊》（*Fashion Police*）到《家庭主婦》（*The Real Housewives*）等實境秀，在在顯示羞辱他人已經成了娛樂的一種。在當今社會，部落客靠著揭露別人瘡疤就能維生，各家名人八卦雜誌就大剌剌地陳列在超市的結帳櫃台走道旁。

貶低他人不僅是種娛樂，還能提高你的地位。爲了避免自己淪爲社群中的低階人物，最簡單的辦法就是嘲笑某個人，如此一來至少大家會覺得你比他出色。

德州大學心理學家大衛．巴斯（David Buss）表示，女性總是想把地位優於自己的人拉下來。根據巴斯的論點，女性特別容易因爲條件優異的女性而倍感威脅，所以會透過八卦議論或破壞對方形象，試圖拉近雙方的條件水準。他在著作《欲望的演化：人類擇偶策略》（*The

Evolution of Desire: Strategies of Human Mating）中闡述，願意發展開放性關係的女性，會大大威脅到偏好長期穩定交往的女性。所以女性比較會透過八卦議論或「她大腿超肥」這類語帶輕視的評語，來羞辱她們眼中性關係隨便的那些人。

加拿大安大略省的麥克馬斯特大學（McMaster University）進行過一項研究，研究人員探究女性對衣著撩人者的反應。受試者都是二十至二十五歲的女性。他們將參與研究的女性與一位朋友或陌生人分成一組，並告訴受試者接下來要談論女性友誼相關的話題。

研究人員安排了一位金髮碧眼的女演員，打斷各組的實驗進行。這位演員干擾某些組別時，身著卡其長褲和T恤，而打斷另一些組別的實驗時，則穿短裙、靴子、低胸上衣。

演員穿著保守時，受測的組別幾乎沒注意到她，也沒人提出關於她的負面評論。

但是實驗時被身穿短裙、低胸上衣的演員打斷的那些組別，卻大有話說。她們不但批評她的外表，還低聲議論她的穿著。而且相較於與陌生人配對的那些組別，這種情形在與兩個朋友同組的情況下特別明顯。

這項研究的作者崔西・費倫柯特（Tracy Vaillancourt）接受《大西洋》雜誌（*The Atlantic*）採訪時，曾談到間接攻擊。她說，男性通常會出現拳腳相向或激烈爭執，相較之下，女性的「攻擊方式通常讓你無法察覺，或是可以用『我只是說著玩而已』的這種藉口來為自己的行為開脫」。

可是，也不是只有女性的外貌會招來尖銳的批評。「媽咪戰爭」（mommy wars）也是女性常試圖表現得高人一等的形式。很多女性會嚴厲指責決定不親餵母乳的鄰居，或是尖酸刻薄地批評全職媽媽，總之，就是在爭論「誰的教養習慣比較高級」。

彷彿譴責另一位母親對於奶嘴、疫苗或睡眠習慣的決定，能夠或多或少顯得她們在育兒方面略勝一籌。羞辱另一位女性的育兒選擇時，通常依據的都是所謂的「科學」；單憑一句「所有研究都表明你不該這麼做」，似乎就爲無禮的評語找到了理由。但是，多數人的貶義評論，顯然並非希望藉此讓孩子獲得更好的照料，而是想貶低其他媽媽，使自己的地位獲得提升。

八卦議論能帶來快感

無論是向同事透露你聽說老闆有桃色緋聞，還是你跟其他女性友人談論另一個無法出席聚會的朋友，這類的八卦議論都很好玩，甚至有研究顯示這樣能帶來快感。

加州大學柏克萊分校（University of California, Berkeley）的研究人員於二〇一二年進行一項研究，發現散布八卦議論確實能減緩壓力，但前提是內容必須爲「利他的八卦」。

他們研究受試者目睹玩家在經濟發展型的遊戲中作弊時的反應，然後發現受試者看到玩家作弊時心律都會飆升，但是一旦告訴了別人，心律就會恢復正常。

作者群得出結論，人們向他人提出有人作弊的警訊後心情就會變好，並且認爲告訴他人能避免對方被佔便宜。

所以，提醒別人可能有詐騙情事對雙方都有好處。我們有時也會以爲分享別人的負面消息能讓世界變得更美好，只不過事實並非如此。

找上你前男友的現任女友，告誡她說他是一事無成的天生輸家，你的出發點可能不是爲了她好；搶先告訴朋友你聽說的最新八卦，也不見得是出於人道主義。

你會想散播八卦，可能只是想暫時提高自己的地位。成爲握有精采消息的第一人，或許讓你感覺自己很了不起。你大概也覺得散播別人的負面消息，似乎能使自己在團體中的地位大幅提升。

八卦也是與人建立連結的一種方式。你可能有群相熟的同事很喜歡分享工作環境中的最新流言，爲了讓你創造出小團體的歸屬感，凸顯出你與其他同事的不同。

問題所在

在瑪瑞蒂斯的某次治療面談中，我問及她的領導能力。她說：「我大概很難充分發揮，因爲公司派給我帶的人都是那種水準。」

我分享了一項知名的研究，說明學生的表現通常都會達到老師的期望。如果老師認爲學生很有天分，學生在標準化測驗的成績表現就比較好。

我們討論了很久，瑪瑞蒂斯也自己讀過相關研究，她終於明白認定同事都很無能會有負面影響。不只使她組裡的人表現更差，自己也可能因此成爲領導成效不佳的組長，而未能充分展現領導能力，大概才是造成她壓力過大的重要因素。

不過，妨礙他人發展只是貶低別人的其中一個壞處，而貶低別人的壞處不止於此。

破壞他人形象會留下難以磨滅的傷疤

面對言語霸凌，我們以前會教孩子說：「棍棒和石頭或許能傷我筋骨，但是我絕不爲言語所傷。」不過此話顯然有假，人際交談與互動模式都可能具有高度殺傷力。

我訪談過一位女研究生，她表示曾遭一個校內知名度很高的男學生性侵，卻選擇不舉發，是因爲通報後會使這件事曝光，她很怕校內會開始流傳關於她的八卦。所以她保持沉默，繼續跟性侵她的男同學一起上課。她說這樣雖然很痛苦，但是她知道流言蜚語的無情說不定更可怕。

令人難過的是，她對八卦流言的恐懼並沒誇大或誤解，還使我想起了凱莉．瓦倫（Kelly Valen）的故事。瓦倫上大學後就加入了校內姊妹會，大一上學期時，有個帥哥邀請她參加兄弟會的派對，她欣然答應。大家都喝多了，那名男性帶瓦倫上樓時，她已醉得不省人事。他在另外幾個兄弟會成員的注視下強暴了她，雖然當下有些人試圖叫他打消念頭，可是並沒有人出手制止。

瓦倫感受到自己背負著酒醉失態的罪名。她寫了一篇文章投稿《紐約時報》，並在文中說到：「完全沒有人提及這件事是犯罪行爲；不知道是什麼原因，我們都不這麼看待它。」她接著描述自己並沒有料到，姊妹會的朋友也使她壓力倍增。

性侵發生後的幾個星期，她成了姊妹會內八卦閒聊的話題。有些人直接找上她，直指她讓姊妹會蒙羞，並宣稱整起強暴事件都是她的錯。大家都開始刻意與她保持距離，最後會內的姊妹舉行會議，聲稱瓦倫「不適合姊妹會」，便將她踢出社團。

瓦倫談到會內姊妹時說：「在我面臨危機的時刻，她們非但沒有給予支持，甚至還落井下石，戴著僞善的面具批判我，然後避之唯恐不及地把我驅趕出來。她們的背叛傷我極深，至今依然令我驚慌不已。」

她的文章刊登出來之後，受到了其他女性的批評。但是她直言，痛批她的那些女性驗證了她的論點：即使是在理應展現友誼的時刻，女性依然會無情地批評及背叛彼此。

那次的經歷啓發了她寫出《扭曲變形的姊妹情》（*Twisted Sisterhood*）這本書，深入挖掘「女性友誼的黑暗面」。她在研究過程中調查了三千位女性，探討她們對彼此經歷的同理程度，發現百分之七十六的女性都表示會因其他女性的嫉妒或競爭心態而覺得受傷。

然而，彼此嫉妒或競爭恰好就是女性常做的事，因爲她們在社會化過程中學會要貶低其他女性。女性都希望自己能融入群體，而排擠和霸凌可以將有威脅性的女性拒於群體之外。如果你經常在爭奪稀有資源，例如理想的職缺或適合的伴侶，便很有可能不計一切代價來達成目標。

如今我們都已經開始意識到霸凌會對他人造成終身的深遠影響，且衝擊層面包括身心健康和人生經歷。而我們談到霸凌者時，通常只會聯想到在操場上凶狠惡劣的孩子。但是霸凌者有很多種，最可怕的就是佯裝成朋友的那種。

貶低女性使女性普遍難有成就

破壞他人形象會美化自身形象的這種觀念是種錯誤的迷思。絕對沒有人可以透過辱罵或刻薄的言語來提升自己的地位。

但是還有一派論點認爲女性都是「螃蟹心理」（crab mentality）。這個術語是描述如果你將螃蟹裝在水桶裡，根本不需要加蓋，因爲只要有一隻螃蟹想逃出水桶，其他螃蟹就會把牠拉回去。

螃蟹心理這個說法或許眞有點道理。在地方、州級和聯邦政府的單位中，女性任職的比例確實相當低。二〇一八年《財富》企業五百強的名單中只有二十四位女性執行長，所佔比例甚至不到整個排行榜的百分之五。另外，二〇一六年美國教育大會（American Council of Education）的研究數據顯示，只有三成大學校長爲女性。

面對這些統計數據，我們或許很容易聯想到該譴責男性，可是其實女性也有責任。

女性成功的機率原本就低，女性在面對其他優秀的潛在人選時，自然會覺得受到威脅。爲了阻止周遭對手有所成就而加以抹黑，似乎成爲創造己方優勢的辦法。

那麼已經成功的那些女性呢？她們終於爬到金字塔頂端之後，難道不該幫助其他女性達成目標嗎？其實，爲其他女性發聲的女性可能需要付出代價。針對三百多位高階主管進行的一項研究發現，提倡多元的男性績效評等較佳。他們就像是善良的好人，試圖瓦解堅不可摧的兄弟關係。反觀提倡多元化的女性高階主管，績效評等卻比較低。上級認定她們偏袒女性。

這個現象並不是只發生在女性身上。研究顯示，只要屬於少數族群的領導者試圖雇用多元背景的求職者，都可能被當成辦事不力。但這個議題凸顯出女性領導者如果想協助其他女性，會面臨多大的困境；也就是說，拉其他女性一把需要冒著很大的風險。

不過，如果你選擇與其他女性保持距離，只會讓問題繼續存在。嘴上說：「我跟其他女人不一樣」或是「我跟男人比較處得來」，可能只是比較狡猾地表達：「將我納入男性的階級吧，但別把她們算進來。」

也不難理解爲什麼很多女性不得不這麼做，畢竟她們都想要保障自己的地位。不幸的是，這個情況延續得愈久，就愈難改變。

如何改變做法

如果要排解瑪瑞蒂斯面對組員所產生的挫折感和壓力，不但需要改變思維和行爲，也需要深度內省。

某週，我問她批評組員獲得了什麼，因爲她這麼做絕對有其目的。她承認，嘲弄其他員工稍微提升了她的自信，讓她覺得自己與他們不同，彷彿一條楚河漢界將他們這些組長與那群新進員工隔開。

她的療程包含找出應對策略，協助她在不嘲笑別人的前提下滿足需求。例如，找到不羞辱其他員工又能與其他組長建立連結的方式，或者擔任亦師亦友的角色，指導其他組員並幫助他們學習。

這不是要她對他人的缺失視而不見；她還是可以去評判有些人犯了錯或學得不快，只是沒有必要將他們全部視爲能力不足。

如果你不習慣稱讚別人，起初可能會覺得很困難，不過你會慢慢發現，鼓勵的話語可以爲別人和自己帶來什麼改變。

意識自己意圖損人

指責別人惡毒很容易，但若捫心自省，我們可能都曾用刻薄的言語議論過人。我爲了寫書，曾採訪過數位廣播節目《雌激素炸彈》（*Estrogen Bombs*）主持人蘇珊（Susan）。她就在節目上談論過，我們在詆毀別人時總是迅速而鮮少猶豫，她也坦承自己面臨著同樣的問題。她說：「我知道其中涉及很多因素。我對這樣的行爲感到內疚，也希望不斷磨練自己以提升修養。以批判角度來看他人，這種行爲反映出的只是自己的不安全感。並不是只有女性這麼傷害彼此，人人都是如此。我們需要找出共識，展現對彼此的尊重。」

二〇一七年的美國文明禮儀意見調查（Civility in America Survey，我們竟會對此進行調查，箇中緣由已不言而喻）發現，四分之三的美國民眾認爲國人失禮程度已上看危機層級。調查人員將文明禮儀定義爲「有禮並展現尊重的行爲和表達方式」，然後發現每個人平均每週會遇到六點七次失禮的事情。

當他們問到誰最可能面臨失禮的對待，七成三的受訪者說是女性，而只有五成三的人說男性。

儘管這些統計數據相當令人詫異，但是高達百分之九十四的美國人表示，自己向來有禮且尊重他人。所以是那區區百分之六的人口在傷害其他人？有可能是這樣嗎？更有可能的解釋是行事風格冷漠的人，根本不曉得自己做出了失禮的行爲。

我們很容易認爲自己不會對人說出惡毒的話，不過，在你自稱絕無這種道德瑕疵之前，可能要先三思。

我最近跟《羞恥國度》（*Shame Nation*）作者蘇．舍夫（Sue Scheff）聊過，談到網路讓我們所有人都有更多機會展露惡毒的一面。對很多女性來說，社群媒體可能已經成了夢魘。她說：「女性不但很容易就會出言攻擊，也很常遭受攻擊。在現實生活中自認未握有權力的女性，會認爲自己在網路世界有能力毀滅他人。」

關於網路是如何被當成詆毀他人的工具，蘇可說是略知一二。她曾是無情網路霸凌的受害者，不僅名譽受損，名下的公司也毀了。不過，她採取反擊並贏得了勝利；二〇〇六年，蘇受網路毀謗一事的官司勝訴，獲賠一千一百三十萬美元。

蘇並沒有將帶頭在網路上詆毀她的那個人稱爲「邪惡的瘋子」或「壞心的神經病」，而是說：「這麼說吧，我並不認爲她是壞人。她是個太太，也是個媽媽，在銀行有一份很好的工作，只是不喜歡我，僅此而已。並不是對人不善的每個人都如我們想像的酸民那樣喪心病狂或有精神問題。受傷的人才會去傷害別人。」

我在治療室裡見過很多這種案例。自卑自貶者在傷害他人時，反而會因此覺得自己充滿力量。網路正是讓人可以隨意冒犯他人的媒介。

在你宣稱自己與惡意言行完全無關之前，別忘了我們每個人都有些不善良仁慈的時刻。貶低他人不見得是指你的作為，有時也可能是你的不作為，例如刻意疏遠不喜歡的同事，或是在心生羨慕時對朋友說了語帶挖苦的稱讚。這些也都可能傷人。

當你有意貶低他人時，請想想這幾個問題：

- **我有什麼感覺？**你是否心生嫉妒？還是覺得焦慮？憤怒？花點時間仔細探究，是什麼情緒誘使你想拋下同理心或產生惡意。
- **我試圖達到什麼目的？**你希望對方難過？想傷害他人名譽？還是希望別人與你站在同一陣線？謹慎思考你希望藉由貶低他人所獲得的結果。
- **這說明我是什麼樣的人？**你是不是因為他人的成功而深受威脅？你的自尊心很低落嗎？你是否很難以健康的態度看待性格差異？這個問題或許很難回答，但是非常重要，能幫助你更了解自己。

如果你已經對他人無情或惡劣，請問問自己這些問題。或許你能藉此找到辦法，在下次遇到類似情況時達成個人目的，卻不貶低他人。

將自我價值建立於健康的基礎之上

你掙扎著想提高自信時，可能不禁想貶低他人來換取短暫的地位提升。但是你愈常貶低別人，心裡就會愈不舒服，這是個惡性循環。

仔細思考你衡量個人價值的方式。如果你的自我價值建立在不健康的基礎上，就比較容易想貶低別人。

用以下五種事物建立自我價值的做法，常見但並不健康，應該避免：

- **你的外貌**：決定你當天開心自信與否的因素可能是體重計上的數字，或是追求者的人數。但總會有其他女人外表比你更迷人亮眼，所以靠著外貌來衡量自我價值，可能會誘使你點出他人缺陷，以換取短暫的自我感覺良好。
- **你的資產淨值**：如果你是按照資產來評斷自己的價值，絕對不會有自認「價值夠高」的一天，因爲永遠都會有你還沒到手的賞心玩物、更大的房子、更豪華的度假之旅。你永遠都不會滿足，因爲總會有別人擁有你想要的事物。
- **你認識的人**：有人可能要談了戀愛才能有自信，也有人透過炫耀自己認識名人來換取他人的崇拜，並藉此肯定自己。不過，仰賴別人來維持自信就像在追逐不斷移動的目標，沒有結束的一天。

- **你的職業**：多數人自我介紹時不會說「我做電腦程式設計的」，而是說「我是電腦程式設計師」。對很多人來說，職業並不代表他們從事的工作，而是他們的身分。事業成就讓他們更加肯定自己，但是如果他們的自我認同感完全來自工作上的頭銜，在出現經濟不景氣、就業市場的意外轉變、重大的健康問題，甚至是已經規畫好的退休時，自我價值就會消失殆盡。
- **你的成就**：有時人們會希望自己憑著成就爲人所知，那樣就需要靠著不斷達成目標才能維持對自我的認同，也就是說，你或許會想逃避可能失敗的事情。

如果自我價值的基礎並不堅實穩固，只要看到有人比你聰明、漂亮、富有、機靈或成功，你就會忍不住想貶低他們來提升自信。

與其追求只能暫時創造信心的事物，不如專注提升你的核心價值。奉行你的價值主張，創造具有意義與使命的人生，就能減低周遭人事物對你造成的威脅。

調整個人思維

人們經常會對別人做出概括表淺的評斷，例如「她好煩人」或是「他眞是個白癡」。這些都是你的意見而已，並非事實。但是你對別人有了成見，想法就很難再改變。

一旦你戴上了有色眼鏡來看待別人，就很難再有其他觀點了。你認定同事是個惱人的傢伙，就會一直想找出符合你這種認知的行為。你一看到她，就會在心裡批評她的肢體語言；她走過大廳時，每個輕微的腳步聲，在你聽來就像是在你的理智線上跳著踢踏舞。

既然如此，何不調整想法，擺脫「她好煩人」的念頭？你或許可以想著「她話比我多」，或是「她很喜歡眾人矚目的感覺」，也可以承認「那些都讓我很煩」。但是這並不能證實她真的令人惱怒，只是說明你比較受不了具有某些特質的人，或是你們性格不同。請據實思考，不去論斷。

最讓你受不了的人，可能會讓你悟出最多人生哲理。最常惹惱你的人，可以幫助你培養耐性；對你粗魯無禮的同事，能讓你學會如何堅定地捍衛自己的立場。

生活中處處皆有值得學習的課題，其中一項技能就是即使在令人不悅的情況下，依然設法善待他人。你不必一味忍讓對你不仁之人，但是努力熬過困境，卻不口出惡言，或許是一次成長的契機。

真誠地激勵他人

我最近在 Facebook 上見證了一段美好的女性情誼。我的朋友麗莎發布了一篇貼文，說散步二十分鐘大大舒緩了她的背痛，但是每次在剛開始走路時，背會痛得特別厲害。所以她後來在 Facebook 上又發布了一篇貼文，大膽詢問：「有沒有人願意每天留言問我去散步了沒？我需要培養起責任感，直到散步成爲一種習慣爲止。」我們的共同朋友裘蒂立刻自告奮勇接下了這項任務。

接下來幾個禮拜，裘蒂成了麗莎最重要的啦啦隊員。她會問麗莎：「你今天去散步了嗎？」如果麗莎說去過了，裘蒂就馬上說：「太棒了！」如果麗莎在裘蒂詢問之前就宣布她已經在散步了，裘蒂則會鼓勵她：「加油，麗莎！」

要是我們每個人都能這樣對待彼此，世界會變得如何？如果你擁有個人專屬的啦啦隊，大家都是由衷希望你能實現偉大的目標，你能達到什麼成就？

你很可能會想：「是這樣沒錯，但我又沒有這樣的啦啦隊。沒有朋友這麼好心願意幫我培養責任感，也沒有人眞心看好我能成功。」我猜應該很多女性都這麼想。不過，即使現實的確如此，還是有一件事是你能做的，那就是擔任別人的啦啦隊。

部落客尼尚・潘瓦（Nishan Panwar）有一則金句：「世界上充滿好人。如果你找不到，就自己來當吧。」這也同樣適用於擔任所謂的啦啦隊員。如果你在生活中找不到任何人來鼓勵你，就主動當個能鼓舞他人的人吧。

不過切記要眞心誠意地激勵別人。籠統的陳腔濫調和空泛的稱讚之詞不見得有幫助。請找到懷有目標的對象，認眞鼓舞對方實踐。這件事小則可以是鼓勵朋友達成運動目標，大則可以是支持離婚後生活分崩離析的朋友度過低潮。事無大小，以善良與支持的姿態待人有助於增進你的自我認同感，而且會愈做愈帶勁。

日常應對：事業

二〇一七年葛萊美獎的重要獎項中只有一位是女性得主，也就是奪得最佳新人獎的艾莉西亞．卡拉（Alessia Cara），其他獎項則由男性包辦。公布得獎者之後，頒獎單位美國國家錄音藝術科學學院（Recording Academy）的主席尼爾．波特諾（Neil Portnow）對此回應，「擁有創意靈魂」的女性應該要「勇敢站出來」。

受邀在典禮上表演的歌手紅粉佳人（Pink）在 Twitter 上回應：「女性音樂人不必『站出來』，因爲女性打一開始就一直在向前邁進——只是都在努力突破的同時，又得低調讓開，不搶鋒頭。女性主宰了今年的音樂圈，她們眞的很棒，之前的每一年也都是如此。」

她還接著說：「我們讚頌女性的天賦與成就，也表揚她們每年即使面對重重困難，依然締造非凡的成就，並且向下一代的女人、女孩、男孩、男人，展現何謂平等、何謂公平。」

紅粉佳人大可與其他女性劃清界線；她只需要強調自己有幸在葛萊美頒獎典禮上表演，

或要求其他女性勇敢站出來，就能凸顯出她的地位有別於大多數的女性音樂人。但是她沒有這麼做，而是選擇為音樂產業的全體女性發聲。

你在職涯中面臨類似的抉擇時，是會宣告自己與其他女性不同，強調自己優秀出眾？還是積極聲援遭到邊緣化的那些女性？

你或許無法仿效紅粉佳人用那麼高調的方式來表達支持，但是依然可以透過各種管道向其他女性伸出援手。你可以輔導初入社會的小女生在你所處的產業闖出一片天，也可以花時間幫助其他女性摸索如何在你服務的公司順利發展。展現你亦師亦友的一面，為其他女性提供持續奮鬥所需的支持。

日常應對：家庭

與你最親近的人理應是你最和善以對的對象，卻有很多人並不這麼想。他們覺得與伴侶、孩子、父母相處十分自在，也因此有怒氣時也會最毫不保留地表達情緒。

按理應該最愛你的人，卻對你說出不客氣的話，這是最傷人的。所以如果你會刻薄地對待至親的家人，請努力戒除這個惡習。你說的話會對彼此關係造成深遠影響。切記，對待親人一定要比對待陌生人或不熟識的朋友更好。

你有孩子的話，他們勢必會觀察你的溝通方式來學習如何與他人互動。如果你愛羞辱人，而且態度無禮又不客氣，孩子成長的過程中就會認爲這是合理的行爲，對愛與家庭產生扭曲的觀念。

請下定決心，無論是在哪都要用心維繫家人情感。付出眞心的讚美、窩心的話語，還有滿滿的愛。有外人在場時，也可以聊聊家人的好。你的朋友沒有義務老是聽你抱怨另一半的過錯、缺點和失敗經歷。

日常應對：社交

先夫林墾的奶奶有一群相識近九十年的朋友。如今都已年逾九十的她們，小學一年級的時候就玩在一起了（看來一九三〇年代她們是不上幼兒園的）。

她們四個在求學期間一起參加籃球隊，也會去彼此家裡過夜、一起去游泳，還會一起寫作業。她們在一九四一年結束校園生涯後，其中三個搬去了紐約，擔任二戰期間的飛機技師。她們合住在只有一間臥室的小公寓裡，沒有工作的時候也一起在紐約各處玩樂。

多年來，她們陪伴彼此走過健康問題、喪偶等種種低潮，也共同經歷了結婚生子、含飴弄孫等美好的時光。歷經人生各種起伏的她們，如今依然緊緊相依。

林璺的奶奶總是以非常尊重的口吻談論這群朋友。我想她們的互敬互愛，正是這段友誼如此禁得起時間考驗的祕密。

她常說：「你不該說婆婆的壞話，因爲你可能有朝一日也會當上別人的婆婆。」她大概也把相同的原則應用在朋友身上，因爲我從來沒聽她說過任何朋友的不是。她總是開心生動地分享她們的種種成就與喜悅，彷彿那些好事都是她的親身經歷。

你或許沒有熟識九十年的朋友，但也能建立起彼此信賴且歷久彌堅的友誼，而且其中一個好辦法，就是絕對不貶低朋友。

你也必須捍衛自己的朋友。如果有個朋友離席去洗手間，另一個朋友就說：「她怎麼會穿成那樣？」這正是你展現眞好友風度的機會。首開先例，向他人表明你不想貶低任何人，尤其是朋友。

善待別人使你更堅強

如果要說誰有資格任意貶低別人，那就是麗茲・維拉斯奎茲（Lizzie Velasquez）了。她一直都是承受惡意欺凌的那一方。

麗茲有罕見的基因缺陷，使她無法正常增重。她每天攝入數千大卡的熱量，體重卻從未超過三十公斤。

她十七歲時發現了一個 YouTube 影片，標題是「全世界最醜的女人」，仔細一看，才發覺影片就是在說她。她看到這支短短八秒的影片時，影片的瀏覽人次已經超過了四百萬。

麗茲看完影片，又往下瀏覽網友的評論。影片的留言上千條，但沒有任何一則是善意的，大概都是這樣的內容：「幫幫忙，你自我了斷吧。」「如果在公共場合看到她的臉，一定會瞎掉。」

她說那是她這輩子最痛苦的時刻。但她選擇不反擊，並且決定當反霸凌運動分子。她寫書、進行 TEDx 演說（那場演說成了史上流傳最廣的演講之一），並創立了自己的 YouTube 頻道。Lifetime 電視台甚至播放了她的紀錄片。她的作品教育了無數的人何謂善良，並闡述如何遏止霸凌。

麗茲在著作《勇於善良》（*Dare to Be Kind*）中提到，即使別人口出惡言，她依然會盡力同理對方。曾有人在她的 YouTube 頻道留言：「爲什麼大家都在騙麗茲，說她很漂亮？她不漂亮，人人心知肚明，就連她自己都知道。我講的話或許很無禮，但至少是實話。」即使面對這種無情的言論，她依然能夠善意地回應：「我們每個人都有自己的觀點，這是件好事。我尊重你的意見，但其實有其他表達意見的方式，不一定得那麼唐突。謝謝你的留言，祝你今天一切順心！」

令麗茲相當意外的是，對方很快就回覆了：「哇，是你本人耶！我是你的超級大粉絲！」麗茲承認，有些情況確實很難表現同理與尊重，但是「我們存在的意義是相互扶持。在我看來，這正是全人類共同的使命。我們生而爲人，就是應該愛自己、愛別人，而且可以的話，還要一天一天付出更多的愛」。

從來沒有人透過貶低別人而變得更堅強，但是善待他人，甚至是那些你覺得不值得善待的對象，卻可能改變這個世界。要求自己在這方面愈做愈好，即使面對困境也不放棄，這種態度有助於鍛鍊心智強度；因爲貶低別人易如反掌，但是無論順逆都展現仁慈與尊重，才是眞正人格優勢的體現。

解惑及常見陷阱

決心不再貶低他人，並不代表必須忍受有害健康的行爲。請務必對惡意待你的人設下明確的底線，這點很重要。你可能需要與對方保持肢體上的距離，或是發言捍衛自己的權益，但是不必靠著斥責或貶低對方也能做到。

使用以「我」爲主詞的句子來表達你的想法。與其讓「你這個混蛋」這句話脫口而出，倒不如說「我覺得被冒犯了」。稍微改變一下溝通方式，就能大幅提升你期待的效果。

如果你總是過度批評自己，可能也會很難尊重待人。假如你成天辱罵自己，就很有可能也會想辱罵別人。嚴格地檢視你對待自己的態度；不斷找自己的碴，對任何人——特別是你自己——都沒有好處。

想阻止自己貶低他人，你或許可以練習更關愛與包容自己，並避免過度嚴以律己。等你有了自信，才會有能力欣賞別人的所有優缺點。

實用技巧

- 察覺到自己有損人的念頭。
- 找出引發你怒氣的思維和感受。
- 將自我價值建立於你的核心價值之上，而不是你無法控制的因素。
- 調整你對他人的看法，認知那只是你的個人意見而非事實。
- 主動讚美與鼓勵他人。

當心陷阱

- 因他人的成就而覺得深受威脅時，衝動地宣洩怒氣。
- 與其他女性劃清界線，藉此取得競爭優勢。
- 指出他人缺失，生怕對方不自知。
- 認為發洩或抱怨是抒壓的管道。
- 覺得自己說人壞話只是為了「提醒」他人。

9 不讓他人限制自我潛力發揮

能讓你覺得自己處處不如人的，只有你自己。

——前美國第一夫人愛蓮娜．羅斯福（Eleanor Roosevelt）

瑪夏要求接受心理治療是因爲覺得自己「被困住了」。她走進我辦公室說的第一句話就是：「我的人生好像漫無目的。」

瑪夏和男友與另外兩位室友合住，因爲他們兩人沒有錢獨立租屋。她在一間禮品店兼差當收銀員，男友也在同一棟購物中心內的商家打工。

她跟男友有志一同，都想盡可能減少工作時間，充分享受人生。她說：「我希望能爲了生活而工作，不是爲了工作而生活。」可是，她逐漸感受到這些決定帶來的影響。

瑪夏希望以後能生孩子，但又不確定他們究竟是否負擔得起育兒開銷。「我們並未享有任何福利保障，也沒有錢修汽車。我喜歡偶爾騎騎腳踏車，可是天氣冷或身體不適的時候，眞的很希望車子沒壞。」

她同意配合療程來緩和情緒的波動，並找出辦法來幫自己「脫困」。我利用接下來幾個星期的時間深入了解瑪夏。她說她跟男友交往得很順利。雖然她很喜歡合住的室友，但更希望能和男友單獨同居。

瑪夏有個特質，與她成長過程中的家庭互動有關。她有一對兄姊，爸媽總稱姊姊是「運動家」，並稱擅長數學的哥哥是「數學家」，但他們都說瑪夏是「自由不羈的靈魂」。

她說：「我一直很希望他們叫我『音樂家』，因爲我喜歡彈吉他和唱歌。可惜，他們只覺得我是崇尚大自然，因爲我比較不一樣。」

她的父母付出了許多的愛，而且大概認爲那些標籤無傷大雅，但其實以「自由不羈的靈魂」稱呼瑪夏深深影響了她。她說：「我一直覺得自己特殊，而且不完全是好的特殊。」

她爸媽爲她貼上的標籤，似乎成了自證預言。瑪夏沒有跟隨兄姊的腳步去念大學，也不追求較高薪資的工作，反而選擇在獨立零售門市當兼職員工。

這些都沒什麼不對，但是問題在於，即使這個稱號並不適合瑪夏，她卻總覺得有義務充分釋放「自由不羈的靈魂」。對她來說，這個稱號意味著不重視金錢，也不在乎物質生活，但是她又擔心，如果繼續下去，無法在穩定的環境下養育子女。

瑪夏面臨的其實就是青年危機。之前，她的自我認同感完全仰賴對自由靈魂的概念，而如今，她又不確定自己究竟想要什麼。她必須立定自己眞正重視的價值，並思考需要做出什麼改變。

我們利用好幾個月的時間討論，想知道瑪夏是否願意去找比較符合傳統定義的工作，好讓她在經濟上更有安全感。她爲此掙扎了好一陣子。她怕就此成爲「無趣平庸的人」，但同時又渴望更平穩的人生。

所以，有個星期我問她：「如果你找了一個全職工作又有一個家，對你的人際關係會有什麼影響？」瑪夏說：「唔，我很怕聽到家人說：『早就告訴你了吧。』他們會認爲我終於恢復理智，拋棄了原先的生活。」

她也擔心朋友認爲她變壞了，或是拋下自我認同而淪爲平庸。她不知道朋友還會不會喜歡她。

瑪夏的療程重點在於幫助她找到並遵行個人價值。其實，她大可任意創造自己嚮往的生活型態，而且還能隨心所欲經常變換，但卻任由別人對她的觀感想像限制了自己發揮潛能。

我們後來發掘出她眞正想要達成的目標，接著釐清可行的實踐步驟。

她總算下定決心與男友一起去找全職工作。他們搬進只屬於兩人的屋子，並把車子也修好了。瑪夏的眼界也日益開闊，不再將自己限縮進特定形象，也開始認知到自己有很多面向。

即使有了全職工作，她依然可以擁有自由不羈的靈魂。

你會讓別人限制你的潛能嗎？

說到任由別人限制你的潛能，其實有些顯而易見的跡象，例如聽到別人說你不會成功就放棄。不過，也有些情況較難察覺。以下哪幾點像是在說你？

□我被拒絕之後，就不太願意再次嘗試。
□無論是誰批評我，我都認爲他們是正確的。
□如果有人勸阻我，我就會打退堂鼓。
□我會努力達成他人的期望，但不會有超乎期待的表現。
□我好像落入了扮演特定角色的窠臼，很難突破。
□有些事情我是絕對不會去嘗試的，因爲我怕成爲笑柄。
□別人的意見非常重要。
□要有很多人給予支持或鼓勵，我才敢嘗試新事物。
□我會聽從別人的建議（就算建議很爛，我也會採納），因爲我不信任自己的想法。

爲什麼我們會受制於他人的意見

瑪夏在其中一次治療時段中說到，她有種奇怪的感覺，她「自由不羈」的形象好像讓父母有了可以吹噓的事情。他們跟外人聊到姊姊時，就會提及她指導的籃球隊；聊到她哥哥時，就分享他的工程師工作；而當他們提到瑪夏時，則會說：「哎呀，瑪夏向來按照自己的想法過日子！」她的所作所爲，包括回收利用別人棄置的物品，以及種植有機蔬菜，都讓家人有了值得分享的話題。

她擔心自己放棄其中一些事情之後，他們就會完全不再提起她了，而她也會失去使她獨一無二的特質。在家人個個傑出的環境中成長，實在很難脫穎而出。她在家裡既不是最聰明的，也不是最有運動細胞的，所以充分展現自由不羈的精神，貌似是吸引目光的最佳辦法。

只是她不曾仔細思考這件事，是潛意識推著她度過這些日子。隨著時間過去，她活得愈來愈符合這個標籤，卻沒有思考這究竟是不是她的目標。

你不見得在小時候就像瑪夏一樣，被貼上了這麼明確的標籤，但是仍有可能無意間讓原生家庭、老闆、朋友，甚至陌生人，限制了你的潛能發揮。

「女孩當護士，男孩當醫師」

有一道老掉牙的謎題：一對父子遇到了嚴重的車禍，父親當場去世，兒子立刻被送往醫院。到了醫院，外科醫師看了一眼便說：「我沒辦法為這位病患操刀。這是我兒子。」這個情況要怎麼解釋？

研究人員向波士頓大學（Boston University）的一百九十七位學生提出這個問題，其中還有不少人自稱是女性主義者。只有百分之十四的學生回答出外科醫師是男孩的母親，其餘學生都猜醫師可能是繼父，或是男孩的家長是一對男同志，而醫師是他的另一個爸爸。就連媽媽本身就是醫生的女性受訪者，都很少猜測謎題中的醫師是男孩的母親。

研究人員又向受訪者出了同一道謎題，只是換了一個版本：母親在車禍中去世，女兒送往醫院後，護士說：「我不能照顧這位病患，因為她是我女兒。」調查結果幾乎一模一樣，很少人猜護士就是病患的父親。

研究人員也讓七至十七歲的孩子來解這道謎題，百分之十五的人猜外科醫師是男孩的母親，剩下的人則提供了其他充滿創意的回答，例如外科醫師可能是機器人或鬼，甚至有些人覺得經手車禍意外的人員一定是搞錯了，其實那位父親沒死。

「男性當醫師，女性當護士」的這種觀念，源於我們的性別基模（gender schema）。我們借助綜合歸納的方式，來解釋這個複雜的世界現象，而所謂的基模就是捷徑，透過將事物分門別類，幫助我們更快速且有效率地認識世界。這類基模都是在我們還小時就已形成，日後即使出現與之相反的證據，我們通常還是會堅持原本的觀點。

因此，表面上你知道女人可以當醫師、男性也可以當護士，但是仍有可能受到從前建立起的基模影響，而在潛意識中帶有性別偏見。

哈佛研究人員近期在探究隱晦聯想的研究中，檢驗性別刻板印象有多麼深植於我們的觀念。研究人員告訴受試者，強納森是護士，伊麗莎白是醫生，然後展示兩個單字，請受試者在兩個字有關聯時按下按鈕。

受試者看到「伊麗莎白」和「醫生」時，按按鈕的速度慢了很多。題目設定為伊麗莎白是護士、強納森是醫生時，他們聯想兩個字的時候就快了很多。研究人員總結，無論受試者接收到的資訊是什麼，他們仍會下意識地將強納森當成醫生，而認為伊麗莎白是護士。

除此之外，還有多項研究顯示我們鮮少將女性視為領導者。事實上，不斷有研究指出，無論男女，收到畫出領導者的指令時，幾乎清一色都是畫出男性。

這類根深柢固的刻板印象，極有可能限制了我們的潛能發揮。有多少女孩因為沒有想過可以選擇當醫師而成為護理師？有多少女孩認為老闆應該是男人，所以決定擔任接待員？

如果有人告訴你，你可以當消防員、建築工人或太空人，你真的會相信自己有能力做到嗎？你原有的性別基模可能使你有點懷疑，女性是否眞能勝任這些工作。

我寫書時訪談過的一位女性安柏，是在猶他州成長的摩門教徒。她從小被灌輸的概念，就是女性的天職是當個母親、照顧家庭。

她說爸媽鼓勵她讀大學，目的並不在於接受教育，而是希望她能認識未來的丈夫。他們從來不要求她當個「事業女強人」。她在大學期間認識了後來的丈夫，並在一拿到學士學位後就結婚。他們擁有三個孩子，而安柏在家當全職媽媽。

後來丈夫開始質疑他們的宗教信仰，安柏也對自身宗教與信仰面向多所深思。她說，自己做的很多事情感覺都像是表面工夫，所以她跟丈夫決定放下原本的摩門信仰。

不過，她說丈夫在兩人離開教會之後，行爲和期望依然維持不變，他還是希望她當個順從的副手。安柏則是希望能多爲自己著想，只是不確定該如何取得自主權。

她也缺乏自信，那使她犯了一些錯誤，例如發展婚外情，因爲她曾幻想男人能給她帶來自信。只是事實證明並非如此。不過，她確實找到了獨立自主的勇氣，並且選擇與丈夫離婚。

她繼續進修，在取得教育碩士學位後成爲教師，那時才頭一次感受到她是爲自己而活。

她說：「之前是由我前夫負責所有財務。我連我們共同帳戶的網路銀行密碼都不曉得，也不知道如何支付房貸或車貸。」如今，她靠著自己的力量學會了這些事，愈來愈有把握能持續進步。

她說她的目標是教導自己的孩子和學生，他們在面對長大後的人生時有很多選擇。她說女兒以前經常對她說：「我長大之後要當一個母親。」她都這麼回答：「那很好啊，但你想從事什麼行業？」這可是她小時候從沒有機會聽到的話。

女性對批評比較敏感

沒有人想聽到：「你走音了。」或是：「你的動作沒有其他員工快喔。」這些話都很傷人。一不小心，批評的話語可能會讓你偏離正軌，因爲聽到的話，就覺得自己是糟糕的歌手或差勁的員工。其實相較之下，女性更有可能受那些話語影響，而無法發揮最佳實力。

有間叫作 PsychTests 的公司建立了「對批評的敏感度」測驗，對三千六百位受試者施測，並總結出女性較容易將批評視爲對人不對事的論點。此外，他們也發現女性比較容易因爲事情沒做好而自責。

相對地，男性則比較容易認定批評者的觀點不正確，並更可能會與對方爭論。儘管這兩種應對方式各有利弊，但是將批評過度解讀成人身攻擊，一定會對你的表現和選擇造成負面影響。

面對同樣的批評，男性可能會認爲：「那些主管根本不知道自己在想什麼。」女性則會覺得：「這份工作我做得眞爛。」

德州大學奧斯汀分校和南密西西比大學（University of Southern Mississippi）二〇一四年聯合進行一項研究，發現女性面對批評和拒絕的反應機制相同，但是男性對批評和拒絕的反應則個別獨立。

研究人員發現，男女遇到正向面子[1]在社群媒體上受到批評（也就是可能威脅到個人自我認同的事件）時，回應方式有所不同。他們告訴受試者要測試一個專供大學生使用的社群交流網站，然後要求他們加入特定社團，例如動物愛好者社團或蘋果產品愛好者社團。

他們的入社申請可能會被拒絕，並收到像這樣的回覆：「我們不希望你加入社團。」也有可能獲准入社，但是收到這種批評：「沒有什麼意思啦，但我們看了你的個人資料後直接大笑。」

受試者被拒絕或批評之後，可以選擇回贈一份虛擬禮物：笑臉表情或正在倒數的定時炸彈。男性遭拒時送出的炸彈比受批評時還多，但是女性對於拒絕和批評的反應則相差無幾。即使她們已經獲准入社，受到批評時的反應方式也與入社申請遭拒一樣。

這項研究證實了一個有趣的論點：如果女性認為批評等於拒絕，那麼所有類型的回饋都可能大大限制她們的潛力。女性可能無法忽略無益的批評，或從負面回饋中學習成長，而是將他人的評價視為拒絕而選擇放棄。

批評只是別人的意見，不見得是事實。傾聽別人的意見，可以獲得有助於成長進步的寶貴資訊，但是對於負面回饋照單全收，也可能使你停滯不前。

假設你提供產品（如部落格貼文）或服務（如爲人剪髮），不可能每個人都欣賞你的成品，甚至會有人對他們多麼討厭你的產品或服務大發議論，尤其是在心得評論網站或網路上的留言欄位，這種言論屢見不鮮。不過，這並不表示你做得很糟，只是碰巧有人不喜歡而已。

偶有男性會濫用權勢

「我才不會讓任何人妨礙我的發展。」這種話說起來很容易，不過實際情況可能相當複雜。我們在媒體上可以看到無數實例，男性濫用權勢導致女性感到無力而退縮。我們可以來看看海瑟．葛拉罕（Heather Graham）在好萊塢闖蕩的經歷。

她在一篇《綜藝》雜誌（*Variety*）的報導中表示，她曾去見哈維．溫斯坦（Harvey Weinstein），商談合作演出機會。溫斯坦直接表明已經跟太太達成協議，他可以在她出城時任意與別人上床。葛拉罕說：「他並沒有挑明要演他的電影就要陪他過夜，但其意圖不言而喻。」

---

1 譯註：社會學家高夫曼（Erving Goffman）於一九六七年提出的面子（face）理論中，將面子定義為一個人在交流互動時希望展現的自我價值與個人形象。後來一九八七年，布朗（Penelope Brown）與李文森（Stephen C. Levinson）又提出面子分為正向面子（positive face）以及負向面子（negative face），其中正向面子是指希望受到認同、欣賞或喜愛的形象，而負向面子則是希望自己行為不受妨礙或強迫的念頭。

葛拉罕原本與溫斯坦安排了另一場會面，地點是在他入住的飯店房間。原本要陪她去的朋友臨時到不了，她得知後立刻通知要取消會面。溫斯坦告訴她，她的朋友已經在他飯店房間了，他們兩個都在等她來，不過葛拉罕知道他是在騙人，所以拒絕赴約。

葛拉罕說，她從那之後再也沒去找過溫斯坦，而她也從未獲選演出他的任何一部電影。

如今，溫斯坦對其他女性使出同樣招數的行徑人盡皆知。他用性作為交換，提供工作機會給許多女性。換作是你，要怎麼避免讓那樣的事阻礙你的前程？

令人難過的是，不少女性都認為就當下情況而言，要有所發展——甚或只是維持現有的地位——就必須犧牲道德觀念，或做出違反個人意願的事情。

如果你曾屈服於濫用權力的人，無論是家庭暴力還是職場問題，當下可能都是迫於無奈。這並不表示你軟弱無能，而是說明我們需要改變這個社會，杜絕男性濫用權力的現象。

問題所在

諷刺的是，瑪夏覺得成為「平凡的人」，是讓別人限制了她的潛能。她說：「我不想單純為了多買點東西而去找全職工作。我又不是物質主義者。」可是到了某天，她突然意識到活成「自由不羈的靈魂」，才是真正地讓父母的期許限制了她的潛能發揮。

她在一次治療面談時聊到：「有時我會夢想自己住在一間小巧的屋子裡，屋外有白色矮籬笆，兩個孩子在院子裡玩耍。然後，我突然驚覺這人不是我，這一切也不是我想要的。」可是過了一會兒，她又對自己承認，房子和籬笆的那個場景確實是她所憧憬的，只是不符合她一直極力維護的個人形象。

充分發揮潛力不見得是要你賺得更多、爬得更高或擁有更多成就，也可能是放棄升遷機會，好多花點時間陪孩子，也可能是接受收入較低的職位，但是工作項目更有成就感。只有你知道自己是否充分發揮了潛能，可是只要一不留神，就很容易讓別人拖累了你的發展。

挫折會使女性放棄嘗試

大學畢業之後，我向兩間研究所提出入學申請。我的第一志願拒絕我的申請。讀著「可惜，您……」的通知信，那種感覺糟透了。我屏息等待第二封結果通知時，不禁懷疑自己到底是不是塊研究生的料。幸運的是第二間學校錄取了我。

當時，我因爲那份不錄取通知非常沮喪，可是經過幾年，也已經逐漸淡忘。去年，我出席活動發表演說，有位觀眾在活動後找上了我，對我說：「我們大學的推薦書單裡有你的書耶。」我問她就讀哪間學校，她說出當初沒有錄取我的那間學校。我花了一點時間才明白過來，當年認爲我沒有資格繳費就學的大學，現在竟然推薦他們的學生讀我的書！

我很慶幸當初同時申請了兩間研究所。否則，連我都說不準會不會在收到不錄取通知之後，還有動力申請另一間學校。要是我那時放棄攻讀研究所，後來又會如何？

多項研究顯示，多數女性被拒絕後會選擇打退堂鼓。英國有一項針對逾萬名資深高階主管進行的研究，發現女性如果求職未獲錄取，應徵類似職位的可能性就會下降。男性未錄取後也會避免應徵，但是女性受此影響的程度比男性高一點五倍。

女性在發展事業之初，野心抱負並不亞於男性，不過熱忱卻會隨著時間逐漸消退。其中牽涉的原因有很多，結婚、生子、單純年紀增長都可能動搖她們的目標，但遭拒後放棄可能也是其中一個原因。

一般而言，最終成功的員工都曾面臨任務成果被打回票、升遷屢遭拒絕，只是他們並沒有在失望或遭拒後半途而廢。因爲被拒絕而放棄，就是放任別人限制你的潛能發揮。有人認爲你技術或天分不足，並不表示你眞的沒能力，也不等於你無法自我精進。

批評通常反映的是批評者本身

我曾有位個案是由暴力又酗酒的父親撫養成人。她從小就被爸爸灌輸她是個沒用的賠錢貨，未來絕對一事無成。成年後這些字句依然迴盪在她的腦海裡揮之不去。她說：「我走進求職面試間的時候，都還可以聽到我爸在說：『你未來絕對一事無成。』我去約會時，也會想起他說：『根本沒有人會喜歡你。』」

我問她認爲父親對他自己有什麼看法。我們合作列出了一份清單，裡面是她想到可以描述父親自尊程度的字詞和敘述，然後我從頭到尾讀了一次她的描述：「他恨自己。他知道自己是差勁的父親。他覺得自己沒用。他覺得自己一事無成……」

她用來描述父親的那些字，幾乎與爸爸對她說的話如出一轍。這個練習幫助她了解父親這麼多年來批評的對象根本不是她，而是他自己。

這或許不是什麼驚人結論：暴力傾向者恣意發洩情緒，就是因爲對自己不滿。然而確實也有相關證據表明，許多批評言論可能是批評者自省的結果，而非反映被批評者的情況。

威克森林大學（Wake Forest University）於二〇一〇年提出的研究驗證了這個理論。他們請大學生來評估自己的朋友、同棟宿舍的學生，或是兄弟會、姊妹會內的其他人，然後發現人們提出的負面評價，反映出的其實是自己不悅、易怒或神經質的程度。

研究人員在一年後又對評論者進行後續追蹤，發現並沒有什麼改變；評論者對他人的觀點，與他們對自己的看法一樣維持高度穩定。

所以說相信別人對你的評論是很危險的。在網路上罵你是天生輸家的陌生人，其實覺得自己一無是處；嫌你溝通表達能力很差的同事，其實是認爲從來沒有人願意傾聽她的意見。這些評論可能與你完全無關，也無關乎其他人對你的觀點。

如何改變做法

瑪夏必須拓展思維，才能使人生有更多可能。她可以認爲自己擁有「自由不羈的靈魂」，但同時採行某些較爲傳統的生活方式，只是她擔心拋開那些她獨有的特質後，別人會有意見。她後來決定如果遇到有人提出質疑，就簡單回答：「每個人都會成長和改變，而這是最適合我人生現階段的決定。」她也提醒自己，未來隨時都可以改變心意。

她可以選擇住在農場，讓孩子在家自學，或者開著露營車遊覽全美各地。她告訴自己，沒有必要永遠全職上班、住在同一間房子，心裡因此踏實了不少。

你沒辦法讓時間倒流去改變以前的選擇。如果你曾因別人而放棄了某些夢想，現在或許已經來不及回頭追夢，但是請相信自己有能力創造理想中的生活，並帶著這股自信邁向未來。

想想你曾受的限制

我曾遇過一位個案，她是創業家，因爲高額收入而有罪惡感。她說：「我終於實現了夢想，但這一切似乎不如我想像的美好。」於是我們合作探究她的金錢觀及其來源。

她成長在一個勤勞奮鬥的中產家庭。大約七歲時的某天，她意外在商店裡聽到有個女人在談論自己買的樂透彩券。她問爸爸，爲什麼他們家從來不買彩券，爸爸說：「我從不買樂透，因為怕會中獎。金錢使人墮落。」這句話逐漸形成了一條核心信念：金錢不是好東西。而這件微不足道的事情，卻對她的一生造成了莫大影響。

她覺得收入高於生活所需是件自私的事情，擔心財富會使她墮落，另一方面，又對自己不享受財富而自責，因為她知道有很多為了生存而奮鬥的人會很樂意擁有「過多的財富」。她說：「好像不管怎麼樣，我都開心不起來。」

你兒時對於自己、他人和世界的認知，會塑造出成年之後的你。但是你也不必回到過去「重塑內在小孩」，實際的做法是思考你從小學習的道理，是否影響了你看待自己的方式以及個人能力的發揮。

以下列舉幾個例子：

情境一：女孩在社區泳池邊，無意間聽到一個陌生人說：「哇，看看那孩子的腳。她以後一定是個高大壯碩的女孩子。」

自我設限的信念：女孩長大的過程中一直覺得自己骨架很大。她都穿寬大的衣服，並刻意避開啦啦隊之類的活動，因為她覺得自己很胖。她的身體意象方面的問題一直持續到長大成年。

情境二：女孩告訴媽媽，她想在學校的職涯認識活動日那天，打扮成老師的樣子。媽媽回答她：「像我們這樣的人是找不到好工作的。你必須上大學才能當老師，而我們沒有錢讓你讀大學。」

自我設限的信念：女孩認定自己永遠沒辦法讀大學，所以學校課業對她來說變得不那麼重要了。她覺得這輩子註定只能做低薪的工作，所以根本懶得花心思申請就讀大學。

情境三：十幾歲的學生在交出英文作文前，請爸爸幫她檢查。他讀完之後開玩笑地說：「幸好你長得很漂亮，親愛的，因爲絕對不會有人因爲你的腦袋而娶你。」

自我設限的信念：她認爲自己不夠聰明，而且相信男生只會喜歡她的外在。她跟男生相處時偶爾會故意裝傻，希望用「天然呆正妹」的形象吸引更多人的目光。成年後，她動情交往過的男人卻沒有一個眞正適合她，因爲她的戀情都是靠著膚淺的事物發展出來的。

譴責當年誤導你的人並沒有幫助，但是找出信念與來源之間的連結，能讓你更深入了解自己是如何受到他人影響。有沒有人對你下過評論，使你產生特定信念，甚至限制了你發揮潛能？

留意你內心的自我對話

姑且不論你那些限制自身潛能的信念如何形成，你的自我對話才是眞正加強或否定那些信念的關鍵。不過你可能未曾注意過自己的思維模式。也對，誰會去思考「思考」這件事呢？開始留意你的自我對話。你甚至可以寫個思維日記，認眞地記錄你的內心想法。到時候你或許就會注意到一些明顯的思維模式。

如果要改變你的想法，第一步就是找出不健康的思維模式。心理學家將不當及非理性的想法稱爲認知扭曲（cognitive distortion）。認知扭曲類型多元，以下列出最有可能導致潛能受限的思維錯誤：

1. 非黑即白

我們有時會認定自己擅長或拙於特定的事物，例如：「我對數學很不在行。」或是：「我眞的很不會與人溝通。」實際上，你不可能在某件事情的表現上達到絕對的完美或徹底的失敗；你的技能、天賦和能力都是介於兩個極端之間，只是程度高低不一。

2. 以偏概全

以偏概全是將單一事例套用在更廣泛的層面。你可能因爲一次交易失敗，就認定：「我是個差勁的銷售員。」或者因爲受到某個家人的無禮對待，就覺得：「家裡每個人都對我很糟。」

3. 無視正面資訊

我們很容易沉溺於負面事物，而忽略了正面資訊。你可能因爲犯了一個錯，就宣稱這次求職面試「慘不忍睹」，或是因爲一位主管給了你負面的評語，而認定公司裡所有主管都討厭你。

4. 揣測他人心思

你不可能了解其他人眞正的想法，但是你可能會有類似這樣的揣測：「她覺得我很笨。」或是：「他從沒喜歡過我。」這類論述都是猜測而已。自認了解他人的想法，會影響你的人際關係和所做的選擇。

5. 過度悲觀

空想最糟的情況及誇大不幸的遭遇，可能會使你放棄採取積極正向的行動。「如果男友發現我的過去，就會離開我。我再也找不到其他愛我的人了。」這種想法可能害你竭盡全力隱瞞過去的經歷，反而不會用心經營健康的關係。

6. 預測未來

未來會發生什麼事很難說，但是你可能會浪費很多時間預測未來。「我簡報的時候，一定會出糗。」或是：「我肯定會毀了孩子的一生。」這類的自我對話並沒有任何益處，甚至有可能變成自證預言。

7. 對號入座

大家都知道地球不是繞著自己轉，卻經常在看待事物時，將自己牽扯其中。遇到朋友沒有回電就覺得：「她一定是在生我的氣。」發現同事情緒暴躁時，便認定：「他討厭我。」認為他人的選擇或多或少與自己有關，會影響到你的行為。

察覺到自己的認知扭曲，有助於更實事求是地進行思考，而合乎實際的思考方式能讓你就算面對意圖影響你的人時，依然充分發揮潛能、展露最佳表現。

發現自己過度悲觀時，提醒自己：「好，是我想得太嚴重了，這樣沒有幫助。情況應該不會跟我想的一樣糟。」你會發現你的想法不見得是事實。意識到自己揣測別人心思時，可以對自己說，這些想法只是猜測，可能根本不正確。利用這些方式讓自己恢復沉著，更務實地看待情況。

即使無人支持，依然勇往直前

夏奇拉（Shakira）還小的時候，音樂老師說以她的歌唱程度，不能參加學校合唱團，同學也都笑她是破鑼嗓。可是她並沒有因此停止歌唱。

她在一九九〇年代初發行第一張唱片，但是市場接受度不高。她繼續精進自己的歌聲，也沒有放棄唱歌，後來努力終於有了收穫。二〇〇〇年到二〇〇九年的二十大金曲排行榜中，有四首是夏奇拉的作品，可以說是傲視眾歌手的成績。如今她總共奪下五座MTV音樂錄影帶大獎、三座葛萊美獎，曾獲得金球獎提名，唱片全球銷量突破一億兩千五百萬張，在好萊塢星光大道上也有她的星形獎章。就一個曾被嘲笑破鑼嗓的人來說，能有這番成績實在了不起。

她簡直就是受到萬般阻礙依然不放棄的楷模。可是這並不是要告誡你千萬別傾聽他人的意見。

如果每個人都說你五音不全，而你卻一概忽略，可能就會形成所謂的「《美國偶像》效應」（*American Idol* Effect）。這個節目之所以廣為人知，是因為捧紅了眾多想成為美國最佳歌手的年輕人。雖然有很多人確實才華洋溢，但是也有一些似乎完全沒有意識到自己毫無所長。這種自我認知不足的情況大概不會為你帶來什麼好處（不過確實有個例外，他叫孔慶翔〔William Hung〕。他的表演荒腔走板到了極點，反而使他短暫贏得一批追隨者的支持）。

研究顯示，我們通常會嚴重錯估自己的創造力。我們對個人能力的評價，會與專業人士或評論家的意見明顯不同。你不一定要聽信所有建言，但是最好觀察一下有沒有普遍共通的意見。

最重要的是，你不必因爲他人的批評而改變自己的行爲。即使自認懷才不遇，或有其他人說你永遠不會成功，你依然可以選擇繼續嘗試。努力不懈，別讓一人之見限制了你的潛能。

劃清界線來回應無用的批評

泡泡音（vocal fry）是指類似破音的粗糙低音，通常出現在句尾，而且經常被稱爲是女性發音的特色（金·卡黛珊〔Kim Kardashian〕便以此聞名）。不過研究顯示，男性使用泡泡音的頻率其實與女性相同，但是女性因此受到批評的機率卻高出許多。事實上，女性的聲音普遍都比男性容易遭受批評。

有個名爲《隱形九九》（*99% Invisible*）的數位廣播節目收到無數聽眾來函，抱怨女記者的說話聲音。他們索性建立一個專用信件匣，會自動回覆所有來信抱怨的信件。信件內容是這樣的：

「您好，您的來信表示不欣賞敝節目中某位女記者說話的聲音，其實您不是唯一抱怨的聽眾。而我們設定了系統篩選條件，自動將這類電子郵件傳送至標爲『毫不重要』的信件匣。至於我們什麼時候會查看這個信件匣？老實說，永遠不會。神奇的是，我們並沒有設置信件匣來收集抱怨節目中男性語音的信件，因爲從來沒有出現過這種信。這不是很奇怪嗎？至少我們是這麼想的啦。總之，希望您會繼續支持我們免費提供的節目內容。如果您不想繼續收聽，也還有很多節目是根本沒有女性發言的喔。」

他們不浪費時間與抱怨的聽眾爭論，也不試圖解釋爲什麼選擇邀請女性上他們的節目，而是設定了自動回覆，表達他們根本懶得應付這類問題。

大家似乎太常理所當然地認爲，只要你沒有出言反抗，就是好欺負或是默許他人任意霸凌。可是有時候，保持沉默（或如前述的自動回覆）其實更爲鏗鏘有力。拒絕耗費時間心力去爭論並徹底忽視對方，或許能讓你更有效地利用資源。

你不一定要建立自動回覆抱怨信的資料夾，改善狀況的關鍵是在於過濾掉毫無助益的事物。你耗費愈多時間試圖改變他人抑或證明自己的價值，能夠專注朝著目標奮鬥的時間就愈少。

要無視陌生人所做出的批評和負面建議很容易，不過那類觀點如果是來自朋友、同事或家人，你就需要設下一些明確的界線。幾個值得一試的方法如下：

- **表達受傷的感覺。**如果親近的人擔心你可能會不堪負荷而崩潰，或覺得你追尋的是不切實際的夢想，請主動表明那些話聽起來很刺耳。你可以說：「聽你這樣講，我很難過。」除此之外，不必多作爭論或解釋。
- **對他人的意見表達認可。**無論是婆婆批評你的育兒理念，還是表姊說你應該改變飲食習慣，你都可以試著回應：「聽起來不錯。我會考慮看看那個建議適不適合我。」這樣可以很明確地表達生活中並沒有一體適用的解決辦法。

- **表明你不感興趣。**如果有人批評你該改採其他辦法，但你並不欣賞這類建議，不妨直說：「其實我暫時不打算參考別人的意見。」

日常應對：事業

史丹佛研究人員發現，女性在工作上經常獲得模糊的回饋意見，這可能會對她們的事業造成負面影響。雪莉・科羅（Shelley Correll）和卡洛琳・希瑪德（Caroline Simard）在二〇一六年發表於《哈佛商業評論》（*Harvard Business Review*）的文章指出，她們與一間大型科技公司合作，分析了超過兩百篇績效考核內容，發現女性考核較常含有「你這一年來表現得很好」之類的評語，而男性的績效考核則會明確點出表現優異的事例。

關於女性受考核者可以如何提升表現的意見也說明不清，常有這種評語：「她說話的風格和方式可能有時會使某些人覺得反感。」對男性受考核者改善工作表現的評語則比較直截了當，例如：「你需要加強對某某領域的知識。等你了解之後，就能參與會影響顧客端的設計決策。」

「你做得很好」或是「你應該表達得清楚一點」這類模糊籠統的評語，顯然沒有實質的幫助，而且可能會使你感到沮喪氣餒。

雖然告訴主管如何表達得更清楚（這說來也很諷刺，對吧？）並不是你的職責，但你還是可以提出一些具體問題，釐清可以改進的情況，並要求提供實例，或可以採取的明確做法。

目標並不在於迴避所有批評的聲音。批評雖然不中聽，但是仍然可能是協助你進步的關鍵，而上司正是能告訴你如何提升工作表現的重要人物。

日常應對：家庭

原生家庭對於你能否發揮潛力具有多重影響。正如先前所述，父母會塑造出你的部分核心信念。但是談到家人時，還有一個令人玩味的現象：他們對你的看法在你兒時就已成形，而且要破除他們的期望可能相當困難。

不只是爸媽會一直保持從前看待你的觀點，哥哥、姊姊可能也依然說你是「家裡的寶貝」，並按照相同的方式對待你，阿姨還是用你兒時可笑的小名稱呼你，奶奶依舊每一次見到你就提起你十歲時的糗事。

無論你多年來成長、改變了多少，家人看待你的方式似乎不曾更動。即使你已經生了三個孩子，你媽媽可能還是會告訴你，該怎麼做才能讓寶寶一覺到天亮。又或者，你的年收入高達美金六位數，爺爺卻因為你剛買新車而罵你浪費錢。

被對你一生瞭若指掌的人環繞著，想要單純地做自己可能更難了。你或許曾不經意地對陌生人傾吐心事，例如飛機鄰座的旅客或剛認識的髮型設計師，那是因為對方對你並沒有任何先入為主的看法。他們不知道你小時候因為數學不好而被霸凌過，也不知道你到了二十二歲還尿床。陌生人並不會期待你扮演好特定的角色，或是具備某些特質。

所以，請想想家人的期望對你的潛能發揮造成了什麼影響，這點很重要。你會為了滿足他們的期望而委曲求全嗎？還是即使「成年的你」與「他們心目中的你」出現了落差，你也能夠堅持做自己？

日常應對：社交

我曾遇過一位年輕個案，背負著沉重的大學學貸，為了及早償清貸款，決定週末再兼一份工。但是她的朋友非但不支持她，還說她瘋了。有幾個朋友告訴她，工作那麼久會過勞死，也有人說她兼差打工，只是在浪費自己人生最精華的時光，甚至有個朋友直接表示：「沒有人會在臨死前，懊悔當初應該更努力上班的。」

但是她是真的充滿了動力，希望盡快還完學貸。她其實很喜歡週末的那份打工，而且十分期待自己卸下債務。她不明白為什麼朋友都不替她感到開心。

可惜並不是每個人都希望你人生一帆風順。即使是所謂的朋友和家人，都可能說服你放棄發展。可能的原因有很多，其中一種就是你的表現也許會威脅到他們——要是你發展得比他們好怎麼辦？也可能是他們擔心你的成就會凸顯出他們有多失敗。

還有一種可能，是他們真的擔心你的生活。他們在提出警告或試著說服你回心轉意時，確實是用心良苦。所以請務必謹慎思考他們的意見，但沒有義務事事順著他們的意思。設下合理的底線，避免他們拖累你的發展。

拒絕受制於他人使你更堅強

房地產大亨芭芭拉．科爾科蘭（Barbara Corcoran）受到許多女性批評，因為她承認自己拉高裙襬是為了在會議中吸引目光。她一直鼓勵其他女性比照辦理，同時也倡導女性善用各種無形的特質。

她證明了一點：不必讓別人的否定使你停滯不前。對她來說，不顧他人阻撓依然爭取達成目標，已經成了家常便飯。

二〇〇八年，她受邀擔任ＡＢＣ電視台《創智贏家》節目中的企業家評審，那可是大家都相當覬覦的登台機會。不過她簽署合作合約後不久，就接到製作人來電說他們改變心意了，決定請另一位女性來取代她。

芭芭拉並沒有垂頭喪氣地離開，反而採取對策，寫了一封電子郵件給節目製作人馬克・布奈特（Mark Burnett）。但是她並未聚焦於奪回那份工作，而是要求給她一個機會證明自己。她也沒有抱怨連連或上演苦肉計，只是描述自己有能力重整旗鼓、克服困難，然後列舉理由說明自己才是最佳人選。

她在信件中提出三項理由，向他闡述為什麼應該邀請她和那位後來選定的女性一起參與試鏡：

1. 就算已經沒有退路，我也會竭盡全力背水一戰。
2. 您可將兩位女性都邀到洛杉磯，安排兩人輪番登台小試，稍微綜合比較一下，看看什麼樣的人格特質最適合貴節目。
3. 最後一點，我從一開始就知道那個企業家評審的角色完全就是為了我而創的。

芭芭拉接著說，她已經訂了飛往洛杉磯的機票，希望能夠參加試鏡。

她寫的這封信奏效了。他們給了她機會證明自己，而她也順利錄取了，後來還成爲觀眾最喜愛的其中一位固定班底。

乞求機會讓你顯得飢不擇食，但是表達希望有機會證明自己卻能展現自信。如果要你打電話給曾拒絕錄取你或拒絕與你約會的人，你理所當然會有點猶豫，不過人生中或許有些時刻値得你勇敢表達：「雖然你現在對我沒信心，我還是希望能有機會向你證明我對這份工作很有熱忱。」

在人生中，要找到人與你同一陣線並相互支持很重要。不過並不是所有人都會支持你，那也沒關係。你可以選擇在有人試圖妨礙你時，奮力一搏以展現個人潛力。

解惑及常見陷阱

得知有人對你表示質疑或認爲你無法達成目標，你可能會防衛意識突然高漲而產生排斥心態；但還是有些人提出的資訊可供參考，所以請抱持開放的心態，至少要傾聽他人表達顧慮的原因。

另外，也要了解並非所有人都是刻意爲你的人生加諸限制。一旦認定全世界都與你爲敵，不僅對你造成影響，也對他人沒有好處。有人可能單純是想表達意見來解釋你不適合，或是提供協助你更加精進的建議。

另一種常見陷阱是在你不需要他人認可時，依然試圖證明對方錯了。光是嘴上說「我會證明給他們看的」，或許能使你充滿力量，但是那樣的力量轉瞬即逝，反而使你忽略了眞正重要的目標。你並不需要向爸媽證明自己比他們想像的更優秀，也不必向交往多年的男友證明你比他承認的聰明得多。其實，無論你有多麼成功優秀，可能都無法獲得他們的認可。所以請記得，最重要的是爲了自己而努力，別試著提升在他人眼中的地位。

另外，也別責怪任何人拖累了你。由你創造的生活型態，主控權在你自己手上。即使別人曾經傷害你，你依然有能力走出陰霾並創造美好生活。

實用技巧

- 檢視你視為理所當然但會限制自我的信念。
- 找出思維錯誤。
- 無視他人的質疑，努力朝自己的目標前進。
- 明確劃清界線。
- 尋求實際的意見回饋。

當心陷阱

- 面臨挫折就果斷放棄。
- 為了別人幫你貼上的標籤而活。
- 陷入不健康的思維模式。
- 因為別人的質疑而打消嘗試的念頭。
- 任憑無用的建議阻礙你的發展。

10 不在進展不順時怪罪自己

別對自己太嚴厲，畢竟想這麼對你的人多的是呢。

——作家蘇珊・葛爾（Susan Gale）

艾琳的弟弟三年前死於藥物過量，但隨著時間過去，她的悲痛反而愈來愈強烈。她走進我辦公室說：「每過一天，我就覺得自己又離與弟弟相處的日子更遠了一點。我不知道自己還能撐多久。」

艾琳和弟弟成長在父慈母愛的美滿家庭。艾琳的青春期幾乎都在運動場上跑跳，但她弟弟卻在青春期時有些迷失。艾琳解釋：「他開始跟一群不太正經的人廝混，有幾個他稱之爲朋友的傢伙帶他進入用藥的圈子。」

艾琳還沒離家讀大學，弟弟就已經會濫用止痛藥，而且開始嘗試藥效更猛烈、更容易上癮的毒品。但是弟弟每次吸毒吸得輕飄飄之後回家，爸媽卻視而不見，彷彿沒有勇氣承認自己眼皮子底下發生的事情。

大一上學期中，艾琳接到爸爸的電話，要她立刻回家。她的弟弟因藥物過量離開了人世。艾琳返家陪伴家人。她原本決心在喪禮後回到學校上課，可惜遲遲未能如願。她說：「我全心全意投入校園的一切，享受與朋友相處的時間和自己的獨立生活，所以已經好幾個月沒跟弟弟說話了。我現在想起來眞的很自責。也許我早該勸勸他的。我當時明明知道他已誤入歧途，卻默不作聲。」

艾琳感到悲傷而無法自拔的原因相當顯而易見——弟弟藥物過量的事情使她自責不已，她認爲自己當初應該能夠阻止他步上自我毀滅一途。

艾琳的情況與很多面臨家人成癮問題的人一樣，她的療程重點在於消除自責。她必須了解並不是自己導致弟弟藥物成癮；面對弟弟的藥癮，她既無法掌控，也沒有能力治癒。她說：「我很難過，我弟弟未能擺脫藥物，創造屬於自己的人生。他原本有能力實現一切理想，可惜被藥物左右，踏上了不歸路。」

艾琳花了很長一段時間才接受自己不必爲弟弟的選擇負責，並了解他不可能因爲她的規勸而擺脫藥物。她必須放下喪弟後遲遲無法釋懷的一切憤怒、愧疚和自責。

療癒她創傷的一大要務，是更深入認識成癮症；她開始了解，面對不斷濫用藥物的弟弟時選擇逃避，正是她應對他成癮的方式，而那其實是一種健康的處理方式。

開始以不同的方式看待成癮問題後，她的自責稍微化解了，也總算能夠好好面對心中的悲傷，並朝著療癒創傷邁進。

你會過度怪罪自己嗎？

爲個人行爲負起責任非常重要，所以做錯事時會有罪惡感是健康的反應。但是過度自責就會變成問題。以下幾項敘述像在說你嗎？

- □別人對我不好時，我會覺得自己活該，或者那是自己造成的。
- □別人會告訴我不該那麼常道歉。
- □事情進展不順利時，我總是覺得問題出在自己身上。
- □我所屬的團隊面臨損失或挫敗時，我會認定是我搞砸了。
- □萬一發生了不好的事，我會檢討自己是不是沒有採取應有的防範措施。
- □我很難對自己仁慈，因爲我覺得自己不値得受到溫柔的對待。
- □周遭的人不開心或不自在時，我覺得自己應該對他們的感受負起責任。

□我幾乎時時刻刻都深感愧疚。
□我犯錯的時候，並不認爲自己是做錯了判斷，而是覺得自己是個糟糕的人。
□有時我會覺得自己什麼事情都做不好。

爲什麼我們會怪罪自己

艾琳認爲，只有位於民風不良地區的暴力家庭才會出現藥物成癮者。她沒辦法接受自己的弟弟明明成長於親情滿滿的中產家庭，還擁有一對能當兒女支柱的父母，竟然會淪爲海洛因的奴隸。她說：「我們的成長環境一模一樣，但是他選擇墮入毒品深淵，我卻沒有，這其中必有原因。」她能想到的唯一可能結論，就是自己沒有爲弟弟提供足夠的支持與指引。身爲姊姊的艾琳自認有責任將弟弟導回人生正途。由於他並未做出正確的選擇，艾琳便認爲是自己失職。

她說：「身爲女人，我覺得自己理應具備培育與照顧他人的能力，並且善於溝通。可是我不但沒有在弟弟需要時給予關懷，反而背棄了他。連我愛的人在最需要我的時刻，我都不能伸出援手，我要怎麼當個好妻子或好母親？」

艾琳必須理解弟弟的死並不是她的錯。但是在那之前，她必須先改變想法，體認到再怎麼善良、與家人相親相愛的人，都還是可能染上藥癮，而且她也沒有義務挽救弟弟的人生。不管她有多麼愛他，都不可能靠著勸說就讓他擺脫藥物濫用的問題。

你或許不會因親友的離世而自責，但應該想過自己不夠努力或不夠優秀。你可能責怪自己沒能挽救你的婚姻，責怪自己沒辦法在家照顧年邁的爸媽，或是自認該爲孩子的病情負起責任。無論讓你內疚的是什麼事，有過這種感受的絕不會只有你。

社會教導男孩歸咎他人，要求女孩責怪自己

很多女孩長大的過程中都聽過：「別惹你哥哥弟弟生氣！」類似這樣的論點深植於女孩的心中，讓她們覺得自己似乎要對男孩的行爲負起責任。如果哥哥弟弟打了你，那也是因爲你激怒了他，是你的錯。

對某些孩子而言，這樣的觀念根植得更是徹底。我遇過很多女性，她們的父母有虐待傾向，但是都堅稱那些肢體暴力、性暴力或情緒暴力是孩子的錯，導致他們漸漸認爲「我眞的很糟」，只要有事情不順利就開始責怪自己。

在個人主義的文化中，個人成就的重要性勝過其他一切事物。而研究顯示，在這類文化環境中，女性感到愧疚的情況多於男性。至於講究集體主義的文化，男女出現自責的現象則相當雷同。

在二〇〇九年發表於《西班牙心理學期刊》（*Spanish Journal of Psychology*）的一篇研究中，研究人員詢問各年齡層的男女，什麼情況最常激起他們的強烈內疚感，結果發現各年齡層女性習慣性自責的比例都明顯較高。

我並不是想說女性容易自責是壞事，相反地，許多研究人員都認爲男性應該爲自己的行爲負起更多責任，也就是說男性的愧疚感過於低落。不過，適當的負責與有害身心的自我責怪大不相同。女性過度自責的其中一個原因，是源自我們傾向責怪受害者的現象。社會輿論總是譴責性侵受害者穿著過於撩人或暴露於危險處境，並且責怪面臨家暴的女性離不開暴力的另一半。

我們直到最近才開始意識到這種態度有多麼荒謬；社會大眾竟一直這麼不留情地指責受害者在不當的時間出現在不當的地點，或者斥責他們不主動擊退加害者。幸好，社群媒體上的 #MeToo 受害者自白運動讓某些人體認到了這個問題。

我們可以透過女性受媒體採訪的情況來觀察這項轉變。多年來，凡是不幸遭強暴、性侵或性騷擾的人都曾受到人身攻擊。如今依然有許多受害者因爲個人選擇而遭受質疑，不過我們已經逐漸認知到，媒體提出的許多問題仍然將錯誤的責任推給了受害者。

談話節目主持人梅根．凱利（Megyn Kelly）曾就此問題透露自身經歷。凱利在自傳《不將就》（*Settle for More*）中分享，她在福斯新聞台（Fox News）任職期間曾遭到性騷擾。她陳述自己被羅傑．艾爾斯（Roger Ailes）盯上了，他答應要提拔她，不過要以性作爲交換條件。凱利談到，新聞主播經常問她當時爲什麼不揭發那樁性騷擾事件。她表示：「我後來總算找到了理想的應對說法：『你現在還沒有資格問我這個問題。你必須先問我在公司內通報這件事是否安全，而且除非這個問題的答案是「安全」，否則你還是不能接著問第二題。』」

我們的社會喜歡在出了問題時歸咎於某個人。有人離婚，大家就討論到底是哪一方毀了那段婚姻；發生了意外事故，我們就想知道究竟是誰犯了錯。我們總想找人來擔責的想法其實有其道理，因爲知道錯誤的根源能避免重蹈覆轍。

我們發現有人受到不當對待時，如果得知是受害者破壞規矩在先，就會有種如釋重負的感覺。這個邏輯使我們能夠坦然接受某個女人的老公外遇是「因爲她是工作狂」，或是某個女人就是因爲跟同事有一腿，才會被老闆性騷擾。這個邏輯也讓我們更加堅信凡事只要循規蹈矩，就不會遇到壞事。只不過這類想法衍生的安全感通常大有問題。

有違信念的事會使你自責

明美．盧克（Akemi Look）是退役的韻律體操選手，曾經接受賴瑞．納薩爾（Larry Nassar）醫生的治療。她跟許多頂尖運動員同樣曾遭納薩爾性侵，而且因爲對此既愧疚又困惑，所以不曾告訴過任何人。

盧克在一次接受ABC新聞台《20／20》節目採訪時坦承：「我爲此自責了很多年，因爲我眞的好生氣。我曾經這麼信任這個男人。當年的我不想指控他任何事情，因爲他簡直是神一般的存在，他是我們每個人都很崇拜的醫師，我一心認定他對我非常照顧。」

想要袒護加害者並承擔加害者招致的責難，這樣的心態並不罕見。當發生的事有違你的核心信念時，你會設法解釋這種現象，以確保核心信念不被摧毀。所以，如果某人在你心目中是個了不起的人物，但卻違背了你的某些原則，你就會認定自己一定是做錯了什麼事，藉此填補其中的認知落差。

其實並不只有造成創傷的事件會導致人們自責。如果你的處境與價値觀不一致，可能也會勾起你的內疚感。例如，我們總是不斷告訴孩子：「有志者事竟成。」這句話表面上相當勵志，但是一旦細思，就會發現這個觀念相當危險。

你可能夢想要當太空人。不過根據《連線》雜誌（*Wired*）的數據，大約每六百位應徵者之中，只有一人能順利錄取美國太空總署太空人，換言之，你實現夢想的機率可能不到百分之零點一七。要是你不幸沒有獲選，再加上爸媽向來告訴你只要下定決心就能實現理想，那麼你可能得出什麼結論？你大概就會認定自己什麼都做不好，並沒有爲了目標拚盡全力，或者企圖心不夠強烈。

可是你無法順利當上太空人還有很多可能的因素：或許其他應徵者具備你所沒有的專業

知識或經驗；或是美國太空總署的用人主管相中自己的朋友來擔任駕駛太空船的人。總之，落選的理由可能與你完全無關。

不過，如果別人告訴你有志者事竟成、美夢成眞與否操之在己，你可能就會認爲自己應該對發生的所有事情負起全責。

女性的自責程度較高，並不令人訝異。社會推崇所謂「女超人」的氛圍，使女性承受著沉重的壓力，要去達成更多目標、付出更多心力。如果你無法締造出色成就、無法維持一段健康的伴侶關係，或是沒有養育出快樂幸福的孩子，可能就會覺得自己不夠努力。

問題所在

艾琳的內疚感使她的情緒無法自癒，甚至陷入嚴重憂鬱。她在某個星期的治療面談時說道：「我覺得自己現在感到痛苦是說明我在贖罪，懲罰自己沒當個好姊姊，所以沒有資格擁有快樂。」

她是在母親的堅持下才開始接受治療的。她說：「她覺得我需要接受藥物治療之類的。可是當初我弟弟就是用藥過量去世的，我沒能阻止憾事發生，爲什麼現在我卻要靠著吃藥來改善自己的人生呢？」

艾琳如果想要改善心情，必須先相信自己值得過著健康快樂的生活。可惜愧疚使她的心理、生理和經濟狀況都陷入困境。她還是跟爸媽住在一起，沒有工作，也沒有完成大學學業。從來沒有人靠著責怪自己出人頭地，而且過度自責會使你無法採取正向積極的行動。

自責有害心理健康

有位陌生的個案走進我的辦公室，開口說道：「我毀了全家人的一切。」她辭去全職工作，想要花更多時間陪伴自己年邁的雙親。她曾答應丈夫要在家中自行創業，而且可以達到與先前差不多的收入，並利用彈性工時把爸媽照顧得更好。

不過創業的過程比她想像的艱難很多，陪伴爸媽的時間也不如預期的充裕。經營事業很花時間，照顧父母也很花時間。

她一直背負著罪惡感。工作時，就自責不能陪伴家人；照顧父母時，又覺得沒有收入愧對家人。

直到那天她接到一通電話，通知她爸爸跌倒了，媽媽想扶他起來，結果也跟著跌倒了。後來是她媽媽爬到電話邊叫救護車。急診室的醫生打電話給我的個案，告訴她應該求助社工，因爲顯然她的父母「需要比目前更多的協助」。社工建議她考慮養護中心。

聽到這些話讓她覺得自己一無是處。她辭職就是希望能讓爸媽繼續住在家中，但是現在卻有專業人士告訴她不該這麼做。她覺得自己太無能，以致根本沒心思研究養護中心，而且生怕連這件事也做不好。她問：「如果我找到的地方太貴，把我的錢花光了，怎麼辦？」

她開始陷入惡性循環，自責沒辦法照顧好爸媽，事業也經營不善。愧疚感阻礙她做出益於改善現狀的決定，而她愈不能達成目標，就愈覺得沮喪。幸虧她決定開始接受心理治療，來讓自己脫離陷入膠著的處境。

過度的罪惡感向來與許多問題有關聯，包括自尊心低落、想要取悅他人、試圖規避批評，以及害怕自己被認定有權威。此外，過度罪惡感也屬於憂鬱症的症狀。不過這衍生出一個雞生蛋、蛋生雞的問題：究竟是過度的罪惡感造成心理問題？還是心理健康出了狀況才造成罪惡感過剩？學界至今無法確定，但是已知罪惡感和情緒憂鬱會互相影響；你的罪惡感愈深，心情就會愈差。

研究人員也發現自責與以下這些狀況有關：

- 羞愧
- 對自己反感
- 厭惡自己
- 飲食失調

●創傷後壓力症候群

自責還會削弱你對他人的同理心。如果你覺得自己應該承擔起生活中的各種事情，也會認為別人同樣應該負起全責。你就比較不會同情面臨困境或經濟條件不佳的人，因為你認為落得這番下場都是他們的錯，或者他們應該可以採取更好的應對方式。缺乏自我關懷也可能危及你的人際關係。

過度自責會使人麻木倦怠

因為不可控的事物（例如他人的行為，或你所參與專案的結果）而責怪自己，最終會喪失熱忱而感到倦怠。如果總是將過多責任往自己身上攬，那麼無論你有多少貢獻，都還是會覺得自己不夠努力。

就以醫師為例。他們每天都在拯救他人的生命，但是研究顯示，有四到六成的執業醫師都或多或少有些倦怠。倦怠是指對於工作上情緒與人際方面慢性壓力因素的長期反應，特徵包括面對工作時出現自我感消失及滿意度下降。倦怠可能會導致專業能力降低、醫療失誤增加、患者治療成果變差，以及醫院經濟效益減低。

據說執業外科醫師的酗酒率和自殺念頭比一般人高出將近三倍，而且一旦出現倦怠情況，比例還會急速攀升。二〇一七年一份名為〈重症醫療團隊的倦怠症候群〉（Burnout syndrome in critical care team members）的研究發現，醫師面臨倦怠期時，出現憂鬱症狀的平均風險提高了百分之一百七十。

匹茲堡大學（University of Pittsburgh）研究人員想了解為什麼有這麼多醫師面臨倦怠，因此對內科住院醫師展開深入研究。這些努力熬過醫學院訓練的專業人士，心理出現問題的比率為什麼會在步入職場後如此快速攀升？

他們發現，自責是倦怠及情緒耗竭的重大原因之一，而且女性住院醫師最為容易出現自責的情況。

雖然女性住院醫師比較善於運用健康的應對策略，例如尋求情緒支持，但是也同樣較容易出現「有害的自責心理」。醫學生會因為無法掌控的事務而自責，例如患者並未遵循用藥指示，或是疾症未因治療起反應。健康的應對策略並不足以消除自責造成的傷害。

試圖解決你無能為力的問題，會浪費你的資源且徒勞無功，可能導致你將心思誤用於其他地方。因為被虐而自責的女性，可能為了終結虐待而更加卑微求全。若是努力之後依然失敗，自責的迴圈就會繼續，最終落得心力交瘁。自責沒當個好媽媽的女性，可能會將精力耗費在利用言語譴責自己，反而更沒有心力好好陪伴孩子。

自我責怪無助於改變環境，反而使你在本身根本不需要修正的情況下，依然不斷試圖調整自己。

如何改變做法

艾琳必須先相信自己值得過得更好，才能走出喪弟的悲傷陰霾，否則無論什麼辦法都不能幫助她排解悲傷。

她的療程包含改變某些核心信念，並放下會引起自責的想法。她拋開深藏多年的自責感後，一切就出現了明顯的轉變。她的站姿變得比較挺，能以更自然的方式與人眼神接觸，而且情緒、甚至說話聲音都不一樣了。由此可見，多年累積的自責確實是她先前一直背負著的沉重包袱。

自我責怪的原因不一而足，你可能凡事都怪罪自己，可能是犯錯後無法原諒自己，也可能是你因為做錯了選擇而傷害到他人。無論是什麼原因，關鍵都在於要適度負起責任，卻也別過度譴責自己。

化解受到欺凌時產生的自責感

演員泰瑞・海契（Teri Hatcher）最為人所知的角色是電視影集《新超人》中的露易絲・蓮

恩（Lois Lane），以及《慾望師奶》（*Desperate Housewives*）中的蘇珊・梅耶（Susan Mayer）。可是在她光鮮亮麗的角色形象和陽光的笑容背後，卻隱藏著黑暗的祕密與刻骨的傷痛。

泰瑞在一次接受《浮華世界》採訪時透露，她五歲起便遭到姨丈性虐待。她一直沒有將這件事告訴別人，而且爲自己的遭遇感到自責。她一方面很厭惡姨丈的行爲，另一方面卻又覺得自己與眾不同，並渴望姨丈給予的關注。

她大約八九歲時，媽媽請阿姨和姨丈來家中晚餐。泰瑞當時變得有些暴躁生氣，她媽媽察覺到了事情不太對勁。泰瑞的媽媽不曾開口問她爲什麼生氣，但是她從此再也沒有見過姨丈。

她努力地想埋藏那段記憶，也不曾提起過受虐的過往。不過就在將近三十年後，她得知有個十四歲的女孩因爲遭到同一個男人性侵而自殺了。他爲此被逮捕，不過就當時的情況而言，似乎很難將他定罪。

於是泰瑞主動聯繫執法機關，揭露自己同樣也曾是那個人的受害者。隨著相關證據愈來愈多，他終於認罪，並且被判入獄。

泰瑞現在已經認知到當初受虐錯不在己，但也承認，那種深刻的痛苦依然影響著她的生活。她告訴《浮華世界》：「覺得一切都是自己的錯，又不曉得該如何化解……這種痛苦的感覺變成我人生中再熟悉不過的模式。就像是有個男人不再打電話給我了，說穿了不過就是個蠢男人沒主動找我而已，沒什麼大不了的，但我卻會因爲愧疚而感受到更強烈的痛苦。這樣的循環讓我完全沒辦法放鬆，反而一直在找理由懲罰自己。」

她又接著說，人人都有痛處，而她曾遭性虐的過往就是她的痛處：「女人不管到了哪裡都覺得凡事要怪自己，認爲要是自己更好，就能讓別的事情也變好。但我想說的是：『嘿，我一輩子也都是這麼想的，但你知道嗎？你根本不必刻意剷掉那半公斤，不必找個多了不起的工作，更不需要擁有男朋友，最重要的其實是從現在就開始對自己好一點！』」

這麼多年來，我遇過無數受到傷害卻依然怪罪自己的女性求助心理治療。很多人表面上都說，被打並不是女人的錯，受虐也不是孩子的錯，但是卻認爲自己的情況是特例。她們會說：「即使我的娘家人願意接納我，我還是選擇了回去跟他生活。」或是：「是我主動開始性接觸的，所以不是他的錯。」

自責和精神創傷通常關係緊密，而且女性大都不只是歸咎於個人行爲，還會責怪自己的人格。她們認爲：「都怪我太粗枝大葉，才會遭人侵犯。」或是：「我被虐待，就是因爲我一無是處。」這類想法已經深深烙印在創傷的傷口上，很難加以動搖。

研究顯示，創傷事件後的自責會使人更容易仰賴酗酒或逃避等不健康的應對策略，進而衍生更多問題，又延續自責的惡性循環。

如果你發現自己在受到傷害後怪罪自己，請尋求專業人士的協助。與專業人士聊聊，可以幫助你找到健康的方法來管理情緒和面對自身經歷。即使只是少數幾次的治療，或許就足以讓你放下無益身心的自責感。

區分事實與虛構

生活中的事件本身並不會造成壓力，而是你對事件的反應決定了你會從中學習成長，還是爲此抑鬱寡歡。至於你的反應如何，有一部分取決於你對個人責任多寡的認知。

所以請務必退後一步，明確區分事實與虛構，才有助你針對個人行爲承擔適量責任。你可以問問自己這幾個問題：

- **我責怪的是自己的行為還是人格？**「我做錯了選擇」和「我是個糟糕的人」，這兩者大不相同。譴責自己的行爲表示自知犯了錯誤，但是未來可以做出更恰當的選擇；但是譴責自己的人格，就幾乎沒有改變的餘地。
- **我應該承擔百分之幾的責任？**當你爲了某件事情而自責時，請停下來問問自己究竟該負多少責任。不太可能百分之百都是你的錯，即使事情的狀況讓你有這種感覺，也不見得確實如此。然後你可能會判斷自己犯了一個錯，要負四成的責任，或是因爲沒有採取某項行動而必須承擔百分之七十五的責任。無論是什麼情況，都要提出一個數據。

- **我事後諸葛的論點可能對自責感帶來什麼影響？**我們在回顧已經發生的事情，很容易會覺得：「我眞該注意到她病了。」或是：「我早該看清他只是在利用我。」不過那是因爲你這時已經知道後來才掌握的資訊。所以請停下來想想，你是不是確實在當時就已預知後續發展，或者握有可以阻止壞事發生的資訊。
- **是不是有我想守護的核心信念？**是因爲你相信世界美好，或某個人很善良，才導致你對自己進行不必要的譴責嗎？花點時間思考，如果某件事的發生完全不是你的錯，那說明了什麼？會不會衝擊到你的世界觀而令人難以置信？
- **如果朋友對我說了這樣的話，我會怎麼回應他？**「孩子發展遲緩不是你的錯。」「不易受孕不是你的錯。」對朋友說出這樣的話並不難，但是如果要對自己提出這樣的建言，可能難度就高了很多。花點時間想想你會怎麼對朋友說，並試著用同樣的方式安撫自己。

思考你該對某個情況或問題負起多少責任時，請記住以下這幾條眞理：

- 你可以發揮影響力，讓別人改變想法，但不需要爲別人的選擇負責。
- 你沒有辦法得知如果當初採取其他做法，後續會有何發展。

● 你做出選擇時，是根據當時擁有的資訊，而非目前掌握的資訊。

目的並不是要你完全推卸責任，而是提醒你負起責任的同時，不必接受非必要的責難。

改變敘事角度

我們很容易在理解事情時，把自己當成始作俑者。可是別忘了，一件事有很多種不同的敘述方式，你認知的只是其中一個版本。

其中一種敘述方式可能是這樣：你失業、抑鬱，努力度過每一天，迫不得已而開始在網路上賣女用皮包，卻只能勉強餬口，而這一切都是因爲你一無是處，到哪裡都找不到工作。但是如果改變敘述方式，這個故事也可以變成這樣：由於經濟不景氣，你專長領域的市場需求量下降，儘管處境相當艱難，你依然不願就此放棄。於是好勝又上進的你自行創業，在網路上賣起了女用皮包。事情經過完全相同，只是稍微改變了你應爲最終結果承擔的責任多寡，也將你在故事中的形象從被動受害扭轉成了主動迎戰。以下提供這幾個故事當作範例，說明如何使用不同的方式來描述：

- **舊版**：我眞是個不孝女，竟把自己的媽媽託付給安養中心。
- **新版**：我判斷最能對媽媽表達愛與關心的做法，就是找專業照護員來照顧她。
- **舊版**：我應該早點發現我的孩子有學習障礙。我眞是個失職的母親。
- **新版**：我並不是專業的教育人士，但我不吝付出我的愛，也會盡心盡力養育我的孩子。
- **舊版**：要是我能早點叫醫生就好了。要不是我那麼蠢，爸爸可能還活著。
- **新版**：也沒有辦法證明早點叫醫生來就能改變事情的發展。我確實已經根據當時掌握的資訊做到最好了。

改變你的思維方式就能改變你的感受。只要你別再對自己說「都是我的錯」，就會降低對個人處境的愧疚感。

請求原諒

自我責怪並不一定是幻想或誇大的結果，有時是適當的反應。例如，如果你傷害了別人或是不作爲（沒有展現仁慈，或沒有採取行動防止別人受傷），出現自責的念頭相當合理。但是默默痛斥自己並不會爲任何人帶來益處。

如果是你傷害了別人，就道歉吧；承認錯誤並表達歉意。當然，如果你不打算改變行爲，那麼道歉也於事無補。嘴上說：「媽媽，對不起，我都不曾回來探望你。」事後依然不登門拜訪，這樣就毫無意義。但是如果你了解到自己行爲錯誤並有意調整，不妨大方坦承。

道歉並不容易。說聲「對不起」是需要勇氣的，但是負起責任請求原諒可以修復雙方的關係，並避免你重蹈覆轍。

如果希望你的道歉能有效發揮作用，其實可以善用道歉公式。俄亥俄州立大學的研究人員探究爲什麼有些道歉能修復信任感，而有些不行，他們發現最能有效修復彼此關係的道歉，包含了以下要素：

1. 表達懊悔
2. 解釋錯誤
3. 承認責任
4. 表明悔過
5. 提出希望修復關係
6. 請求原諒

下列兩個道歉的範例都包含了這六項要素：

● 對不起，我沒有再回你的電話，因為當時工作和男朋友佔據了我所有的時間。是我害我們失聯了好幾年，真的很抱歉。我很想念你，也希望能恢復彼此的關係。如果你願意原諒我的話，我會很樂意與你重建友誼。

● 很抱歉，我當時說我不在乎你的感受。那時我又生氣又難過，但也不該對你說這麼惡毒的話。我需要更努力控制自己的脾氣，不能再因為自己不開心就傷害到你的感受。我想聽聽你的想法，我保證這次絕對不會再打斷你了。你願意原諒我嗎？

如果你的選擇傷害到別人，請道歉。道歉不能合理化你的過錯，但是能更有效地改善你和對方的關係。

如果沒辦法親自向對方道歉，例如對方已經過世或與你失聯，可以寫封道歉信。就算無法順利將這封信寄出去，而是用文字表達出你的歉意，依然能幫助你認知自己爲行爲負起了適當的責任。

修補關係

我曾有一位個案做出多數人母無法想像的事情：她的女兒說她們遭到繼父性侵，但是她不相信。後來兒童保護單位接走了她女兒，安置於寄養家庭，她不但沒有爭取讓女兒回家，反而極力想證明丈夫的清白。

一開始，相關單位允許她在監管之下訪視女兒；但是隨著支持孩子說法的證據愈來愈充分，政府對她下了最後通牒，要她在丈夫和孩子之間抉擇。她選擇了丈夫。

事已至此，顯然孩子已經不能再回到她家，她的訪視權也隨之終止，孩子由寄養家庭收養。幾個月後，她的丈夫承認性虐的罪名，他說那是因爲不想將孩子送進法庭面對審問程序。起初，她認爲這證明了他確實是個「好人」，但是隨著一年的時間過去，她逐漸懷疑起他的清白。

等她意識到孩子所言屬實時，一切爲時已晚。她沒辦法要求帶孩子回家，甚至沒辦法告訴女兒自己現在相信她們了。她唯一的希望就是，等她們十八歲成年之後，會想與她恢復聯繫。

她來接受心理治療時說：「我竟然成了自己深惡痛絕的那種人。我是世界上最恐怖的惡魔。」她恨透了自己讓孩子受到傷害「究竟是什麼樣的母親才會允許自己的孩子遭人虐待，還在她們求助時指控她們騙人？」

她說的大部分都對：她傷害了自己的孩子，她犯了大錯，她的選擇導致自己無法再與孩子保持聯絡。

但是認定自己是罪不可赦的壞人也有害處，那會使她從此無法對生活進行更好的規畫。

雖然她現在沒辦法彌補與孩子之間的裂痕（而且也無法確定她們成年後會不會想與她聯絡），她依然可以對這個世界帶來一些正向影響。經過幾個月，我們找出了可以避免她人生就此停滯不前的幾項積極做法。

她決定去機構當志工，向其他家長講述性虐待的警訊，以及信任子女的重要性。她說：「我想向其他媽媽陳述我曾鑄下的錯誤。我沒有好好保護自己的孩子，可是現在希望能幫助其他人，避免她們的孩子面臨相同的遭遇。」

其實很多人跟這位個案的經歷類似，都曾做過傷害別人的事情。有人是因爲判斷力不佳，像是酒後駕駛；也有人是無心之過，例如忘記鎖上通往游泳池的大門安全鎖。

你或許沒辦法向曾經傷害的對象道歉，也無法修正曾經犯下的錯誤，但是可以選擇利用往後的時間彌補。

日常應對：事業

引發自責情緒的不見得是什麼深刻的創傷，通常是一連串細微的感受累積起來，形成強烈的衝擊。這點在工作上可能最爲明顯。

很多人認爲，工作滿意度仰賴對工作掌控程度的高低。研究人員和心靈成長達人都強調，運用技能時要能夠選擇在工作上最能發揮成效的方式，而且這就是管理壓力的關鍵所在。

不過這個道理並不是各種情況都適用。卓克索大學（Drexel University）的研究資料顯示，如果你容易將過多責任攬在自己身上，你最好能找個決策權和掌控權較小的工作。某項研究的團隊審視人們如何處理工作上的需求，發現出錯時容易自責的人擔任需要掌控諸多事務的職位時，出現較多病症。他們猜測這些人是因將團隊企畫或公司經營的成敗都歸咎於自己，導致壓力上升，連帶提高了罹病率。

所以，你在努力避免自責的同時，也可以檢視目前的職位是否適合自己。必須處理過多決策和選項的工作，可能會耗費你太多心力。

工作時程彈性、休假天數無上限，聽起來彷彿美夢成眞。可是如果你凡事都怪罪自己，大概就享受不到好處了。你可能因爲愧疚感太重，導致無法妥善利用這些優勢，或是因爲老闆放手讓你自由處理專案，進展卻不如他預期，導致過度自責。

心智堅強並不表示要在耗費大量心力的情況下硬撐，而是讓你的生活變得更多采多姿。有時改變自我固然重要，不過偶爾改變環境也有其必要性。如果你的職責已經超出能以健康心態處理的範圍，或許可以考慮另尋具有挑戰性又不會徹底擊潰你的工作。

日常應對：家庭

如果你已經自責成性，回溯這個習性是因何而起可能會有幫助。很多人的自責傾向都是根植於童年時期。

有些孩子只是代罪羔羊。有些家長堅稱自己的孩子是「問題兒童」，或是將孩子視爲婚姻問題的根源，將過錯都推到孩子身上以逃避現實，導致孩子逐漸認爲自己是造成家庭混亂的罪魁禍首。

自責傾向也常見於在特定家庭類型中成長的人。這種家庭一心營造出和諧完美的表象，父母可能相對注重美好的外在形象，卻不太在意實際情況是否如此。維持完美形象的壓力可能使孩子從小就認爲，他們的情緒和行爲都是不適當的，所以總是對自己不滿意。

如果你經常自我責備，找出其根源能幫助你更加了解，並開始改變自己的心態。這並不是要你回頭怪罪父母或是成長過程中經歷的所有問題。已經成年的你應該做的是爲自己的行爲負起適當責任，而深入了解核心信念和習性的形成緣由，可能是創造正向改變的重要關鍵。

日常應對：社交

我曾有位個案經歷了小產，儘管醫生再三強調完全不是因爲她做錯了什麼，她依然背負著揮之不去的愧疚感。當時她和丈夫都還沒對外透露懷孕的消息，所以也就對後來流產的事情三緘其口。她的丈夫似乎只過了一兩週就恢復了心情，她只好獨自寂寞地面對內心的傷痛。他已經開始提及嘗試「重新做人」的規畫，可是這個念頭著實嚇壞了她。她深信先前流產是自己一手釀成，而她接受心理治療，就是想釐清自己究竟做錯了什麼。

她總是問個沒完，包括：「我大學時常吃瀉藥清腸。有沒有可能是那樣，導致身體機能遭到破壞而無法復元？」還有：「我吃素。你覺得這跟流產有關係嗎？」

我知道，無論提出多少學術研究的證據或給予多少次的安撫，都不能讓她安心。我建議她參加爲流產女性組織的支持團體，她一開始不太甘願，但還是同意了。

參加支持團體幾週後，她的心情開始好轉。她發現其他人也表達出類似的愧疚感，而她自己也在勸說別人那不是她們的錯。意識到自己在安慰其他女性時的立場，也幫助她體認到不必獨攬所有責任。

她也與支持團體分享了自身經歷。聽到眞正理解她內心痛苦的其他人說：「我們也有相同的感受，但你並沒有做錯任何事。」幫助她逐漸療癒心中的傷口。

對於多年來深陷各種自責問題的女性，我都建議她們參加支持團體。社群的支持能夠有效緩解她們心中的罪惡感。

如果你也經常怪罪自己，親友溫情善意的言語能發揮強大的效果。但是如果你周遭的人都不知道你為此所困，或不了解你的處境，請務必向能理解你的人求助。實際的做法可能是參加能面對面交流的支持團體，或是在網路上尋找能理解你痛苦的其他女性支持。

當你為了某件事情而自責，可能會想要逃避人群，靜靜地承受這一切。不過聊聊自身處境可能才是幫助你療傷的必要條件。無論你是參加支持團體、對朋友坦承，或是尋求專業人士的協助，都要取得他人的支持，你會知道自己並不是孤軍奮戰。

適度負起責任使你更堅強

伊麗莎白．史馬特（Elizabeth Smart）十四歲時在家中遭人誘拐，這起事件引起了美國全國上下的關注。大家足足花了九個月不斷尋找這位失蹤的青少女，很多人甚至認為她已經不在人世了。

殊不知伊莉莎白竟活了下來。歹徒強暴她、虐待她，甚至以家人的性命要脅她不准逃跑。儘管她曾多次出現在公眾場合，卻不曾試圖逃跑或求救。

外出時，歹徒逼她戴上遮擋臉部的面紗，因此在眾人大力搜尋她的蹤跡時，也沒有在公眾場合被人認出來。有一次，她還在圖書館遇到警察盤查身分，但是她否認自己就是伊麗莎白・史馬特。

後來，總算有人看到伊麗莎白和歹徒一起走在街上而報警，她才被救了出來。新聞報導她安然返家之後，立刻有很多人開始問她：「你當時爲什麼不逃跑？」甚至有些人斥責她竟然同情起了歹徒。

伊麗莎白在Ａ&Ｅ電視台陳述自己的經歷時，談到了這個話題：「這個問題眞的糾纏了我好幾年。我後來總算明白自己以往是這麼理解那些話的：『你應該要跑啊，應該更積極嘗試啊。這都是你的錯。』而既然現在我想通了，似乎該藉此機會好好解釋爲什麼我沒有逃跑——而且不只是我沒有逃跑而已，很多有類似經歷的倖存者都是如此。不是我們不想逃跑，也不是我們喜歡被人傷害或軟禁，而是因爲那些加害者實在太擅長操弄情勢。我遇上的歹徒奪走了我的所有東西。我做的每個選擇都是爲了活下來。現在回頭想想，我希望自己早點獲救嗎？當然希望。我希望自己早點脫離魔掌嗎？當然希望。不過，我並不後悔當時所做的每個決定。追根究柢，正是因爲那些決定，我才得以存活下來並在這裡分享這段心路歷程。」

即使旁人都間接在責怪她，伊麗莎白也不爲她的遭遇而自責。她知道，不曾有過相同經歷的人在事後評論很容易，但是她認爲自己在當下已經做出了最好的選擇。

如今她是《紐約時報》暢銷作家、演說家，積極爲曾有類似經歷的受害者發聲，鼓勵曾有創傷經歷的人與往事和平共處，並展開雙臂迎接未來。

沉浸在自責的情緒可能使你無法充分發揮個人潛力。如果你願意放下多餘的自責、愧疚和憤怒，就能健康自在地擺脫陰霾，向前邁進。

解惑及常見陷阱

別把努力彌補與折磨人的自我懲罰混爲一談。爲了有意義的目標而低頭，或在有限的時間內努力修補，都是健康的做法。但是因爲自認沒有資格享受快樂時光，而決定每週花一百個小時擔任志工，這種做法對你就毫無幫助。千萬要記得，你努力彌補是因爲懊悔，而不是出於自我憎恨。

有些女性對自己太過嚴厲批判，但也有人對自己過於寬鬆放縱。否認自己曾經傷害別人，或將錯誤所帶來的影響輕描淡寫，無益於後續的改善。在自我寬恕及承擔責任之間取得平衡，這點非常重要。

切記，些許的罪惡感是好事，表示你懷有良知，會因爲個人行爲感到愧疚。不過，羞愧、自我憎恨、對自我人格的負面觀感卻有違健康原則。

假如你實在無法停止自責，而這種情況又影響到了你的健康，請尋求專業協助。與心理健康方面的專業人士聊聊，能幫助你卸下負面情緒的重擔。

實用技巧

- 透過提問，以更務實的角度了解自己應合理承擔的責任。
- 過度自責時，改變自我對話的敘事角度。
- 犯錯之後，請求他人原諒。
- 如果不幸傷害到別人，應該彌補先前的過錯。
- 取得社群支持，協助你排解過度強烈的罪惡感。

當心陷阱

- 沉溺於痛苦折磨的自我懲罰。
- 輕易寬恕自己對別人造成的傷害。
- 自認應該要為他人的感受與行為負責。
- 認定自己是壞人，而不是覺得自己做錯了選擇。

11 不保持沉默

我們被迫保持緘默時，才能體會到能暢所欲言的重要。
——諾貝爾和平獎得主馬拉拉・優薩福扎伊（Malala Yousafzai）

溫蒂走進治療室，對我說：「我需要協助，幫我排解工作壓力。」我詢問具體是什麼使她的壓力大到不堪負荷，她說：「我的工作步調很快，隨時都有做不完的事情。同事們也都被搞得身心俱疲，成天發牢騷。而且我老闆眞的很煩。」

溫蒂就職於某汽車代理商的財務部門。她說上司素有「老不修」之稱，大家都知道他喜歡聘用年輕女生。她在我的追問下又說：「他會對我的穿著發表一些很不合宜的評論，或是對我講一些跟性有關的話題。不是只針對我，我知道他也會對其他女同事這樣。」

「他以前都只是說：『要笑呀，溫蒂，你笑起來比較好看。』或是用有點搞笑的口吻說：

『你可以把襯衫釦子扣得高一點嗎，溫蒂？我幾乎都可以看到你的鎖骨了。』其他人都在笑，所以我覺得學會自我解嘲可能對我比較好。」

「結果有一天，他說：『你老公眞是個幸運的傢伙，畢竟你這麼養眼。』而且他還一邊講，一邊對我眨了眨眼。還有一次，他把一張紙丟在地上，然後說：『嘿，溫蒂，你可以彎腰幫我撿一下嗎？』讓我很不舒服。」

我問她有多少工作壓力是來自這位上司，她說：「大概百分之八十吧。我不想問他問題，因爲我很怕他又會講些不得體的話，但這樣反而使我工作量大增。我必須靠自己摸索，經過十個步驟才能得到一個簡單問題的答案，但是如果我直接問他，他立刻就能給我解答。」

我問她：「你覺得這算性騷擾嗎？」她回答：「我不會把這個認定成性騷擾。他來自不同的世代，不曉得那樣不太得體。」

我問她有沒有想過要直接向老闆提出這個問題。她說，其他女同事也都在忍耐老闆的行爲，她擔心主動反映會被大家說是太過敏感，或是想靠指控老闆之類的手段出鋒頭。

她說：「他從來沒有碰我、恐嚇我之類的，所以我覺得情況好像沒有『那麼』嚴重。但我還是不喜歡。我考慮過找其他工作，但那些工作所需的通勤時間都非常長。」

我更了解溫蒂的處境和她的工作壓力來源後，向她解釋煩躁不悅是對那種情況的正常反應，她「理當」感到壓力，而且如果不改變所處的環境，就無法減輕她的壓力。

在當次治療會談結束之前，我鼓勵她稍微研究一下性騷擾的法律定義，並思考她老闆的行爲是否符合定義。我很確定那是性騷擾，但還是希望她能自己總結出答案。

下週她又來到治療室時說：「我不覺得自己是受害者之類的角色，只認爲他那樣不太得體。」她找理由來解釋他的行爲，也對自己有所懷疑，「他有些涉及性的評論可以有很多種解讀方式。我不確定那是否嚴重到我該採取行動。」

溫蒂跟我的很多女性個案一樣，不太願意將自己的遭遇認定爲性騷擾。使用那個字眼使她覺得很不自在。所以我們又花了幾週時間討論所謂的性騷擾，並探討這個詞彙的眞正意義。

後來她總算接受了自己受到性騷擾的這個想法，我們討論了幾個方案：繼續保持沉默、換個工作，或是向人資部門反映。

我建議她找位律師談談，進一步了解自己的法定權益，因爲我只能從心理健康的角度提供協助。她一開始的反應是：「我不太想找律師耶，不想把事情鬧那麼大。」所以我又問她：「如果你什麼都不做，一年後的你大概會過得怎麼樣？」她說：「依照現在這種情況，我不確定能不能再撐一年。」

我再三向她強調，找律師諮詢也不一定要對任何人提出告訴，但是能讓她釐清自己的權益和可行方案，然後她才同意接洽律師，並展開相關諮詢。

她下一週就去見了律師，並根據律師的建議，開始記下每次事件經過，並印出老闆那些內文涉及性的電子郵件。

記錄每次與性相關的評論和不得宜的表達方式，使她了解到情況的嚴重性。她每天都至少能在紀錄裡添上一筆。眼見相關紀錄愈積愈多，她改變了想法，決定採取行動。

溫蒂在律師的支持下，聯絡了公司的人資部門。人資主任取得她的消息之後，著手進行調查。等待調查結果的過程令溫蒂相當緊張。

令她意外的是，事情很快就有了進展。她的上司當週就自願接任公司內另一個職位，新職位的辦公室在另一棟大樓——這表示他再也不會與溫蒂有接觸了。

溫蒂下週來到治療室就哭了，「我好慶幸這一切結束了，但是很難過自己沒有早點這麼做，也很氣當初竟然發生這件事情。世界上居然會有這種事，眞令我噁心。」

那之後，我只再見了溫蒂兩三次。與那位上司在不同大樓工作之後，她的壓力舒緩不少，不必再耗費那麼多心思保護自己，步調緊湊的工作似乎也顯得不那麼艱難了。

你會保持沉默嗎？

面對不合理的事情，我們都曾默不作聲，可能是二十年前家人不尊重你的權益，或者上週有人在休息室說了性別歧視言論，而你卻選擇保持沉默。但沉默不只在面對不當行爲時才造成困擾，很多女性在工作、戀愛或日常對話中，也都不會透露自己的意見和想法。以下幾點像在說你嗎？

□ 我避免分享自己的想法，因爲我覺得別人不會在意我的觀點。
□ 如果大家在一起聊天，我會讓別人來主導話題。
□ 我通常不會挺身而出表達意見，原因是不想造成衝突。
□ 我覺得告訴別人自己受到欺壓很丟臉。
□ 我很想爲受到不當對待的人挺身而出，但是通常不會採取實際行動。
□ 我有著不爲人知的祕密。
□ 別人發表的言論使我不快時，我會保持沉默。
□ 我選擇沉默是因爲不希望害別人惹上麻煩。
□ 我對別人的觀點或評價有所顧忌，因此不敢表達意見。
□ 我怕講出使我反感的事情後，別人會覺得是我太敏感。

為什麼我們會選擇緘默

溫蒂深刻反省，想明白為什麼自己忍受了這麼久的性騷擾。她說：「我從沒想過自己是會忍受這種事情的女人。我在超市被多收五毛錢，都會毫不猶豫地表示抗議；如果認為是承包商在敲我竹槓，我會直說：『你不能這樣。』但我竟然任憑老闆對我性騷擾，實在很詭異。」

我們利用好幾次的治療時段深入討論，試圖釐清為什麼她沒有及早出言捍衛自己。她必須了解自己為什麼和眾多女性一樣選擇保持沉默，才能治癒心中的傷口。

最後，她自己總結：「有一部分的我認為只要大事化小，就能小事化無，因為我不希望自己成為受害者角色。還有一部分的我則是驚懼不已，害怕自己挺身而出之後，無法獲得他人的信任，也很擔心別人對我的看法。不過我很慶幸自己終究還是說出來了。」

女性遭受虐待、性侵、霸凌或其他權益受損的情況時，選擇不出言抗爭的原因有很多。出言討伐不為自己發聲的女性，並不會為我們帶來任何好處，只會更加傷害女性。所以請對自己仁慈、相互支持、團結一心，讓所有女性都能勇敢地站出來，這麼做很重要。

如果你選擇沉默，也不表示你就是心智不堅強。只是一直懷藏著祕密，會使你心力交瘁。

男孩就該堅強，女孩理應沉默

大家提到健談的男性，會認爲他親切或外向，但是說到健談的女性，就會說她「講個沒完」。女性發言時，就會被冠以嘮叨不休、無病呻吟、難搞煩人的罪名。

二〇一七年，坦帕灣海盜（Tampa Bay Buccaneers）美式足球隊員賈米斯．溫斯頓（Jameis Winston），在佛州聖彼得堡的梅爾羅斯小學（Melrose Elementary）發表了一段勵志演說。他站在擠滿了三到五年級生的大廳前方，分享他的人生三大守則：上帝、校園，以及有志者事竟成的信念。

不過他的正向言論卻在談及性別議題時急轉直下：

「親愛的男孩們，請起立，女孩們請坐下。男孩們，請站起來。我們很堅強，對吧？我們很堅強！我們都很堅強，對不對？男孩們，跟著我說一次：有志者事竟成。男生不該輕聲細語。你們懂我意思吧？總有一天，你們都會擁有像這樣的低沉聲音（他用低沉的聲音說），總有一天，你們的聲音都會變得這麼低沉渾厚。

「但女生她們就該安靜、有禮、溫順，而我們男人就該堅強。你們告訴我，人生的第三大守則是什麼？有志者事竟成！吼出來！」

不久之後，這件事就登上了媒體版面，有些人強烈反對他對女孩說要保持沉默。溫斯頓爲此表達歉意，並說：「我在演說時的用字遣詞不太妥當，而我那整段正向積極的演講，可能在某些人眼中因爲那些用字而黯然失色。」

不過這並不是溫斯頓第一次因爲對女性的態度而受到質疑。二〇一二年，他還就讀佛羅里達州立大學（Florida State University）時，就曾被爆性侵另一位學生。他並沒有遭到起訴。指控他的人對佛羅里達州政府提出訴訟，指稱校方並未有效、及時地展開調查。校方最後答應私下和解，並賠償將近百萬美元。

還有另一名女學生也指控溫斯頓在學校性侵她，不過最終也沒有正式將他起訴。

二〇一七年，他又遭人指控對 Uber 女司機毛手毛腳。美國國家美式足球聯盟介入調查後，發現該名司機的論述「前後一致且相當可靠」，溫斯頓因此被判禁賽三場。溫斯頓向那位 Uber 司機道歉，爲「讓你面臨那樣的情況」表示歉意。

有人爭論，既然他從未因爲性侵而被定罪，那就應該能夠繼續領著聯盟給付的高薪，而球迷也依然可以驕傲地穿著他的球衣。有人甚至說，他對小孩子來說依然是個不錯的楷模。

不過，即使忽略那些性侵的指控，他也算不上什麼模範公民。他還是大學生時，曾爬上桌子大喊：「幹爆她！」結果被禁賽半場。他在記者會上表示，自己並不是「壞心刻薄的人」，也爲自己未能全程參賽向隊友表達歉意。

他現在依然獲得外界高度尊重，甚至還有學校邀請他爲小朋友進行勵志演說，這充分展現大眾依然深信女性就該沉默寡言。

遭遇欺壓時挺身反抗十分危險

對於不曾面臨欺凌的人而言，評論「你應該要挺身而出」相當容易，但是眞正出言反抗的女性顯然是冒著極大風險，而且可能面臨嚴重後果。

超過六十位女性站出來，表明曾遭比爾．寇斯比[1]性侵，她們遭猥褻的時間點橫跨五十年，而且眾人的說法驚人地相似，她們都稱是遭到寇斯比下藥迷姦。不過沒有任何人願意相信「美國老爹」居然可能是連續強暴犯。

類似事件說明爲什麼許多女性不願挺身而出，甚至勸其他女性不要聯繫相關當局。畢竟，如果加害者在受害者報警後依然能夠全身而退，那麼誰會想要求助警方？

我曾與一位二十一歲的女性聊過她大學時的經歷。她向我分享了這段故事：

我大二那年被強暴了。我明明不是強暴犯，但是在警察面前，卻覺得自己像在接受拷問。我在證明自己的清白之前，一直受到罪人般的對待；反觀對我施暴的人在被定罪前，竟都安然無恙。警官問我：「你被性侵時身上穿什麼？你對他說了什麼話，才讓他對你動粗？你有過幾個性伴侶？你的性關係複雜嗎？」

我回答之後，他又問我成長過程中有沒有父親的陪伴。我表明父母離異之後，他就說：「啊，你是缺乏父愛啦，所以才會遇到這種事，又有自尊方面的問題。是你自尊心低落，才會遇到這種情況。」他的話讓我很受傷。我報警時距離事發只有短短四天，所以我退縮了，心裡非常害怕。我覺得受傷是因為大家非但不相信我，還因此指責我，讓我覺得我才是始作俑者。

我著實被那位警官嚇到了，所以選擇透過電子郵件告訴他，他的言論措辭極為不得體。結果他說他們拒絕受理我對加害者提出的告訴。這個情況令我相當沮喪，因為我明明握有對方強暴的有力證據。我手上有一段錄音，是他在向我解釋事發當下的所作所為。當時很顯然，我無法仰賴司法體系為我和其他性侵受害者伸張正義，可是這絕對不是司法體系建構的初衷。如今的司法體系竟是在輔導違法分子安居樂業，以及拒絕協助受害者。

根據全國強暴、虐待及亂倫通報網（Rape, Abuse and Incest National Network，RAINN）

1 譯註：比爾・寇斯比（Bill Cosby）為美國知名喜劇演員，最為人所知的影視作品是一九八四至一九九二年播映的情境喜劇《天才老爹》（*The Cosby Show*），以劇中風趣睿智的父親形象打動人心、風靡全球，甚至因此獲得「美國老爹」（America's Dad）的稱號。二〇〇六年起，陸續有受害者出面指控寇斯比性侵，但是大都因罪證不足或過了刑事追訴期不了了之，後來在二〇一八年因二〇〇四年性侵前員工的事件被判刑，並當庭羈押移送監獄。

的資料，每一千起強暴事件中，通報警方的事件僅有三百一十起，且其中只有六名性侵犯被送進監獄。但這些數據當然只是估計值，我們並不曉得究竟有多少女性曾經受害，因爲眞正通報的事件實在少之又少。

通報比例低的情況不只有性侵事件。美國聯邦司法統計局（Federal Bureau of Justice Statistics）估計，相關機關接獲報案的家庭暴力事件可能只有眞實情況的五成左右；而CareerBuilder求職網站進行的調查發現，有百分之七十二的職場性騷擾受害者不曾舉報。

受害者保持沉默的原因眾多，最常見的幾個如下：

- **受害者通常認識加害者**：多數女性並不是遇到隨機犯罪者，而是被伴侶、家人或認識的人虐待或騷擾。舉報相關情事可能會影響到她們的事業、家庭或社交活動。而且她們可能會出現矛盾心理，擔憂加害者因此惹上痲煩。
- **害怕遭到報復**：即使受害者挺身而出，也不能保證加害者一定得到應有的處置。事實上，受害者可能反遭辭退、降職或排擠。就家暴事件而言，遭施暴者殺害的受虐女性有百分之七十五是在離開施暴伴侶之後遇害。
- **法律程序會造成二度傷害**：向無數陌生人闡述受害經歷令人覺得困窘、難堪，甚至造成心理創傷。如果案件要經過法院審理，受害者還必須在眾人面前不斷重述相關細節。

- **受害者不一定能取得他人信任**：有女性主動發聲時，「她只是譁眾取寵」或「她的說詞感覺不太合理」之類的評論屢見不鮮。
- **受害者遭受人身攻擊**：受害者經常會因為本身穿著、事發前的行為或以往的選擇而受到譴責。
- **先行者劣勢**：第一個採取行動的女性通常會面臨懲罰。率先挺身而出對抗職場性騷擾的女性可能遭受不當對待，首先爭取權益的人也可能反而面臨嚴重的後果。
- **相關當局不見得能提供協助**：令人難過的是，有許多女性報案之後，得到的答覆卻是證據不足。有時，她們還會被求助的對象惡意對待。
- **受害者自責心理**：許多受害者擔心是自己釋出的訊號不夠明確，或是自我防禦的方式不夠積極。
- **受害者不想面對現實**：有些受害者會刻意淡化或否認已經發生的事情。例如，約會強暴的受害者通常不願相信自己是遭到強暴，所以會試圖說服自己那是合意性交。
- **他們不曉得該向誰求助**：不知道如何尋找適當的傾吐對象，或是覺得很難啓齒。

並不只有受害者會選擇保持沉默。有時目睹其他女性權益受到損害的女性，也會選擇三緘其口。有些家庭似乎已經對家中的暴力行為司空見慣；性騷擾甚至已深植於某些公司的企業文化，大家早就麻痺無感。當其他旁觀者都沒有反應時，多數人也不會願意率先發難。

即使挺身而出的風險和缺點這麼多，依然有很多人會說：「她怎麼不說些什麼？」「她早該挺身而出。」

問題所在

遭受職場性騷擾不只影響到了溫蒂的工作，也連帶影響到了她的私人生活。她下班回家時的心情都很糟，嚴重傷害了她與家人的關係。她逃避向老闆提問，包括能否提早下班去看足球賽之類的事情，因此錯過了子女的一些活動。連她的購物行爲也受到影響。她避免購買讓老闆能借題發揮的服飾。當然，受到性騷擾也使她無法在工作上充分展露才能。

她知道辦公室內其他女性也有同樣的經歷。但是因爲她們都默不作聲，所以溫蒂並不想率先提出，就怕自己顯得很愛抱怨，結果保持沉默反而加劇了她的痛苦。

默許使問題得以延續，讓加害者繼續爲所欲爲，也使問題更深入滲透到文化裡。保持沉默也會使你的意志逐漸衰弱。隱藏祕密、否定自我觀點、掩飾個人想法，這些事情都需要耗費額外的心力，使你無法投入更有建設性的事物。

從「不是我」到「我也是」歷時近四十年

一九八〇年代的女性屬於「不是我」（Not Me）的世代。那時性別歧視的事實血淋淋地擺在眼前，多數女性卻堅稱自己從未受到歧視。

一九八四年，史密斯學院（Smith College）心理學教授費伊．克羅斯比（Faye Crosby）研究了這個現象。她透過一連串的問卷調查發現，女性通常能輕易意識到性別歧視，但是面對自己遭受性別歧視的情況時，卻不會感覺到一絲一毫的不公不義，反而會怪罪自己。

克羅斯比在其中一項研究裡，檢視教育程度、專業訓練、工作經歷相當的一百八十二位男性和一百六十三位女性，其中女性收入明顯低於男性，卻只有十三位女性認爲自己薪資過低。幾乎所有女性都認爲性別歧視是個嚴重問題，但是大部分卻又認爲自己得以幸免。克羅斯比總結出，女性較容易自認理虧，而鮮少意識到自己遭受不平等對待。

克羅斯比在投稿《大學紀事》（*The University Record*）的文章中提到，她耳聞二戰期間曾有十幾位女性在哈佛受訓成爲工程師的軼事。當時該校並沒有設置任何女性洗手間，但是卻沒有任何人認爲自己受到性別歧視。即使她們在四十年後回顧過往，也不覺得自己曾遭遇不平等的對待。

克羅斯比和其他共同作者發現，女性否認遭受歧視的現象涉及許多因素，其中包括以下幾項：

- 女性大都將同事和上司視為值得崇拜的人。
- 承認受到欺凌，就表示她們不如自己所期望的那麼與眾不同。
- 女性很難想像會面臨不公待遇，因為她們希望自己是透過努力而獲得相應報酬，而非受制於不平等的命運。

列舉出的這幾項因素乍看之下相當值得敬佩，因為女性都希望能為自己的行為負責，而且對同事抱有期待。可惜她們都因為過度樂觀，以至於忽略了現實，又拒絕相信自己受到不公不義的待遇。

我們在那之後總算找到更能平衡看待全局的方式，只不過這方面的進展相當緩慢。女性的心態過了四十年才從「不是我」轉變成「我也是」（Me Too）。

幸好，社群媒體上的 #MeToo 性騷擾受害者自白運動和 #TimesUp 性平運動[2]協助眾多女性了解到，承認自己受到欺凌或歧視並不會使你顯得軟弱，你也不需要為此感到羞恥。除此之外，傳播這類訊息能使你感受到自己並不孤單，也可以讓所有人看清這個問題有多麼普遍。

並不是只有女性會否認自己屈居劣勢，其他弱勢族群也有這個問題。不過，如果我們不承認自己就是受害者，顯然就不會有人開始討論相關議題；如果沒有人討論，情況也就不會有任何改變。沉默就是允許人們沿襲舊有的做法。

沉默使女性彼此疏離

我曾遇過一位個案，她表面上過著幸福快樂的生活，和丈夫住在高級社區的一棟豪宅，兩人都有令人歆羨的工作，還會參與各種社區活動。但是一進家門，她的生活儼然是人間煉獄。丈夫會吼她、罵她、要脅殺她，還會動粗。她說：「只有我知道眞相，其他人永遠不會明白。」

她並不知道就在兩個小時前，我才見了與她住在同社區的另一位女個案。她的經歷也很類似；丈夫在牆上捶出凹洞、摔東西、動手打她，但是沒有人知道她關上家門後所受的一切折磨。

這兩個女人都覺得自己孤立無援。假如她們碰巧在超市或街上擦肩而過，也不會曉得彼此各自活在不爲人知的噩夢中。基於保密原則，我不能直說：「其實你有個鄰居的處境跟你

2 譯註：Time's Up（到此為止）是由好萊塢藝人於二〇一八年發起的性別平等運動，主張職場性別平等，並呼籲各界嚴正看待相關性騷擾、性侵案件。那年第七十五屆金球獎的紅毯上，就有許多女性穿著一身黑表達對此運動的支持。

很類似。」但我心裡不禁祈禱她們至少能碰個面、喝杯咖啡，聊聊各自的故事。我覺得她們應該會有一人對另一人說：「你值得過更好的生活。」聽見自己這麼安慰對方之後，或許能夠幫助她們認清彼此都值得過上更好的生活。

我的治療室有時就像一扇旋轉門，無數孤獨疏離的女性在此進進出出，她們的故事經歷如此相似，卻都認爲不可能有人理解她們的處境。

坊間有性侵受害者的支持團體，也有家暴受害者的支持團體，但要說服女性參加並不容易。而且對仍生活在危險處境的女性而言，參加這類團體的風險可能也相當高。

不過，即使是現實生活中已經徹底擺脫危險的女性，參與支持團體同樣也會覺得不安。社群中有頭有臉的女性可能不敢分享自己的故事，生怕會影響自己的事業，其餘平凡的女性也會覺得談論自己的處境令人難以啓齒。

儘管大環境已經逐漸轉變，但要進一步落實女性賦權，讓她們勇敢站出來，仍有一段漫漫長路要走。女性必須團結爭取改變，才能普及這類討論，使女性更自在公開地討論這個話題。

愈沉默就愈無法發揮影響力

保持沉默的現象並不只與權益受損有關。在商務會議上不發表意見，或是在交往關係中默不作聲，也可能是嚴重問題。

由楊百翰大學（Brigham Young University）研究人員主導並於二〇一二年發表的研究發現，男性在會議討論中處於主宰地位。一般而言，女性在商務會議上的發言比男性少了百分之七十五。

他們在實驗過程中將受試者分到各組，每組至少五人，並告訴他們必須決定如何分配他們透過執行假想任務所賺得的酬勞。平均每一組都會審慎討論二十五分鐘，然後透過不記名投票做出決定。

女性人數少於男性時，她們比較不會直接發表自己的意見，尤其是知道多數決結果後，更傾向保持沉默。但是就在研究人員告知組員，大家需要取得全體共識時，情況有了轉變；女性參與感提高了，她們變得更積極發揮影響力，讓別人聽到自己的想法。

研究團隊確信問題並不只在於發言多寡。女性較少發言，並不是因爲她們比較能夠有效率地透過對話表達意見，她們單純沒有分享自己的想法。但是她們一旦選擇發聲，就能發揮強大的影響力。女性比男性更能改變其他組員的決定。

女性不願表達想法的問題並不限於會議討論，也是常見的校園現象。各項研究都表明，女生在課堂上的發言少於男生。

一九九四年出版的《公平之衰微：看美國學校如何欺騙女生》（*Failing at Fairness: How*

Our Schools Cheat Girls）一書，概述了性別不平等如何體現於課堂。該書作者米拉．薩克（Myra Sadker）和大衛．薩克（David Sadker）投入研究數十年後，針對教師偏見提出了幾項令人詫異的發現。

他們發現，老師有三分之二的時間是對著男學生講課，而且較常打斷女學生發言，卻允許男學生與教師切磋討論。他們花比較多時間鼓勵男生提出深刻的見解，另一方面則獎勵安靜沉默的女生。另外，老師在提問時比較常將目光投射在男生身上，而且這個情形在提出開放式問題的時候特別明顯。

這兩位作者在出版第一本書之後五年，又與凱倫．齊爾曼（Karen Zittleman）聯合出版續集，書名爲《公平依舊衰微：看性別偏見如何欺騙男女學生，剖析可行之補救措施》（*Still Failing at Fairness: How Gender Bias Cheats Girls and Boys in School and What We Can Do About It*）。他們發現課堂教學情況有些微改善，但就整體而言，性別偏見問題依然存在。

匹茲堡大學研究人員在二〇一三年發表的研究中指出，教師認爲女生比男生自律，也就是說女生行爲規矩較爲良好。但是來自亞洲文化背景的老師回報的資料並未顯示相同結果，而是表明男女的自律能力相當。因此研究人員認爲，教師的性別偏見對於孩童行爲模式會有深遠的影響。美國的老師比較傾向認爲「男生就是這樣」，所以就放縱他們不守規矩。

該研究團隊的梅根．麥克萊蘭（Megan McClelland）表示：「大家一般比較能夠容忍好動嬉鬧的男孩，對於女孩的期望就是安安靜靜、不要搗亂。這種期許可能影響了部分老師的觀念。」

因應女孩在課堂上未獲充分認同的議題，美國女童軍組織特別製作「舉手」（Raise Your Hand）徽章，鼓勵女孩踴躍發言。不過，問題可能不在於女生不願發言，而是老師不點她們回答。

如何改變做法

溫蒂初次接受心理治療時，只想談論自己的壓力，卻不想承認自己正受到性騷擾。就在她逐漸理解自己的處境後，依然認爲：「要大方地說出這種事，感覺很可怕。」

不過客觀理解事實很重要。她認清自身處境後，能立刻採取相應的行動。自我教育有助於提升她的能力，而她的能力愈強，就愈能自信地表達個人觀點。

因爲溫蒂願意站出來表達立場，情況才能很快就有好的發展。可惜並不是每個人都能如此，有時挺身而出並不能換來理想的結果。然而這並不能說明我們不該尋求發聲的機會。我們的努力不會立竿見影，但是我們的聲音卻能激勵其他女性表達個人想法，創造正向改變。努力發出你的聲音，就不必再耗費心力埋藏祕密或壓抑意見。

認清現實

我們都曾呆站著，任憑別人講些無禮的笑話，卻沒有出言反駁；我們也都曾看過認識的人做了過分的事，卻沒有挺身制止。我們可能是怕把自己搞得像正義魔人，也可能是擔心害情況變得更糟，但總之都是選擇了保持沉默。部分原因也許來自我們未能認清自身權益已遭侵犯，或是自己已被物化。

身爲心理治療師，我經常建議家長教導孩子使用解剖學詞彙來認識身體器官。教導孩子認識自己的身體，並且了解什麼是安全和不安全的接觸，可以有效保護他們，並防範專找孩子下手的歹徒。孩子如果懂得如何清楚描述自己的經歷，就比較能夠取得協助，甚至順利抵抗歹徒。

掌握適當的措辭對成人來說也很重要。你必須知道自己當下的境遇，才能採取適當的因應措施。這絕非表示不確定自己的處境是否構成性騷擾或相關不當行爲，就不能挺身反抗。不過，認清自身權益受到侵犯或遭遇不當觸碰確實十分關鍵。

同事寄的低級黃色笑話電子郵件、鄰居針對你性傾向所發表的下流評論、你經過人行道上一群男人時聽到的輕佻口哨聲，全都算是不當行爲。

你必須了解正確的描述方式，才能與人談論自己的經歷。無論你是遭到性騷擾、跟蹤還是強暴，使用正確的措辭才可以在挺身而出後準確陳述。

切記，合法的事不見得合理。美國的很多法律都已經不合時宜了，例如：男人對你暴露身體來獲得性快感，這是違法行為，但如果有人寄了你根本不想要的自拍裸照，卻沒有違法的疑慮。

美國聯邦政府也沒有打擊街頭騷擾行爲的法律。研究顯示，百分之八十五的女性都曾遇過某種街頭騷擾，例如叫囂挑逗（catcall）。有些州已經立法，協助保護街頭行人免受騷擾。但我個人認爲，如果情節不太重大，警方也不會重視；電話報警時說有建築工人對你吹口哨，可能沒什麼幫助。

不過，我寫書時訪談過的其中一些人遇到叫囂挑逗時，並不覺得被冒犯。甚至有個人直言：「我認爲這是一種稱讚。我很高興男人注意到我的外貌。」但是還有很多人提到她們對街頭騷擾有多麼反感。其中一位坦承：「說實話，那些亂喊亂叫的人改變了我的穿著習慣。我冬天會利用大外套遮掩身材，夏天時也避免穿裙子，因爲我不想引人注目。我可以說竭盡所能地避免被注意到。」

挺身反對街頭騷擾者似乎無法阻止他們，而且不管說什麼可能都有危險。不過，女性確實應該勇敢表達意見，對抗他人利用低俗言行或性暗示來物化女性的現象——因爲那是男性試圖凌駕女性的一種方式。如果我們順利讓大家知道這種行爲不合理，或許總有一天可以創造出不容許叫囂挑逗的文化。

告知他人

你可能會聽到別人說：「你必須報警。」或是：「你應該爲自己勇敢發聲。」但這樣的建議其實有點天眞無知。是否主動反抗騷擾者或求助相關機構，只有你自己能夠決定，別人無權置喙。你的工作、安危、收入等各層面都可能因此蒙受風險。有些人可能會說：「不值得爲了錢而委曲求全。」或：「只想到自己的職涯很自私。」但這種論點不見得正確。需要自己扶養子女的單親媽媽，就必須考量到勇敢發聲的後果；如果她的性命受到威脅，也需要謹愼思考可行的方案。

不出言反抗並不表示膽小懦弱。你受到欺凌時，必須爲自己做最好的打算。如果經過判斷發現當下不宜挺身反抗，那也不表示你心智不堅強，而是說明你爲了避免自己受到更多傷害，做出了最好的選擇。

不過，將祕密永遠埋藏在心裡確實會帶來不良後果。因爲覺得羞恥或丟臉而保密，會使你心智耗弱。請務必找人傾訴自己，才不必背著包袱度過餘生。

即使你（基於安全考量）決定不通報相關單位或直接反抗，也不表示你不能討論這件事。你可以告訴醫師、與心理治療師談、向朋友傾訴、撥打國家設立的相關專線、參加支持團體——任何方法都行。總之就是要有傾吐的對象。

我聽過很多女性說：「但我的處境沒有那麼慘。」她們覺得自己的經歷在 #MeToo 相關討論中不值得一提，而且認爲被人騷擾、毛手毛腳或羞辱，都沒有嚴重到需要發聲對抗。

但大家挺身而出的原意，並不是要貶低遭遇極端暴行與欺凌的人，而是藉此對全體受害者表達支持，並群起疾呼：「這種對待並不合理。」

不知道該如何對朋友啓齒時，可以試著這麼說：「我原本要去跟這個新認識的男生約會，但你聽聽他說的這是什麼話……」當你開始願意分享自己的遭遇，就會發覺還有很多人也遇過類似的經驗。

向醫師或心理健康的專業人士坦承曾遭性侵或虐待，是有助於療癒身心的重要關鍵。除此之外，以下因素或許會讓你想向朋友、家人、伴侶或同事坦承：

- **取得道德上的支持**。聽到別人認同你的情緒並保證錯不在你，有助於你療傷。
- **散播相關意識**。談論相關經歷可以讓別人覺得自己並不那麼孤單，也能點明安全方面的問題，例如告訴表姊你的經歷之後，可以幫助她保護自己的子女，不讓歹徒有機可乘。
- **解釋自己的行為**。如果你拒絕在天黑後出門丟垃圾，或是不願搭乘地鐵，解釋自己的經歷，或許能讓周遭的人更加理解。

如果你想對非專業人士傾吐，例如伴侶、親友或同事，請好好思考這幾個問題：

1. **我為什麼想告訴他？**
2. **我希望達到什麼目的？**
3. **勇敢直言有什麼潛在風險？**
4. **保持沉默有什麼潛在風險？**

哪怕事發已經幾十年，而你到現在才說出來，你的勇氣也依然深具意義。你可以藉此向別人證明你不為此感到羞恥，而且自知錯不在己。另一方面，開始談論這件事，也能幫助你療癒自己的創傷。

為無法發聲的女性挺身而出

世界上有些女性無法為自己發聲。在沙烏地阿拉伯，女性於二〇一七年才獲准在沒有監督者同行的情況下獨立駕駛；在以色列，猶太夫婦要離婚只需要考量男方意願。全球各地都有權益低落的女性。但你大可不必大費周章地去四處尋找權益受侵犯卻無法起身反抗的女性。

其實，無論去到哪裡，幾乎都可以看到所謂的旁觀者效應，這才是眞正的問題所在。我們可以在日常新聞報導中看到實例。《今日秀》節目主持人麥特．勞爾（Matt Lauer）被人指控有涉及性的不當行爲時，很多人說這件事在工作人員之間已經不是什麼祕密了；開始有女性揭露哈維．溫斯坦的種種性侵惡行時，眾員工都說他衣冠禽獸的行爲人盡皆知。

你在辦公室看到有女性面臨性騷擾時，請挺身而出。你可以視情況選擇以下的做法：

- **反抗騷擾者**：直接介入並表明：「這種言論很不得體，會讓人不舒服。」至於你要當場直言或是拉開騷擾者私下提醒，則應該取決於彼此的交情以及你在公司的職位。
- **拯救受害者**：如果你認爲直接反抗騷擾者不太安全，可以視情況打斷他們，並對受害者說：「我有些事情想跟你討論，你現在有空嗎？」然後將受害者帶到其他地方。
- **呈報主管**：將事情記錄下來，並告訴主管或人資部門。雖然你不是受害者，但是也能進行通報。

即使你沒有現場目睹騷擾、暴力或性侵，也可以採取行動，爲全球各地無法暢所欲言的女性發聲。以下提供幾個可行的做法：

- **擔任機構組織的志工**：你可以捐贈物品來幫助人口走私的受害者，也可以志願擔任特殊專線的接線生。總之，想協助當地社群的女性有很多種辦法。
- **透過政治管道**。致電當地民意代表、參與線上連署、志願支援倡議運動、參加示威遊行，任何能傳達個人意見的辦法都行。
- **持續自我教育**。無論你自認對於女性議題的意識有多強，都請持續學習。我們很容易迷失在自己的小天地裡，忘了其他種族、族群、信仰和性傾向的女性依然面臨著不同層面的壓迫。

日常應對：事業

我經常受邀爲女性團體進行心智強度相關演說。其中很多團體都是女性自願籌組而成，因爲希望確保她們得以在男性主宰的大規模產業中順利發聲。參與這類團體的人幾乎都會告訴我，她們集結起眾多女性後，「整個氛圍都改變了」。沒有了男性介入，她們反而更能勇敢自在地發表意見、指揮領導，並完成目標任務。

當你意識到女性在職場上被噤聲時，會很訝異地發現這個現象竟如此顯而易見，甚至質疑自己怎麼沒有及早注意到。在全球各地，男性總是擁有更寬敞的辦公室、更優渥的薪水，以及更優質的客戶。

有些人可能會爭論道，那是因爲男性在會議中會主動發言。不過，影響一個人在工作上發言多寡的因素其實很多。

簡單觀察一下你的工作環境，如果你發現女性都不積極發表意見，請想想可能的原因。在會議上，男性會與女性商討事情嗎？女性會被冠以嘮叨、多話、難搞的罪名嗎？

盡力表達你的意見。開會時挑個靠前的座位，也爲你的朋友保留一個位置；透過電子郵件發起討論；條列說明你所處的工作環境可以如何協助女性更有效地表達想法，然後將這份清單提供給管理階層。

日常應對：家庭

最難出言反抗的情況可能是與家人的應對。如果你有個叔叔在感恩節大餐時嘲弄女權，或是爺爺很愛講性別歧視的笑話，那麼你恐怕很難說些什麼。

不過所謂的挺身而出也可以是傳達訊息，讓他們知道你聽了這類言論不太舒服。你大概無法用簡單一句話就改變他們的態度，但是可以讓他們在再次脫口而出之前多考慮一下。

如果這類行爲或評論是在你家出現，你可以制定相應的規則，例如：「我們家不講性別歧視的話。」這不但能夠教育子女，也可以作爲你個人遵行的原則。

如果你是在別人家裡，也可以用離席來表明自己的立場。直接拎起外套，走向大門就可以了。

爭執或討論政治正確與否並沒有任何意義，因爲你根本不可能改變任何人的想法。不過你可以設下底線，明確表達你的立場。

日常應對：社交

我有個朋友受到職場性騷擾，並在 Facebook 上分享了一些個人經歷的細節。她發布了自己的電話號碼，並且寫道：「如果你也有類似的遭遇，請打電話給我。我很樂意聆聽你傾訴，而且給予支持。我不會批判你的經歷或應對方式，只是想讓你知道，你並不孤單。」

她告訴我，她接到了好幾通電話。有些人是點頭之交，有些自從高中畢業後就不曾聯絡，但是她仔細傾聽了所有人的故事，並安慰她們並不孤單。她說，光是與其他有類似經歷的人聊聊，就讓她平復不少，因爲她從來沒有遇過其他女性會表明自己遇到性騷擾。

主動開啓話題並邀請別人交流，能夠有效幫助其他女性找到發聲管道，也能協助你找到爲自己挺身而出的勇氣。如果要談論性侵或家暴等棘手議題，請切記以下要點：

- **傾聽**。讓她好好陳述自己的經歷，不要打斷。盡量不要拿自己的故事與她的經歷相比，不要針對她應該怎麼做給予建議。
- **再三強調錯不在她**。無論是什麼情況，都向她保證她沒做錯任何事。
- **尊重她的感受**。無論她是憤怒、羞愧、害怕或低落，都予以認同。別說：「你不該覺得羞愧。」而是表達：「我能理解。」
- **提供資源**。建議她聯絡醫生、心理健康方面的專業人士，或是專門協助女性的組織機構。主動提議要幫她預約面談，或帶她前往指定的地點。

說出你眼中的事實使你更堅強

二〇一三年，泰勒絲（Taylor Swift）在一場演唱會的迎賓談話環節，遭到主持人鹹豬手。泰勒絲將這件事告訴廣播電台。他們展開調查後，開除了那位主持人。她告訴《時代》雜誌（*Time*）：「當時我正在大力宣傳一場重要的大型巡迴演唱會。在場很多人都看到了，還有一張照片可以證明。我想，如果他無恥到敢在這種場合騷擾我，可以想見要是有機可乘，他會對更加弱勢的藝人做出什麼事。」

後來那位主持人對泰勒絲提出告訴，指控她蓄意害他失業。泰勒絲以企圖傷害罪與毆擊罪對他提出反控，並象徵性地要求一美元賠償。

陪審團支持泰勒絲的說法。這個案件受到了全球矚目，很多人關注的是泰勒絲直言不諱的證詞。

辯方律師問她，如果主持人確實探她裙底，她有沒有不滿保鑣未適時阻止，她回應：「我不滿的是你的當事人將手伸到我裙子裡，還掐我的屁股。」

泰勒絲接受《時代》雜誌採訪時，稱整個審理程序「令人洩氣」。但她也鼓勵其他女性站出來：「你不應該因爲被性侵或性騷擾後十五分鐘、十五天或十五年才通報而受到譴責，也不應該因爲別人猥褻你所付出的代價而招致責難。」

目前看來，她的努力似乎發揮了效果。RAINN通報網的資料顯示，緊接在出庭後的那個週末，專線來電數量增加了百分之三十五。通報網的主席史考特．伯科維茨（Scott Berkowitz）對ABC新聞台表示，泰勒絲的案子「有效地向其他受害者說明，有力量在支持他們挺身追求正義」。

不要小看你的影響力。善用個人力量爲自己發聲，或挺身對抗某件事情，可以爲世界創造巨大的變革，也能爲你帶來改變。保持沉默會使你精疲力竭。你愈大膽發聲及分享意見，就會有愈多心力能夠投入其他事物。

解惑及常見陷阱

有些人認爲我們點出歧視是刻意帶入受害者心態。在特定情況下或許確實如此，例如女性沒來由地責怪男性阻礙她們發展，或將所有挫折都怪罪到性別歧視。但是歧視顯然確實存在，承認它的存在非常重要，只不過一味執著於歧視現象只會增加你的不悅。關鍵在於取得平衡，一方面指出歧視的情形，另一方面也仔細思考他人可能如何阻礙你成長發展。

避免怪罪沒有勇於發聲的女性。猥褻、騷擾或歧視的受害者之所以沒有站出來發聲，或者未能立刻挺身反抗，都是有其苦衷。針對她們的選擇批判，對任何人都毫無幫助。

有時，女性沒有挺身而出是因爲不覺得自己的處境有「那麼」糟糕。所以遇到言語騷擾的女性就會覺得，表達不滿似乎會貶低受到肢體侵犯的女性。然而重點並不在於不合理的事情有多嚴重；只要不合理，你就有資格發聲抗議。

還有一種常見陷阱是拒絕告訴任何人你曾有不愉快的經歷。可能你對媽媽描述保母的所作所爲時，媽媽認爲你還小所以不相信；又或者你表達個人顧慮時，老闆沒有認眞看待。但是別因爲這些經歷而選擇沉默，請找個信任的對象傾訴，或許考慮求助相關專業人士。

最後還要提醒你，如果遭遇過創傷，請尋求專業協助。創傷可能會使你因爲太過害怕而選擇噤聲，但是與人談論自己的遭遇，正是減少創傷對你人生造成影響的關鍵。

實用技巧

- 在受到欺凌或歧視的當下有所意識。
- 將個人經歷告訴別人。
- 為無法發聲的女性挺身而出。
- 邀請別人向你分享經驗。
- 制定明確的指導原則，避免家中出現性別歧視的情況。
- 盡力表達你的意見。

當心陷阱

- 假定歧視從未發生在自己身上。
- 任憑別人在你面前發表性別歧視的觀點，卻沒有挺身而出。
- 被動消極地看待性騷擾。
- 目睹其他女性的權益受到侵犯時，選擇旁觀不語。
- 絕口不提自己的經歷。

12 不為改變自我產生罪惡感

如果你不喜歡現在這條路，那就動手鋪一條新的吧。

——資深藝人桃莉・巴頓（Dolly Parton）

凱倫走進我的辦公室，說道：「我來是想讓我老公安心，讓他知道我還沒崩潰。而我好像也需要一些安慰。」凱倫和她丈夫布魯斯最近邁入空巢期。凱倫一直是全職家庭主婦，在子女都離家之後，她開始覺得有點失落。

她說：「我向來事必躬親：親自送孩子去練習運動、準備午餐便當、擔任家長會長、積極爲子女參與的活動募款。現在他們都不在家了，這些時間都要由我自己規畫。」空巢初期，她將額外空出的時間投注於還在讀大學的小兒子。但是，在她連續寄了一兩週的日常用品和零食包裹之後，小兒子向她表示宿舍房間已經放不下了。

最後，她只好加入圖書館志工團體。其他志工成員都比她年長至少三十歲，而且一個月只聚會一次。她希望透過這個團體，能有點事情做並經常出門。不過在初次聚會時，有個成員提到她女兒要舉辦一場週末瑜伽營。凱倫詢問了細節，即使對瑜伽一竅不通，依然在返家後立刻報名活動。

她很享受這類週末的休閒活動，也喜歡認識新的人，而且樂於學習瑜伽。所以當講師宣布她正在規畫前往柬埔寨，展開為期一週的冥想靜修之旅時，凱倫表示自己也有興趣，只是需要先與丈夫討論一下。

布魯斯並沒有跟凱倫一樣興奮。她說：「他知道我讀了《享受吧！一個人的旅行》（*Eat, Pray, Love*），大概是擔心我接下來會想跟他離婚吧。但根本不是這麼回事。」

布魯斯表達了他的擔憂，認為凱倫正面臨中年危機。凱倫說：「起初，我覺得參加瑜伽營對正要展開人生這個新階段的我來說，會是個絕佳機會。不過就在布魯斯說出中年危機的評論後，我開始懷疑這可能是個糟糕的點子。」

我問她，中年危機對她來說意味著什麼，她說：「面臨中年危機的你會做些蠢事，奢望著自己重返青春。就像有些中年男子會為了年輕小妞，毀掉自己的婚姻。中年危機讓你專注於你想像中自己錯過的一切，而不再欣賞眼前既有的事物。」

我又問她：「你覺得去參加冥想靜修符合那項定義嗎？」

凱倫回答：「我不這麼覺得。我並不是企圖創造嶄新的生活，只是現在有了更多屬於自己的時間，想爲目前的生活增添一些色彩。但是我想強調的是，如果眞的出現中年危機，我不見得能察覺出來。」她第一次來接受治療時，距離冥想靜修報名截止日大約還有一個月，所以她同意再來幾次，藉此釐清自己的顧慮。

接下來幾次治療，我們都在探索這次冥想靜修對她來說具有什麼意義，以及在她對於展開這場嶄新冒險之旅的想望背後，是否還有更深一層的意義。

後來我發現，凱倫這輩子花了很多時間在「忙」。她覺得爲了孩子的活動忙前忙後能讓她感受到自己的重要。現在子女都長大了，她開始覺得自己一無是處。

她說：「我想，我可能一直都對於自己沒能當個事業女強人而感到懊悔。把行程安排得非常緊湊，即使那些事情只是圍著孩子團團轉，依然讓我有了成就感。」

然而，如今邁入空巢期的她發現，自己的生活不再取決於行程忙不忙。她逐漸理解到，平靜安穩的生活也同樣意義非凡。她認爲學習冥想有助於她深入思考這個道理。

到了整個療程結束時，她提出了總結：「我生活中的事物都改變了，所以我想改變也很合理，這不表示我要改變一切，但探索新事物能幫助我更加了解自己想在接下來這個新的階段做些什麼。」

凱倫決定參加冥想靜修之旅。經過她更仔細的解釋，布魯斯也支持她的決定。她很有自信，認爲參加這趟旅程能徹底改造自己，更順利地邁入人生的下個階段。她說：「我希望能繼續學習，成就最好的自己。我認爲在生活中實踐冥想，是追尋心靈平靜的入門妙方。」

你害怕改變自我嗎？

不時改變自己，能使你不斷學習、成長，並順應生活中的變化。不過即使你認爲自己是要變得更好，改變自己也可能是件可怕的事。以下這幾點描述的是你嗎？

- □我忙於日常例行公事，不曾停下來思考全局，看看是否過著自己憧憬的那種生活。
- □如果我做出人生的重大改變，我會擔心別人的看法。
- □我覺得自己到現在都沒有成爲理想中的模樣，未來就不可能有機會達成了。
- □我沒有力量或動機爲人生創造正向的改變。
- □我擔心在私人或專業領域創造改變後，會使一切變得不順利。
- □我覺得聽到別人說「你變了」是件壞事。
- □我怕自己成長改變的程度超越周遭的人。
- □我安居於舒適圈內。

□我很少探索新的興趣、思考新的事業構想，也很少嘗試新事物。
□對於人生，我還有其他想做的事情，但是總是說服自己不要嘗試。

爲什麼我們會怯於改變自我

凱倫在其中一次面談回顧起一位奮力對抗老化的朋友：「她邁入四十歲那時，已經成了養生達人。她擔心氟化物對身體不好而不再喝自來水，買遍市面上昂貴的除皺霜，每一餐都吃一大堆的保健食品，每天都去健身好幾個小時。她的生活就圍繞著維持身材和美貌而打轉。我們都知道，她只是害怕變老。」凱倫說，大家都在討論這個朋友改變很多，而且沒有變得更好，而她並不想要自己也出現不好的轉變。

她說：「這聽起來很老派，但我不想脫離原本的生活，希望自己能穩定朝著某個目標前進。」凱倫擔心採取不同做法或嘗試新事物，就意味著自己對原本生活不滿，或對既有的一切不知足，而且不希望任何人覺得她改變是因爲怕老。

雖然只是一場靜修活動，凱倫還是非常憂心那會對她的生活帶來什麼意義。做些爲自己好的事情，追尋心靈的平靜，都與她的性格不符，對此她感到不甚自在。她一方面躍躍欲試，另一方面卻又因爲恐懼而躊躇不前。

你對於向高僧學習冥想禪修可能沒有任何渴望，但或許曾對於改變自我有所猶豫。無論是不安於別人的觀感，還是擔心自己會使生活變得更糟，害怕改變自己都算是普遍的問題。

改變自我不見得是要徹底改頭換面，也可能只是在生活中製造些許簡單的變化，讓你更接近自己理想中的模樣。

女性想改變個人感受，男性想改變所處環境

你可能聽說過女性喜歡討論問題，而男性偏好解決問題。男女面對問題的應對方式不同並不是刻板印象，確實有研究顯示兩性處理不悅的方式有所差異。二〇〇八年刊登在《憂鬱與焦慮期刊》（*Journal of Depression and Anxiety*）上的一篇研究，探討不同性別處理壓力事件的方法。研究人員發現，女性比較容易聚焦於情緒，男性則傾向著眼於問題本身。

換言之，女性遇到問題的時候，會很努力想改變自己的感受。她們會採取各種策略，包括找人宣洩或改變對所處環境的看法，來減緩情緒壓力。

男性則會試著消除他們的痛苦來源。他們積極改變環境，而不是自己的情緒。

這就說明兩性面對不喜歡的工作時，可能會有什麼不同的反應。女性會對伴侶抱怨工作的問題，或者保持正向樂觀的心態，提醒自己工作上還是有些令人愉悅的事物。男性會找主

管討論如何改善工作內容，或是找新的工作。

針對無法改變的環境條件，例如長期健康問題，重視情緒的方式的確較佔優勢，所以女性可能較爲擅長應對無法解決的問題。

不過，如果是財務問題之類個人可以解決的問題，著重於問題本身的處理方式才是比較理想的策略。

研究人員推測，或許就是因爲女性傾向採取訴諸情感的處理方式，所以憂鬱症和焦慮症的機率高於男性。有時候，你不但要改變自己對所處環境的看法，也需要改變環境本身的條件。創造改變可能就意味著需要改變自我。拒絕嘗試不同的事物，可能會導致你停滯不前，並衍生更多問題。

改變自我顯得麻煩、矯情、軟弱或虛偽

女性找我接受心理治療的原因，通常是想讓自己好過點。但是當我們討論到要做些有別以往的事來改善她們的心情時，就會聽到各種不同的顧慮。以下列舉幾個女性最常用來拒絕改變自我的理由：

● **「我沒有動力去改變。」**採取不同的做法需要力量，但是這所耗費的心力可能少於你

一直採取相同辦法卻絲毫不見效的情況。

- **「這聽起來太新時代[1]了。」**改變自我不一定是要喚醒你沉睡的心靈，或是再造一顆赤子之心。女性數十年來不斷爲自己創造改變，只是在當年男性上戰場、女性進工廠的年代，她們不見得會將自己的努力奮鬥稱爲自我改變。
- **「我應該撐得住。」**改變自己所處的環境（例如因爲不滿目前工作而轉換跑道），並不表示你很軟弱，因爲嘗試新事物需要耗費力氣。
- **「我就是這樣。」**改變自我並不是要改變你的個性或假裝成別人，而是盡力拚搏或稍微收斂。你不必變成截然不同的人，而是成就最好的自己。

改變自我並不表示你必須徹底改造生活大小事，可能只要落實幾個簡單但有效的改變，就能改善你或別人的生活。以下提供幾個可行的辦法：

- **改變習慣：**找出你想改變的習慣，例如將夜貓子作息調整成早睡早起，或是戒菸。
- **重視心靈層面：**提升心靈層面可能涉及宗教，但非絕對如此，也可能是在日常生活中追尋更深刻的意義與目的。
- **找份新工作：**多數女性有很多時間都是奉獻給工作，所以你或許可以考慮換個職位或轉換跑道。

- **拓展社交圈：**經常與你相處的人會深深影響你的人生。你可以找個心靈導師、加入組織，或是結交些新朋友。
- **培養興趣：**培養新的興趣或重拾冷落已久的愛好，從居家美化到園藝勞作，任何選擇都可能發掘出你嶄新的一面。
- **稍微改變外表：**變換新髮型這樣簡單的小事，也能爲你的心情或行爲帶來不可思議的改變。如果你想要有些明顯的改變，也可以考慮改造衣櫥，或讓頭髮呈現自然的灰白色。
- **轉換態度：**你不見得要一開始就採取實際行動才算有所改變，可以先從思維的轉變著手。常懷「感恩的心」或自我關懷或許是徹底改造你世界觀的最佳方式。
- **調整重要人事物的排序：**每天庸庸碌碌的生活讓你很容易就忘了重要的人事物。改變自我可能是決定花更多時間陪伴家人，或者減少使用社群媒體的時間。

1 譯註：新時代運動（New Age Movement）是一九六〇年代起源於歐美的宗教與心靈啟蒙運動，主張跳脫舊時代著重物質、科技、社會群體的思維，轉而追求心靈、精神、個人信念的探索。

● **學習新技能**：報名鋼琴課、學習日本靈氣療法[2]，或是摸索著如何架設網站。學習新技能會使你心胸開闊，創造更多可能。

問題所在

凱倫想到自己踏上冥想靜修之旅的決定時，對自己說：「那不是我。與幾乎陌生的人搭著飛機去度假，只爲了學習自己以往完全不在乎的事情……我不是那種人。」她這麼想之後，這個計畫就顯得有點不切實際了。

不過，她會這麼說是因爲認定自己的個性、興趣和身分認同都是靜止不變的。她自認已經年紀太大，不適合探索未知的興趣，也來不及培養新的技能。但如果她一直陷在這種心態中，就不可能在這個人生的新階段有所成長。

很多人認爲我們應該在二十歲就「尋找自我」，然後謹守當時爲自己設下的夢想和原則度過餘生。但是這種心態可能會害你低估了自己。自我成長和個性轉變都是強健心智的必經之路。

我寫書時訪談過很多女性，她們都解釋在多年來逐漸接納眞正自我的過程中，經歷了巨大的轉變。有一位說：「我青春期時從報章媒體上學習到，女人應該是什麼樣子；於是在二十幾歲時，努力瘦身、保持有禮，當個男人背後的女人；三十歲之後，才發現這一切對我完全沒有任何好處。我只不過強化了社會對女性的壓抑，一同要求大家達成男人眼中所謂『完美女人』的標準。現在的我雖然不符合所謂的『完美女人』形象，卻更能接納自己，也更有自信。」

你的個性會變，你也應該跟著變

有人認爲，個性和身分認同在成年之後就相當穩定了。不少女性也深信，五歲的自己跟六十五歲的自己理應是同個人。不過，米爾斯長期研究機構（Mills Longitudinal Study）發現，女性的性格會隨著時間而有所改變。

他們是在女性受試者高中畢業不久後開始進行研究，長期追蹤超過五十年，然後發現女性的個性出現了變化。受試女性如今已年逾七十，依然隨著年齡增長而出現性格上的轉變，其中有百分之十的女性在六十至七十歲之間出現了重大的性格轉變。這表示個性會跟著我們的年齡一同成長。

2 譯註：「靈氣」（Reiki）之名源於日文漢字，原意為宇宙間的能量，今成為流行全球的一種替代醫學療法名稱，該療法是透過雙手將能量傳輸到接受者身上，使接受者的身體恢復健康或情緒穩定平和。但也有人認為相關實證不足，只能將其療效視為安慰劑的作用。

該研究主筆拉芬娜・赫爾森（Ravenna Helson）接受《今日心理學》雜誌（*Psychology Today*）採訪時表示：「我們會隨著人生經驗的累積調整自己的身分認同。即使到了六十歲，人們還是可以下定決心，成爲更接近個人目標的自己。」

我們以前都認爲，個性會塑造經驗。如果你性格外向，可能會選擇客服相關的職業，並出席各式各樣的社交行程；反之，如果你性格內向，可能會從事遠端執行的工作，而且只參加能與關係親近的朋友交流往來的社交活動。

不過現在我們知道了，經驗也會塑造個性。相較於幸福的長期穩定婚姻，經歷過程不太順利的一兩次離婚之後，可能會影響你對自己的看法，以及你與他人互動的方式。同樣道理，你的工作滿意度也可能影響你的情緒、收入、人際關係和退休計畫。

二〇一八年發表於《個性與個體差異》的一篇研究發現，教養子女會影響女性的價值觀，但是在男性身上不會出現這樣的改變。研究人員發現，新手媽媽「樂於改變」的意願會愈來愈低，轉而採取較「保守立場」，也就是說，自我引導和個人目標的重要性下降，女性變得更重視傳統、規範與安全感。

你的價值觀出現變化後，生活也會有所轉變。你在人生某個階段最重視的事物，可能不再是下個階段的首要考量。改變自我或許就能直接反映出這些變化。

無論你是在多年下來人生經歷些許重大變化，還是生活相對穩定，個性可能都有所轉變。

面對並重視這些轉變，有助於你展現出最優秀的一面，而且這通常也就意味著改變自我。

你的人生不會因拒絕改變而順遂

我曾有位個案是護理師。她在醫院服務了很多年，一直很喜歡這份工作。但是在執業的過程中，情況開始出現轉變。她厭倦了醫院的政治鬥爭、保險公司的授權委託，以及日新月異的科技，而且覺得依目前的職位來看，自己根本沒有能力提供優質的患者照護服務。

其實，出了這家醫院，還有很多機會可供她重新開始。她人可以到居家照護機構、學校、診所或各種其他單位服務，但是她拒絕尋找其他工作機會。她的身分認同感將她侷限在這家醫院的外科護理師職位上。

她很想把分內的事做好，但是對這份工作的嫌棄使她無法充分發揮。她自認遇到了瓶頸，卻又不敢做出另類的嘗試。

我看過很多女性面對改變自我遇到了極大困難。有些人就跟這位個案一樣，因爲不想對職涯做出改變，而留在自己討厭的工作崗位上。也有人因爲害怕單身的孤單，不願結束恐怖的交往關係。

可惜她們無法使自己過得更好。她們可能會質疑自己採取不同做法的能力，或者擔心別人對她們的看法，但無論如何，都很難創造正向改變。

如果你堅持己見決定從一而終，就不可能有所突破，也會被其他人的發展超越，而且你的人生也絕不會更順利。

如何改變做法

凱倫必須化解她的恐懼。她擔心開始學習瑜伽和靜坐冥想後，別人會覺得她「變成了嬉皮」；也害怕自己想創造正向的改變，是因爲心裡懷藏著對生活的不滿。不過她的這些想法爲自己徒增了許多困擾。其實，她只需要接受自己已經邁入新的人生階段，那麼嘗試新事物就顯得完全合理了。假如她最後覺得那趟靜修之旅不符期望，也不過就是付出些許時間和金錢，但依然獲得了一次體驗。

我在凱倫的其中一次治療面談時問她：「如果你放棄這次冥想靜修的機會，會怎麼樣呢？那段期間，你會改做什麼？有什麼感受？」她說：「我可能整個夏天都會跟那些八十歲的圖書館之友一起種花。」她想了一下，接著說：「那樣也不錯，但我可能會對那樣的日子沒什麼期待。就算我後來可能發現冥想不太適合我，但我會覺得自己至少嘗試了新事物。」

你如果想改變自我，可能也必須面對一些害怕的事情。儘管沒有辦法保證改變之後會更快樂、更健康，或是對生活更滿意，但至少能使你獲得一次學習經驗。

退後一步，整體評估

偶爾可能會發生一些大事，促使你認眞評估自己的生活，像是健康狀況的變化、失戀、痛失親友、象徵著某個里程碑的生日、令人沮喪的挫折等。在這種情況下，改變或許就是無可避免的選擇，甚至是孤注一擲的決定。遭遇危機後創造正向改變當然可以帶來深刻影響，但是你不必等到生活出現變化，才著手改造生活。

我們很容易忙於忙碌的日常工作，忘了檢視自己是否創造出心裡所嚮往的生活。但是對某些女性而言，問題並不在於找出想改變的事情，而在於採取行動。

稍微抽離一下，自問是否充分發揮了個人潛能。切記，充分發揮潛能並不見得表示賺最多錢、從事最了不起的工作，或是達到最高的成就。也許你最能發揮潛力的事情根本無法量化，例如善良、慷慨、熱心助人。

養成習慣，每個月自我檢討，思考你想改變什麼習慣，或是想設立什麼目標。你可以問問自己以下幾個問題，來幫助自己找出想改變的事情：

1. **我想成為怎樣的人？**花點時間想像健康或快樂的人會如何面對人生，或是出色的領袖會如何行事，然後再想想他們的爲人處事之道。

2. **我現在可以採取哪些行為，讓自己更接近那樣的人？**找出可行的做法，幫助你成為自己理想中的模樣。這不完全等於模仿或抄襲別人，但可能要先實行幾個乍看讓你覺得勉強的改變。

3. **為了達成目標，我需要放棄什麼？**有捨才有得。請務必列出你願意付出的代價，例如：上健身房會減少你晚上看電視的時間，報名藝術課程會壓縮到出去吃大餐的預算。總之，識別出你實行改變時需要放棄的事物。

4. **我要怎麼知道自己沒有偏離目標？**你不可能只做一件事就徹底改變自我，創造正向改變需要一段時間。所以請務必想想你朝著目標前進時，會注意到哪些事物，並在過程中經常檢視。無論你要改變的是外表、行為或情緒，都應確認可顯示你努力方向正確的指標。

找出阻礙改變的因素

曾有位個案在照顧衰弱生病的奶奶好幾年後，決定離開零售業的工作，自行創立老人照護機構，「市面上的老人居家照護協助服務不夠充足。我想開設一間代理機構，聘雇能協助長輩烹調、打掃和自我照護的員工，讓老年人能夠安心地住在自己的家中。」

她對如何開始經營這類事業一概不知。她深入了解之後，發現相關資訊多得令人難以負荷。她說：「有時，我覺得自己真是想得太美好了。」她數度放棄這個構想，但每次半途而廢，就因割捨不下而又開始研究。

她感到身心俱疲，因此決定接受治療，「我不知道這個目標是否值得我去追尋。我想把事情做到好，卻似乎毫無進展。」

她的問題並不是缺乏動力，相反地，她確實很有執行的動力。她的癥結點在於害怕；怕自己能力不足，怕會失敗，怕會讓別人失望。

她必須正視內心害怕的這些事情，才能有所進展。她害怕的事情當然可能成真，但是她卻在體認到自己的恐懼之前，就一直說服自己放棄嘗試。

我們聊起她的恐懼之後，她立刻理解即使那些情況不幸發生，自己也有能力應對。儘管恐懼的心情並未隨著她的理解而瞬間消失，但是了解自己的情緒狀態幫助她明白，帶著焦慮依然能夠奮力前行。她知道自己的企圖心比恐懼更強烈。

逐漸地，她不再自稱是「零售經理」了，開始認同自己是「老人照護機構負責人」。她知道組織要達到穩健營運的程度，還需要一段漫長的過程，但她已經決定要盡一切努力實現目標。

不管是否爲了達成目標，改變自己都是非常困難的事情。動力維持不易，阻礙不斷出現，種種積習難改……請明辨有哪些令你害怕的事物可能阻礙你的發展與成功。

以下簡單列舉幾項可能使你因害怕而躊躇不前的因素：

- **害怕自己把情況變得更糟**
- **害怕別人的反應**
- **害怕自己失敗**
- **害怕改變的過程太勉強自己**
- **害怕自己會出糗**

揪出自己害怕的事情之後，問問自己：「如果這些情況真的發生了，會有多糟？」通常我們選擇逃避，是因為不想面對恐懼，但是冷靜思考之後，就會發現大部分後果並沒有那麼可怕。失敗、出糗、搞砸，都好過事後才懊悔自己不曾嘗試。

善用奇蹟問句

我曾協助過一位患有社交焦慮症的年輕女子。她從小到大都非常害羞，高中時焦慮加重，連出門上學都有困難。她從那時起，就不再參加任何社交活動，課堂出席率相當低。父母都很擔心她無法順利畢業，便允許她參加線上課程，才得以獲取文憑。

畢業後兩年，她依然無業在家啃老，幾乎天天看電視、上網。她跟高中時的兩個朋友依然保持聯繫，但因爲他們都上了大學，因此碰面機會並不多。

她也想上大學，但不想再以線上學習的方式取得學位，而是希望能親自到校上課，所以開始尋求心理治療的協助。她想更自在地面對社交活動。她的療程初期側重於暴露治療[3]。她開始透過頻繁的社交互動練習，正視自己的焦慮症狀。這個方法稍微發揮了作用，不過距離正常求學還差很遠。

因此我們著手調整她對自己的看法。她每次出席社交場合，就認爲大家都在對她品頭論足。所以我們一起擬出比較健康的觀點，來安撫內心焦慮的念頭。這招也有幫助，不過成效依然有限。

因此，我有一週對她提出了所謂的「奇蹟問句」（miracle question）：「假設今天晚上，在你熟睡時出現了奇蹟。你隔天醒來時，社交焦慮症徹底痊癒了。你會從哪些方面發現情況突然改善了？」

她說：「我照鏡子的時候，大概會覺得自己氣色好很多，穿著打扮和髮型可能也會不太

3 譯註：「暴露治療」（exposure therapy）為心理學術語，是治療焦慮症或恐懼症的一種方式，係指採取循序漸進的方式，讓患者暴露在易引起焦慮或恐懼的環境中，並透過反覆練習達到降低患者焦慮或恐懼的效果。

一樣。」過去這幾年，她已經不再化妝，自然鬈的頭髮也留得很長，低頭時甚至會蓋住整張臉。穿著方面，幾乎是千篇一律的黑色服飾。

我又問她到時候會做些什麼，她說：「我會主動聯絡幾間想就讀的大學，然後規畫重返校園。」

我激勵她假裝奇蹟已經發生，立刻從剛說過的事情中挑出幾件著手。她第一時間就說：「焦慮症沒好，我根本做不到。」我還是鼓勵她放手一搏，看看成果如何。她同意了。

她隔週來到治療室時，走路的姿態和髮型都有了明顯不同。她不但剪了頭髮，穿著也不如往常一身黑，而是換上紅色的毛衣，臉上還掛著大大的笑容。她說：「修整髮型並換上亮色衣物的效果簡直超乎預期。」

外型上的改變當然不可能完全治癒她的焦慮症，但是病情確實有顯著改善，而這正是能使她不斷進步的動力。最令人高興的是，這都是她自己想出來的方法，我並沒有要求她爲了治療焦慮症而改變髮型和穿著的色系。是那個「奇蹟問句」幫助她摸索出解決之道。

「如果發生了奇蹟，你隔天醒來時，你會從哪些方面發現情況突然有了轉機？」提出這個問句是一種著重於解決之道的治療技巧。我很喜歡用這種方式，幫助個案自行找出化解問題的辦法。

你可以對自己提出同個問題。想像一下，如果一切都好轉了，你的生活會是如何。要透過哪些方面知道情況有所改善？你會對什麼事情採取不同的做法？想好之後就動手落實。

如果你的「奇蹟」涉及不可能成眞的事，例如與已經離世的親人相處，可以思考有沒有其他人選能陪伴你，並爲你帶來些許安慰。

很多女性都要等意識到變化，才願意付諸實行；畢竟女性的天性就是先訴諸感情，而不是先採取行動。不過，率先改變行爲有時正是改變自我觀感的關鍵。你必須給自己一些挑戰，否則也不可能奇蹟般地就充滿自信；你必須先努力朝著目標前進，否則也不可能瞬間滿懷衝勁。所以別再空等著落實改變的感覺了，先改變行爲模式，你的感覺也會有所不同。

日常應對：事業

改變自我未必需要改變一切外在事物，你可以只稍微地調整內在觀念。

我曾遇過一位個案，她女兒對她說：「媽媽，我沒別的意思，但我希望能找一份對這個世界有貢獻的工作。」身爲髮型設計師的她回答：「這沒什麼啊，我的工作就很有貢獻。我每天爲女客人設計髮型，讓她們對自己更有自信。」

每個人都需要爲自己的人生找到意義。你不必將改變世界視爲己任，或許對你來說，只改變一個人的世界也就足矣。

另外，你也不必等到經濟狀況穩定或子女長大成人才來考慮改變。你可能覺得環境條件還沒改變，就對生活進行全面改造不太合理，可是如果想發掘更深刻的意義與目標，不妨立刻採取行動打造嶄新的自己。

你不見得要重返校園學習新知識或新技能，可以運用既有的知識和工具，轉換職涯跑道以改變自我。你也不一定要明確擬定後續計畫，只要抱持彈性、開放的心態，迎接隨時出現的機會。

安妮．杜克（Annie Duke）就是如此。她攻讀心理學博士學位時不幸生了一場病，住院兩個星期，研究獎金因此被取消。需要收入的她決定靠著玩撲克賺點錢。她哥哥是職業撲克玩家，她看過他打牌。當時她打算只打一年的撲克，沒想到一打就是二十年。

她成了世界撲克冠軍，並贏得撲克錦標賽的上百萬美元獎金，正是因爲善用心理學知識揣摩他人心思，並誘騙敵手。人氣爆漲的她受邀出席《你比小五生聰明嗎？》（*Are you Smarter Than a Fifth Grader?*）等遊戲節目，同時也是《誰是接班人》（*Celebrity Apprentice*）的決賽選手。

二〇〇二年，她應邀進行決策相關的演說。她很享受演講的感覺，於是再次轉換跑道，展開寫作與演講生涯。

安妮不曾事前籌備改變，卻樂於嘗試生命中出現的各種機會。她告訴我：「我這輩子眞的非常幸運，包括一九九二年使我無法完成學位、取得教職的那場胃病，都是命運的安排。」

前陣子，我有幸親自訪問安妮對於害怕改變自我的女性有什麼建言，她說：「切記，對現在的自己不夠滿意，就應該大方接納風險與無常。如果過得不愉快，那麼任何改變都能輕易改善你的處境。另外，凡決定不思改變，就勢必要承受當下可能忽視的風險與無常，如果你正處於困境，後續的效應就會更嚴重。」

你可以效法安妮展開截然不同的職涯，也可以只做些小小的改變。無論你做了哪一種選擇，都應該抱持開放的態度來面對人生大小事。如果你對現狀懷有不滿，不妨跨出大膽的步伐，做些不同的嘗試。

日常應對：家庭

家庭也許是使你想要改變自我的一大原因。你扮演的角色可能經常轉換，幾十年之內說不定就經歷結婚、生子、照料老小、應付青春期子女、空巢期等階段，而且大部分的女性可能還會一次變換多種角色。

不過，家庭也可能是妨礙你改變自我的一大阻礙。可能是你的伴侶不支持你實現夢想，也可能是手足不願幫忙照顧年邁的雙親，使你不得不一肩扛起這個重擔。

毋庸置疑，家庭會左右你能否創造正向的改變，但是千萬別怪他們拖累了你。

無論你是經濟條件有限的全職媽媽，還是幾無閒暇時間的職業婦女，生活方式的選擇完全取決於你。你可能因爲背負著家庭責任而無法一圓搖滾明星夢，不過別忘了，你才是自己的快樂主宰者。

如果你很重視家庭，請務必採取客觀務實的態度。怪罪他們阻礙你的發展，會使你愈來愈刻薄憤懣——這對任何人而言都沒有益處。

日常應對：社交

我曾遇過一位個案，她從未特別關注自己的健康，直到醫師告訴她必須針對高血壓和膽固醇過高開始用藥，才留意起個人身體狀況。她的體重在兩次懷孕期間都有明顯上升，而且幾乎沒有減重。她一心關注孩子的活動，反而疏於照顧自己。

不過這次的診斷對她發揮了警醒作用，她決定將健康視爲首要之務。短短幾個月內，她的長褲尺寸連續小了好幾號。她開始覺得身心狀況有所改善的同時，朋友卻開始說：「你這樣減重減得太快了。」「你看起來很憔悴。」

她不知道該怎麼消化這些評論，並說：「有時我會拒絕朋友的邀約，因爲要上健身房，或是知道自己跟他們待在一起，就會毫無節制地大嗑披薩。但我不懂他們爲什麼要那樣說，我以爲他們會替我開心。」

她改造自己並活得更健康，卻使她的朋友不太自在。不管他們是嫉妒她減重成功，還是不滿她變得很難約，她的努力很顯然沒有受到他們支持。可惜有這種經驗的並不是只有她。

很多人在生活中進行改變時，都發現朋友不太支持。你可能會發現「新的你」無法順利融入「舊的你」的社交圈。

這並不表示你的改變是錯誤，有可能是你的成長超越了某些人，或是新的生活型態與這些人不合。

不過你也不應該放棄女性朋友。友誼是女性生活中不可或缺的要素。多項研究顯示，女性之間的友誼好處多多，包括促進心理健康及延年益壽。

女性友誼的重要性就在於社群支持有助於女性壓力控管。加州大學洛杉磯分校（UCLA）的團隊進行了一項研究，發現男性面臨壓力時會出現「戰或逃」（fight or flight）反應，而女性則較常採取「化敵爲友」（tend and befriend）的策略。女性在承受壓力時，會自然而然地向其他女性求助。社群支持使女性面臨壓力時，壓力賀爾蒙[4]不會像男性那樣飆高。

4 譯註：「壓力賀爾蒙」為皮質醇（cortisol）的俗稱，是由腎上腺分泌的一種激素，可調節身體免疫系統因應外在挑戰，因而得名。

如果朋友不支持嶄新的你，也別放棄與女性朋友往來。你可以直接與她們討論自己的感受和發現，如果她們還是不願給予支持，請尋找其他能夠贊同你改變的人。另一方面，你也應該留意自己是如何對待改變自我的朋友。當然，你不必支持他們有欠妥當的選擇，但是要小心自己是否在他們想精進自我時，沒有給予充分支持。

改變自我使你更堅強

蘿倫．帕絲可（Lorraine Pascale）出生後就被送入寄養家庭，並在一年半之後被另一戶人家收養。不過她養父母的生活並不穩定，她在八歲時又開始接受寄養安排，並由多個寄養家庭共同撫養。到她十一歲時，有個慈善機構出錢讓她上了寄宿學校。

她在寄宿學校內過得非常好，不但能夠參與各種活動，還因此發掘自己對烹飪的熱忱。畢業後，她進入了模特兒產業，發展相當順利，不久後便成爲能與娜歐蜜．坎貝兒（Naomi Campbell）和凱特．摩絲（Kate Moss）同台的模特兒。不過走秀的工作卻使她內心非常空虛。她在個人網站上寫道：「我希望能有更多成就，像我父親當西班牙文教師時熱愛著自己的工作那樣，擁有對工作的熱忱。」所以她在結婚產女後，辭去模特兒一職，開始尋找能使她感到心靈充實的工作。

後來，她讀了職涯指南《你的降落傘是什麼顏色？》（*What Color Is Your Parachute?*），啓發她踏上尋夢之旅。她嘗試過汽車機械、室內設計、催眠療法，最後還是選擇了兒時的興趣——烹飪。她重返校園深入研究食品產業，畢業後便創立了屬於自己的烘焙坊。

她的烘焙坊經營相當順利，接收到來自各界的邀約。她簽訂一份出版合約，還上了《糟糕烘焙師大改造》（*Worst Bakers in America*）、《佳節烘焙冠軍》（*Holiday Baking Championship*）等多個電視節目的通告。蘿倫說：「邁向眞正快樂的唯一途徑，就是在能力所及範圍內盡力回饋付出。」她透過烘焙找到了心靈的充實感，卻也不怕再次改變自我。她現在甚至考慮回到大學攻讀心理學和神經科學，當作「簡單的業餘進修」。

蘿倫在她的網站上寫道：「我跟很多人一樣，在年輕時曾經面臨種種挑戰，而唯一的解決之道就是『一一體會』。想精進自己並治癒過往的創傷，沒有任何捷徑。」

蘿倫不曾害怕改變自我，甚至沒有因爲必須放棄收入頗豐的事業而退卻。但是正如她所言，嘗試陌生事物可能是自我覺察的關鍵，而且能爲你打開充實人生的大門。

解惑及常見陷阱

緊握不切實際的幻想，不會對你或任何人帶來好處。決定讓「新的你」在六十歲時加入奧運田徑代表隊，大概弊大於利。所以檢討自己的目標，並確認目標的設立符合現實條件，這點是很重要的。你可能透過新聞報導聽說過少數的特殊案例，他們克服極為困難的挑戰或達成不可能的任務，不過那些新聞並沒有報導未能實現夢想的眾多無名氏。因此，一定要確認「新的你」是有機會達成的目標。

對於希望改變自我的人而言，「這山望見那山高」的心理可能是個危險的陷阱。儘管職涯方向或居住環境的轉換可以使你更快樂，但是一直覺得其他事物更誘人，卻會讓你陷入長期沮喪的情緒。

如果你經常為了追尋快樂而大膽冒險，卻只發現「那山」並沒有比較高，改變自我就不會是什麼妙計。你必須學會坦然接納自己，並且對於既有的一切感到知足，才有可能尋得真正圓滿豐足的生活。

實用技巧

- 退後一步，看清當下的生活是否符合自己的價值觀。
- 找出改變的目標，讓自己更接近理想中的模樣。
- 體認阻礙你改變自我的因素。
- 思考如何運用現有的技能，創造出有別以往的成果。
- 了解自己的個性隨著時間有了哪些改變。

當心陷阱

- 畫地自限，不敢做出不同的嘗試。
- 抱有「這山望見那山高」的心理。
- 認定改變太難而拒絕改變。
- 以為永遠維持不變才是展現真我。
- 等到感覺對了，才開始改變行為。

13 不貶抑自己的成就

我們最怕的不是自己能力不足，而是強大得不可估量。

——作家瑪麗安・威廉森（Marianne Williamson）

夏綠蒂當了十二年的銷售業務員，每個月都能領到業績達標的獎金。州級、區級單位都對她相當器重。

多年來，她憑著出色的表現拿下不少獎項，但是接任國家級培訓師的機會，在她毫無預料的情況下突然降臨。這份工作需要出席全國銷售業務大會進行演講，並指導區域經理的銷售培訓策略。

接任這個職位後，夏綠蒂依然可以繼續負責手上的銷售業務，所以她欣然接受了。但就在她答應之後，恐懼感也隨之浮現，使她決定尋求心理治療。

她在第一次面談時說過：「我應該要很興奮能獲得提拔，但是心裡卻幾乎只有驚恐。我十分喜歡銷售職位，也很榮幸能獲得升遷，但我不曉得自己能否勝任。」

夏綠蒂覺得自己還不夠格教導銷售策略，「我對銷售根本就沒有那麼在行，可能只是比較幸運，遇到比較多願意買帳的客戶。我該傳授些什麼？順利成交的祕訣就是當個好人嗎？」

她接下來幾分鐘不斷回頭質疑自己的成就，以及為什麼公司相中她來接任那個職位，「我現在覺得自己真是個白癡。我靠著糊弄，讓別人以為我很擅長銷售。現在我遭到報應了，他們要我分享自己的『成功祕訣』，但我根本什麼都不會。我現在還來尋求心理治療，顯得自己更蠢了。有誰會因為受到提拔而接受心理治療啊？」

我向夏綠蒂再三強調，升遷後找上心理治療師的不是只有她，「在這樣的時間點，感到焦慮和質疑自我能力是正常反應。」

「噢，太好了。那我應該怎麼做才能更有自信呢？我考慮要開始竭盡所能地閱讀銷售領域的書籍，這樣別人問我相關問題時，我才能說出有深度的答案。」

「你覺得上司是希望你讀銷售書籍，然後再轉述給其他銷售業務嗎？還是希望你根據自己的專業經驗分享知識？」我問完之後，夏綠蒂說：「噢！我敢說，他們是想要我分享專業知識，但恐怕我根本不具任何專業知識。」

我鼓勵她別再閱讀任何銷售書籍——至少現階段不必考慮——並建議她安排每週接受治

療，以減緩她的焦慮情緒。令人欣慰的是，她同意了。

起初，她深信夏綠蒂有兩個：一個是她自己眼中的夏綠蒂，另一個是主管眼中的夏綠蒂。我們談論到，爲什麼她很容易就認定主管對她的肯定是大錯特錯，卻很難接受她可能比自己想的更優秀。

我們也討論了認定自己不適任有哪些風險。如果她都不相信自己，就更不可能成功。

我們又探討了她對於謙虛的想法。她覺得自稱「努力有了代價」，就等於是在宣稱「這是我應得的」。爲了幫助她認識自己的技能與才華，我們製作一份清單，列出她運用的銷售策略。我們只花了幾分鐘，就洋洋灑灑列滿了兩頁。寫完之後，我說：「夏綠蒂，根據這份清單，我想你確實有很多值得分享的知識。只不過，我怎麼想並不重要，重要的是『你』也要這麼認爲。」

接下來幾個月，我們就努力塡補她自我意象和外人眼中形象之間的落差。我們合作加強她的自我覺察能力，並討論可以提升她自信心的辦法，夏綠蒂對自己的觀點才逐漸有了轉變。

她慢慢理解到，自己得以升遷是因爲她的工作表現優異，而她的極端恐慌也因此弱化成比較正常的焦慮。她依然對於公開演說相當緊張，也仍對向眾多經理級人物提出建言的局面沒有把握，但是已經對自己的技能和知識更有信心了。

你覺得認可自己的成就很難嗎？

失敗會使人難受，這並不是什麼祕密，但成功也可能爲許多女性帶來意外的痛苦。無論你是根本不相信自己有所成就，還是怕顯得太自戀，都可能會使你很難認可自己出色的表現。請參考以下幾項，有沒有哪幾條像在說你？

- □我自認不配擁有那些成就。
- □別人稱讚我的時候，我會很不自在。
- □我達成某個目標時，會把所有功勞都歸於外在因素，例如運氣好或他人幫忙。
- □我不會談論自己的成就，因爲不希望自己像是在吹噓。
- □談到自己的成就、智慧或地位時，我會輕描淡寫帶過，因爲不希望害別人難受。
- □我不太認可自己的技能、才華和經歷。
- □別人誇獎我或談及我的優點時，我會偷偷懷疑他們是不是眞心的。
- □我常覺得自己的機智、才能和技術都不如別人所想像。
- □我很怕別人會覺得我能力不足。
- □我達成了不起的目標時，會非常焦慮。

爲什麼我們會貶抑自身成就

夏綠蒂在某一次治療面談時解釋了她不安全感的來源：銷售團隊裡除了她之外，大家都有大學學歷。有時候他們會認定她也大學畢業，然後就問些類似這樣的問題：你讀哪一間大學？你主修什麼？每當她不得不承認自己根本沒讀過大學時，就覺得非常困窘。

她說：「辦公室裡的每個人都比我聰明，他們都有學士學位。」她將自己的成就全部歸功於外在因素，像是運氣好、客戶善良、老闆高估了自己的能力。她無法認同自己的技能或才華優於其他讀過大學的同事。

這麼多年來，我看過許多個案求助心理治療並不是因爲經歷失敗，而是因爲有所成就。這種現象通常稱爲「冒牌者症候群」（imposter syndrome），在女性之間相當普遍。人人都有可能自覺配不上已有的成就，但是少數族群和女性特別容易出現這種情況，而且還是女性不太敢大方承認個人成就的一大因素。

男生不喜歡聰明女生

你應該看過女人會在有男人在場時刻意裝傻。她可能是將自己想出的點子歸功於某位男性，或是爲了能自己處理的事情而求助，藉此凸顯在場的男性比她優秀。或許連你都做過這種事。

華威大學（University of Warwick）的瑪麗亞・多瑪・貝蕾拉博士（Maria do Mar Pereira, Ph. D.）於二〇一四年發布一項研究，發現男孩在十四歲時就有這樣的觀念：同齡女孩比較不聰明。她表示：「年輕人會爲了融入社會而根據這類壓力來調整行爲。其中一項壓力就是年輕男性必須比年輕女性優秀——更聰明、更強壯、更高大、更風趣，而且男女交往時，如果女方比較聰明，會有損男方的男人味。」

作者對八年級學生進行三個月的追蹤研究後，發現「女生會自覺有必要刻意貶低自己，包括裝傻、面對騷擾保持沉默，還要避免從事可能『不太女性化』的興趣、運動和活動」。她還發現，「男性應優於女性的觀念會使男生持續焦慮，並覺得被迫證明自己的能力，具體的表現方式就是透過打架、飲酒、性騷擾、拒絕求助、壓抑情緒」。

幼時建立起的這些性別規範並不會隨著成年而消失。研究成人性別規範的人員發現：

- 男性偏好事業心不如自己的女性伴侶。
- 男性會避免選擇具備特定特徵的女性伴侶，而且這類特徵通常與強烈的事業心相關，例如高學歷。
- 女性收入高於丈夫的可能性相對較低。收入高於丈夫的女性，其婚姻滿意度較低，離婚的機率也較高。

● 女性升遷會提高離婚率，但男性升遷不會。

這也難怪有些女性不願大方承認自己的成就，因爲輝煌成就可能會使她們更難找到伴侶，或是發展健康、穩定的戀愛關係。

單身女性可能特別容易因爲男性不喜歡女性事業心強的觀念而受到傷害。二〇一七年一項針對企業管理碩士班（MBA）一年級生進行的研究顯示，百分之六十四的單身女學生表示，她們避免要求加薪或升遷是因爲怕表現得「太有野心、固執、強人所難」。而在已婚或有穩定交往對象的女性之中，只有百分之三十九提出相同看法（男性則爲百分之二十七）。該研究也發現，教室內有男性時，單身女性參與班級活動的意願降低很多。

受我訪問的十八歲女大生梅狄表示，她在校園裡親眼見證了這個問題。她說：「我認識一些非常聰明的女生，但她們會裝笨，因爲覺得那樣比較吸引人。我不會主動找上她們，然後說：『嘿，你明明很聰明，但爲什麼要裝笨？』但我眞的很希望她們知道，其實她們大可不必靠這樣來增加自己的魅力。我的兄弟和認識的男孩子都希望與聰明的女生交往，但就是有些女生不相信。我想，最值得教導年輕女性的重要啓示，就是要對自己的能力有信心並引以爲傲——我很感謝我媽教會了我這件事。」

令人惋惜的是，在線上交友的個人資料列出學歷、在初次約會時分享事業發展企圖、收入優於伴侶，這些都可能威脅到女性的戀愛發展。她們因爲怕會嚇跑男人，所以盡可能地貶低自己的成就、安靜地選擇後排座位，或是刻意隱瞞自己的聰明才智。

女性不希望顯得自負

現代社會普遍認爲女性缺乏自信。這是各家公司洗腦我們的訊息，因爲他們的產品銷量，就是要靠沒有自信的我們。儘管關於身體意象的討論相當踴躍，但是由於社會不斷強調自尊心普遍低落的現象，依然使女性難以自在展現自信。

大家並不期望女性擁有自信或對成就感到自豪，甚至會對此表達不認同。害怕自己顯得太過自信的心理，使得不少女性貶低自己的成就，甚至有很多女性因此在面對他人的稱讚時心生抗拒。

研究人員發現，女性大都不太能欣然接受誇獎，而且這個情形在其他女性表達讚美時特別明顯。

某項研究指出，女性坦然接受讚美的比率爲百分之四十，但是如果讚美者是女性，接受率就只剩百分之二十二。

那麼「接受讚美」指的是什麼？研究人員認定的標準如下：受到讚美的對象運用「謝謝」

之類的回應來表達認可和同意。未接受讚美的狀況包括回以讚美（例如「不，你才厲害」）、貶低成就（例如「這沒什麼」）、歸功他人（例如「其實都是我同事的功勞」）。

究竟爲什麼女性拙於接受讚美？感覺上，說句「謝謝」就表示「對啊，我同意」。聽到別人說「你好聰明喔」的時候，回答「謝謝」可能會顯得很自負。爲了表現得謙虛一點，女性通常會用貶損自己的言論或貶低個人成就的方式來回應。

另外，覺得難以接受讚美的心態不見得是出於自謙。很多女性只是因爲聽到讚美會覺得尷尬不適，原因如下：

1. **自尊心低落。**讚美的原意是想讓別人開心，但是如果對方自尊心較低落，通常會造成反效果，讓人覺得尷尬、彆扭，甚至言不由衷。

2. **自我意象失調。**如果別人的論點不符合你對自己的看法，會形成心理學領域所謂的認知失調（cognitive dissonance）。如果你覺得自己很蠢而有人稱讚你聰明，那就表示你或讚美你的人必定有一方是錯的，但不管錯的是誰，這種感覺都不太舒服。

3. **無法自在面對高度期許。**「你眞是有才華，前途不可限量啊。」別人這麼說會對你形成莫大壓力。他人的期望愈高，你就會愈覺不自在。

問題所在

在夏綠蒂第二次來接受治療時，我們討論到她獲得提拔而成爲國家級銷售培訓師，她說：「我覺得我應該坦白，並告訴我的老闆說她誤會大了。我根本沒辦法教別人任何東西。」她對當下的她來說，直接向上司表明「我不如你想的那麼優秀」，似乎是相當合理的辦法。她沒有把握自己能勝任，因而差點放棄了這個大好機會。

但是還沒開始嘗試就放棄並不是夏綠蒂唯一的危機。如果她勉強接受了新職位，卻沒有從根本上改變觀念，未來就很難順利發揮。如果連她都認爲自己沒有任何值得分享的優點，那麼別人怎麼會想聽她說話？若想要傳授寶貴的經驗，她就必須相信自己的工作方式確實有其價值。

無法認可個人努力成果的女性只會覺得自己像在行騙，既不能坦然面對自己的成就，也無法充分發揮個人潛能。

冒牌者症候群的女性難有成就

冒牌者症候群是在一九七〇年代才開始受到注意。當時，心理學家認爲只有女性有這種症狀，但現在我們知道男性也會有。冒牌者症候群並不是臨床診斷的病症，不過可能是許多人生活中的重大問題，且與自我懷疑和完美主義有關。

編寫《姿勢決定你是誰》（*Presence: Bringing Your Boldest Self to Your Biggest Challenges*）一書的哈佛教授艾美．柯蒂（Amy Cuddy）表示，這種現象應該稱爲「冒牌者經驗」，而不是一種症候群。柯蒂指出，百分之八十的人都曾覺得自己像冒牌者，而且這並不是他們固定擁有或沒有的感受，而是時有時無。

柯蒂在書中解釋道，她在二〇一二年進行TED演說時，幾乎沒有提及自己與成功人士相處時總覺得格格不入，因爲那似乎很私密，不宜公開談論。但她最後還是決定要分享自己的經歷，沒想到因此收到上千封電子郵件，不少人附和曾有同樣的經驗。這使她更堅定自己的立場，認爲許多人都曾自認是冒牌貨，只是沒人願意承認。

你的成就愈是卓越，就愈有可能覺得自己像冒牌貨。加薪、升遷或新成就都會使你產生「冒牌貨經驗」，進而妨礙你達到其他成就。

可能人人都經歷過冒牌者症候群的症狀，可是女性卻更有可能受其影響。正如我們在自我懷疑的那一章所述，女性比較容易因爲害怕自我能力不足而影響到其行爲。以下說明冒牌者症候群可能對你的發展造成什麼阻礙：

- **你會認為自己不夠好**。你愈有成就，就會愈擔心自己必須維持著優秀能幹的「僞裝」。

● **你會自我毀滅。**冒牌者症候群會使你害怕失敗，也害怕成功。研究顯示，內心會有這種拉扯的人經常會摧毀自己成功的機會。

● **你會假設別人都高估了你。**讚美、獎勵或升遷都可能會使你更痛苦。你會擔心自己永遠達不到別人的期望。

● **你會非常拚命。**研究顯示，冒牌者症候群的人有比較高機率出現過勞或倦怠的情況。這種情緒會使你過度逼迫自己，而無法享受到努力後獲得的成就感。

● **你的事業不會有進展。**多項研究顯示，冒牌者症候群會使人發展停滯，且通常會對自己的事業感到不滿意。如果你覺得自己不配擁有眼前的成就，就不太可能主動要求加薪或升遷。

過度自貶不會受人尊重

有些女性認爲，貶低自己的成就能避免他人自覺相形見絀，甚至增進別人的自信。不過，她們這麼做並不是眞正的謙虛，而是因爲不能坦然接受自己的成功，並且不想害周遭的人難過。

我有個朋友是人氣很旺的演說家，經常指導某些全球頂尖企業執行長，會接到來自世界各地成功人士的電話，希望獲得商務方面的建議。

她幾年前離婚了，最近才又開始認識新對象。她說約會時最尷尬的時刻，就是告訴男人她的職業：「我跟那些男人談到我的工作時，他們似乎都驚呆了。其中有個人還說：『這些有錢男人聘你是看上你的臉蛋，不是你的內涵。』並試圖表現得像在開玩笑。我回答他：『我說我指導那些執行長的時候，你居然會自動認爲他們都是男的，這不是很有意思嗎？其實女人也可以是很了不起的執行長。』」她說還有一個男人問過她，先前離婚是不是因爲事業，因爲「看來你非常重視自己的工作」。

在幾次糟糕的約會經驗後，她開始考慮在談及事業時含糊其詞。不過她又意識到，如果一個男人會因爲她的事業而倍感威脅，雙方就不太可能發展出健康的戀愛關係。她理想的對象需要具備足夠的安全感，能欣然接受女伴擁有自信和自己的成就。

當然，也不只有專業或單身女性才會在認可個人成就方面遇到困難。我聽過一位全職媽媽在別人稱讚她的孩子有禮貌之後，回答：「我們運氣滿好的，這孩子還算好帶。」就好像教導孩子常說「請」和「謝謝」完全不是她的功勞。

至於面對「你看起來好勻稱，一定是很努力才減掉那麼多」之類的讚美，有人會說：「但是要甩掉大腿的這些肥肉，還早得很呢！」或是：「如果我的身材能有你的一半好就好了。」她們寧願自曝缺點，或堅稱自己不夠優秀，讓讚美她們的人認爲她們不該獲得肯定。

女性即使在應該展現個人技能、才華和成就的情況下，依然選擇採取保守策略。

LinkedIn（就是那個供使用者以事業發展爲目的分享個人成就的社群網站）上的研究顯示，男性比較積極主動地展現其技能。LinkedIn 網站檢視男女個人資料頁面時發現：

- 男性會刻意營造個人專業形象，凸顯較資深的經歷，而且經常會徹底刪去入門等級的職位經歷。
- 女性的個人簡介篇幅較短。
- 在美國，即使男女職業和資歷相當，女性在個人資料中呈現的技能數量平均比男性少百分之十一。

其實，個人資料中的技能呈現相當重要，列出五項以上技能的個人資料瀏覽次數比少於五項的高出十七倍，因此不能大方承認個人成就可能使你付出代價。

有些女性認爲對於自己的成功事蹟應該盡量低調，好讓別人不那麼難堪。可是過度貶抑自己來抬舉他人並不是有效的辦法。你不需要大張旗鼓地宣傳自己的職稱來凸顯身分地位，但是自信地談論個人才能、技能或經歷，並不等於是冒犯的行爲。

如果你覺得自己的成功會觸怒他人，表示其中出了問題，可能是你們關係破裂、你的自我價値低落，或是你有尙未療癒的創傷。貶抑自己不會使這些問題迎刃而解。

放低姿態來抬舉他人，不比貶低他人凸顯自己來得高尚友善。你不必貶低自己，依然能夠展現對於對方的尊重，或是認可對方的重要性。

自認不配升職就不會進步

坊間流傳著各式各樣可協助你成長發展的建議，例如：「打扮成從事理想工作時應有的模樣，而不是爲了現有的工作打理門面。」或是：「找個好的人生導師。」或許這些策略都是絕佳輔助，但是你必須先相信自己獲得提拔是名副其實，否則這種不安將徹底影響、甚至阻礙你進步。

由德州大學奧斯汀分校的研究人員主導的一項研究發現，少數族群的冒牌者症候群、歧視和心理健康問題之間有關聯。研究團隊表示，如果少數族群中只有極少成員進入特定領域，該族群會自覺格格不入。自認冒牌貨的情況可能加深歧視現象，而歧視又會強化欺騙他人的感覺，並引發焦慮和憂鬱的情緒。

由於女性在領導階層中比例偏低，因此可能有很多登上金字塔頂端的女性會覺得自己就像騙子，而這可能也影響到男女同工不同酬的現象。

如果你對自己能否勝任抱持質疑態度，就很難開口要求提高薪資。即使你開口進行調薪交涉，你的肢體語言、說話音調和行爲舉止還是會將你對自己的不信任展露無遺。

如果你希望別人相信你，你必須先相信自己，並展現出你的幹練與能耐。要是你總是自我質疑，或認爲自己不夠優秀，就不可能做到這點。

如何改變做法

夏綠蒂在一次治療面談時說：「我的銷售策略對我管用，不能保證也適用於全國各地的同仁。」我認同她的說法，然後又問：「你覺得老闆會期望你知道各地區都適用的方法嗎？還是分享對你來說實用的策略？」

她說：「我猜她只是要我分享自己覺得有效的做法吧。」後來我們討論了夏綠蒂加諸於自己的種種壓力，因爲她覺得自己應該要無所不能、有問必答。

她的療程有一部分是幫助她肯定自己的成就和長處，並接受自己不可能成爲萬事通，而且這沒什麼，也不表示她能力不足或刻意瞞騙。

認可自己的成就不等於成天想著空泛的陳腔濫調，也不是要吹噓自己有多麼了不起，而是認清現實。認可自己的長處能幫助你對自己和可獲得的成就更有信心。

了解自我貶抑的原因

女性自我貶抑的主要原因有二：她們覺得自己配不上那些成就，還有不想讓別人難堪。在你無法坦然接納自己的成就時要有意識。例如以下行爲：

- 對所有人隱瞞你最近的成就
- 堅稱自己的成就是僥倖
- 不讓任何人知道你的理想抱負

切記，謙虛不等於自貶。謙虛是以符合現實的方式看待自己，也就是了解個人弱點的同時，承認自己的強項。

當你意識到你在自我貶低時，請問自己以下幾個問題：

- **我害怕別人的想法嗎？**是不是害怕別人對你的觀點？你害怕別人因爲你而被冒犯、覺得挫敗或心生嫉妒嗎？你希望別人覺得你溫和謙遜嗎？
- **我配得上我的成就嗎？**如果你自認不配擁有成功，就不可能自信地談論自己的成就。

● **你害怕成功轉瞬即逝嗎？**你擔心有人發現你不配獲得升遷，或是你不夠優秀嗎？如果你覺得自己隨時會被拒絕、降職或辭退，可能就會對個人成就避而不談，因爲你不希望人盡皆知。

練習認可自己的成就

沒有人想四處宣揚自己有多了不起，但是人各有所長，分享知識能幫助到其他人。將你的成功故事告訴他人，或許能激勵對方有所成就，或提供他們實用的辦法。你可以利用以下這幾種方式來認可自己的成就，但又不會像是自鳴得意：

● **對自己的成功表達感激。**你可以說：「我很慶幸自己遇到了一位貴人。」或是：「關於這點，我受父母影響很深。感謝他們在我兒時就教導我一塊錢的價值。」這種表達方式可以顯示你重視自己一路以來獲得的支持，並且有別於將所有成就都歸功他人。

● **避免使用修正自己言論的語句。**別再說類似這樣的話：「我不是要炫耀，不過……」這只會顯得你要說些傷人的話，而且毫不在意他人感受。請改而強調正向的情緒，再銜接到好消息。你可以說：「我很興奮，想分享一件事……」

● **避免「假謙虛真炫耀」。**當你感到不自在時，可能會想在談吐之間加入自我貶抑的言論。但是在社群媒體上張貼老舊磨損的鞋子照片，並加上一句「我該去買雙新鞋了，畢竟我現在是個經理」，只會弄巧成拙。如果你獲得升遷了，就直說吧。研究顯示，「假謙虛眞炫耀」會使你顯得非常不誠懇。

- **強調你的努力。**聽到別人稱讚你最新專案時回答「噢，這沒什麼啦」，或是在孩子贏了拼字比賽後說「只要用對方法，教養孩子其實也沒那麼難」，都會讓人覺得你目中無人。但是強調你的努力，則表示你為了達成目標十分努力。你可以說：「過程並不輕鬆，但付出了這一切努力能達到這樣的成果，眞的很值得。」
- **實事求是。**沒有人想聽你說，你是公司創立以來延攬到的最寶貴人才，或是你大學時是校內最博學多聞的人，所以請略過這些誇張的詞語，直接切入事實。可以說：「我的銷售業績達到去年的兩倍。」或是：「我考試考了Ａ。」

大方優雅地接受讚美

有時候我們會透過否認讚美來表現禮節。但是你仔細思考後會發現，拒絕接受別人的讚美是對其觀點的輕視，有時根本就是在說對方騙人。以下列出應對讚美的幾種常見回應說詞，以及這些回應的隱含意義：

讚美：「你今天早上在會議上勇於發言，眞是太棒了。」
回應：「對啊，我眞是個笨拙的白癡，一開口就忘了原本想說什麼，只好一直囉囉唆唆。」
隱含意義：你根本不知道你在說什麼。

讚美：「我好喜歡你這條褲子！」
回應：「眞的嗎？其實我大概是十年前從出清特價的花車上買到的。」
隱含意義：你的品味眞差勁。

讚美：「我好佩服你減重的成果。你眞的很厲害耶。」
回應：「還差得遠咧。」
隱含意義：我才不在乎你對我的減重進度有什麼看法。

如果你已經養成了否定他人讚美的習慣，請練習改爲採取接受的態度。允許自己接納他人的稱讚，簡單地說句「謝謝」或「這對我來說很有意義」，看看會發生什麼情況。你一開始可能會不太自在，但是養成習慣後，就會比較輕鬆自在。

接受他人的讚美並不是自負的行爲，而是表示尊重他人觀點，而且證明了你具備充分的自信，能夠傾聽他人的意見。你能夠大方承認個人成就後，就可以更坦然面對他人的讚美——還有批評——因爲你對自己不會抱持質疑。

列出成功事蹟，適時溫習閱讀

有時很難在一時之間想出什麼證據，來說明自己確實有所成就。你可能根本想不起任何事情，或者浮現在你腦海的事蹟不能爲你帶來成就感，例如你國小三年級時參加籃球隊所獲得的獎盃。

所以可以考慮擬出你與成就相稱的理由清單。看到這些事情白紙黑字地列出來，並且經常在清單中增列項目，能幫助你的大腦不斷聯想到這些成就。

請想出能幫助你認可自己成就的事情，一一寫下來。可以按照以下參考範例來列清單：

- 我的大學平均成績（GPA）積點是三點零分（滿分為四點零）。
- 我有十五年的國小教師資歷。
- 我教過一些不容易指導的學生。
- 校長曾選我參與兩個特選委員會。

● 我每天都在學校多待一小時，為了自我提升而努力。
● 曾有三個學生對我說，我是他們遇過最棒的老師。
● 曾有位學生的媽媽寫了簡短的感謝函給我，說她的孩子是因為我的支持才能夠畢業。

這份清單並不一定要以你的職業爲主題。全職家庭主婦也可以參考這個範例，提醒自己其實是好媽媽：

● 我每天都照顧到每個孩子的需求。
● 孩子都知道我很愛他們。
● 我的孩子都很有禮貌。
● 我允許他們犯錯，並教他們從錯誤中學習。
● 我每天都會為孩子讀書。

你也可以列一份清單，陳述展現自己堅強意志的經歷，可能是曾熬過虐待、曾經鬼門關前走一遭，或是突破重重阻礙達成目標。當你回想起曾經克服的那些困難時，就會發現接受讚美或主動分享開心的事情不那麼可怕了。

每當你提醒自己該坦然接納成就時，就瀏覽一遍這份清單。將清單放在隨手可得的地方，這樣才可以不時加入新的成就。閱讀這份清單有助於你接納自己的成就，並相信自己具有相應的價值。

日常應對：事業

我在擔任心理治療師八年左右時，開始教授大學的心理學和心理健康課程。我的授課時間都是夜間或週六，所以能繼續心理治療師的工作。我雖然擔心投入更多時間工作導致過勞倦怠，但是教學意外使我對自己的職涯產生更多期待。

白天的工作讓我很容易就忘了曾經學習過的各種知識。我每天治療個案、參加培訓、出席會議，卻幾乎沒有機會停下來好好檢視自己的人生。不過，教學給了我這樣的機會。我可以分享吸收教科書知識後加以應用的實例，還可以回答認眞學生對於心理學理論和心理健康領域的疑問。這使我感受到自己知識充足，進而肯定我身爲心理治療師的身分。

不過，不見得要當大學教授才有機會與別人分享你的人生智慧。以亦師亦友的方式指導他人，可以幫助你重溫一路走來的心得；在個人專長領域中，主動協助後進探索職涯規畫，也能使你憶起初出茅廬至今的各種成就。

積極尋找其他機會分享自己的知識，例如創立部落格、編寫書籍或舉辦研習活動，並投入有助於你肯定自己專長、知識和技能的事情。

別忘了，不願認可個人成就勢必會重創你的職涯發展。畢竟，不會有人想提拔不敢因爲自身努力而接受表揚的人；如果連你都不覺得自己有資格銷售產品，客戶也不會想向你購買。

日常應對：家庭

作家伍綺詩（Celeste Ng）曾傳一封簡訊給她母親：「媽，早安！我猜你會想看看這週的紐時暢銷榜單。」然後附上一張《紐約時報》暢銷排行榜的圖片，她的著作位居小說類第四名。她母親回了訊息：「太好了，我待會要下樓吃早午餐。愛你。」

伍綺詩在 Twitter 上分享了母女兩人的對話截圖，然後說：「沒有人能像媽媽這樣阻止你過度自信。」

你的朋友可能與你有很多相似之處，例如相近的教育水準、價值觀和經濟能力，相對之下，家人的生活型態或許與你完全不同。你們不是大學時認識，也非「媽媽寶寶社團」偶遇。即使你們住在同個屋簷下，也不見得對成功有著相同的定義。

有人的家人會無條件地支持他，但也有人從小到大不曾看過父母滿意他的表現。但是不論你的家人屬於哪種類型，都請記得從小看著你穿尿布長大的人，可能很難認同你是成功幹練的成人，不過也別因此影響你對個人成就的感受。即使他們不以為然，你還是可以肯定自己的成就。

日常應對：社交

在跨年夜，有個不太熟識的朋友在社群媒體上分享他們家每年都會找出一個想支持的慈善機構。他們沒有選擇傳統做法，而是全家出動到該機構擔任一年的志工。她宣布了家人前一年度挑選的慈善機構，並分享一張家人提供志工服務的照片，然後寫上：「我們大方付出，收穫滿滿。」

大部分的人都報以正面的回應，還有人附和這個點子很棒，啓發他們想要效法。但也有少數的人出現憤怒與厭惡的反應，直指她是在「搶鋒頭」和「爲善而欲人知，譁眾取寵」。

並不是每個人都懂得欣賞好事或激勵人心的構想，總會有人因此不滿，就像我朋友分享自己去當志工之類的，但並不表示她不該分享。我們沒有責任要控制別人的反應。

當然，如果是每十分鐘就發布一張泳裝自拍照，以激勵他人的名義展露身材，可能就不會贏得什麼好評。炫耀的同時還試圖博得好感，與認可自己的成就大不相同。

你將自己的成功經歷發布到社群媒體，或是與朋友分享近期的好消息（無論你的出發點是好是壞）之前，請想想分享的目的。你是想激勵其他人達成他們的目標嗎？還是想獲得稱讚與欽羨？

如果你想向別人證明自己是個好人，或是從他人口中驗證自己表現出眾，那麼分享成就可能就比較接近自戀行爲，而不是肯定自我成就。但是假如你想藉由分享個人經歷來啓發別人，發布個人成就或許可以激勵朋友效法。

沒有人喜歡朋友整天談論自己的豐功偉業，不過要是你會擔心自己太常炫耀，表示你很可能根本不是那樣的人。

承認你的成就使你更堅強

敏迪．卡靈（Mindy Kaling）身爲印度裔的美國人，在成長過程中，不曾在電視上看到外型與她類似的名人。可是她並沒有因此放棄追逐演藝事業的夢想。如今，她不但是獲獎頗豐的演員，還是成功的製作人、編劇、導演，作品包括多部熱門電視節目。

稱她是成功人士可能都還嫌保守。從出演《我們的辦公室》（*The Office*），到編寫和製作《怪咖婦產科》（*The Mindy Project*），她的知名度節節高升，曾獲無數次艾美獎提名，並奪得多座葛雷西大獎（Gracie Awards）。《時人》雜誌（*People*）兩度將她列入最美人物排行榜，《時代》雜誌將她納爲二〇一二年百大影響力人物之一，《魅力》雜誌（*Glamour*）封她爲二〇一四年度風雲女性。除此之外，她也是《紐約時報》暢銷作家。

卡靈在自己的《爲什麼我做不到？》（*Why Not Me?*）書中坦承，她偶爾也會面臨信心不足的情況。但她說，增強自信的祕訣就在於努力；她知道自己很努力，才能有今天的成就。不過也有人不欣賞她的「自命不凡」。她對此表示：「可是我並不認爲自己有多麼了不起，我只是不厭惡自己而已。我經常幹蠢事，也會說出事後懊悔不已的傻話，不過我不會讓所有事情都能傷害到我。我注意到一件可怕的事情，有些人面對不厭惡自己的女性時，就會覺得非常不舒服。所以你更應該勇敢一點。」

認可自己的成就可能會使別人不快，也會讓你在開始時不太自在。但是了解自己的長處會使你更有自信，也有助於你認可自己的成就，進而激勵你持續奮鬥。

解惑及常見陷阱

有時候，人們不願認可自己的成就是因爲那意味著他們也必須承擔自己的失敗。如果你因爲美好成果而獲得肯定，在發生不良結果時也必須承擔責任。無論是什麼事情，都必須適度拿捏自己應該承擔的責任。你可能認爲成功純屬運氣，而將失敗歸咎於經濟不景氣，畢竟有些事物不在你的掌控之內。不過無論結果好壞，請務必接受自己確實參與其中的事實。

此外，肯定個人成就時也應謹愼。如果你在朋友被解雇當天得知自己即將升遷，那麼擇日再分享你的好消息吧。你可以認同自己的成就，只是同時也要顧及他人的感受。

最後一點要謹記的是，認可自己的成功並不等於誇耀個人成就。如果你的經濟條件能夠負擔名車或豪宅，那很好。但也要小心，避免發表像在輕視他人的言論。「開我的車吧，我的車比較高級」或是「來我們家吃飯吧，我家飯廳比較大」這類發言，可能就變成自鳴得意了。

認可自己的成就，不該是輕視別人。如果你總覺得需要強調自己比別人賺更多錢、外貌更迷人，或擁有更美好的人生，表示你可能有自我價值的問題。正如第八章所述，貶低他人並不會使你更高貴，也無助於你認可個人成就。當你能夠肯定別人的長處，特別是你所沒有的優點，就表示你能以更實事求是的角度討論自己的長處。

實用技巧

- 在自我貶抑時有所意識。
- 以實事求是的方式談論成就。
- 受到讚美時，大方地說「謝謝」。
- 列出自己的成就，提醒自己確實有成功的實力。
- 輔導、教導及培育他人。

當心陷阱

- 將自負與認可個人成就混為一談。
- 誇耀你的成就。
- 極力貶低自己，試圖凸顯他人地位。
- 否定他人的讚美。

結語

世界上有許多勇敢堅強的女性正在創造改變。她們努力奮戰要求修法，克服可怕的悲慘命運，並創造不可思議的成果。我們在雜誌上讀過她們的故事，在新聞裡見過她們，在數百萬人收看的節目中欣賞她們的演說。

不過，還有無數堅強女性是我們無從認識的。她們不會成爲名人、發言人或歷史人物，也不會創辦企業、撰寫書籍、受媒體採訪，但是她們正爲家庭或社群創造正向改變。她們可能是教育孩子善良的母親、努力療癒傷痛的女人、熱心助人的女性。你在任何地方都可以發現這樣的女性，她們正在將小小的改變擴大到各個層面。

吉兒就是這麼一位女性。當時我在社群媒體上公開訊息，說明想徵求女性接受訪問，作爲撰寫本書的素材，她立刻就回應我。吉兒自從讀了我的第一本書《告別玻璃心的十三件事》，就努力鍛鍊自己的心智，同時也盡力幫助別人提升心智強度。

多年前，吉兒也曾是性侵受害者。當時的她既害怕又困惑，不曉得該怎麼辦。吉兒花了好幾年的時間努力克服自己心中的創傷，後來主動申請擔任性侵危機處理服務單位的志工。

在眞正開始提供志工服務前，她必須參加四十小時的培訓課程，學習如何協助相關經歷的受害者與倖存者，並且做足應對各種情況的準備，包括陪伴被送到醫院的性侵受害者，以及聆聽無法走出二十年前陰霾的人傾訴。

吉兒告訴朋友她打算申請擔任專線服務的志工時，他們沒有像她一樣期待，反而說了類似這樣的話：「你爲什麼要去做那個？那很辛苦耶。」他們的反應使吉兒開始猶豫這個決定是否正確。

她對十六歲的女兒提到她很擔心訓練課程和後續可能遇到的狀況，「那些可能超過我能負荷的程度。」她女兒立刻回答：「你覺得那些受害者會怎麼想？」

她女兒展現出吉兒一直以來所教導的堅強心智，這句肯定的話提醒了吉兒，即使她很害怕，依然可以採取行動幫助他人療傷。

吉兒說：「我笑了，眞心以她爲榮。我覺得她在爲未來發聲，並展現了智慧與自信。」

吉兒不僅教導女兒如何鍛鍊心智，也透過一些簡單但善良的行爲，在社群間創造漣漪般微小卻深遠的影響。在我們通過電話後，她寄了這封電子郵件給我：

我親近的家人都不在身邊了，朋友也都忙於自己的家庭。我了解到自我對談的重要，當我的身心壓力巨大不堪時，總會對自己說：明天會更好。這樣能使我拋開負面的想法，重新燃起希望。我還列了一份名單，我知道在我失意時，這些人會願意立刻給予陪伴和支持，並且真心關愛我。

幾年前，我在一次膝蓋手術後開始上健身房運動復健。基督教青年會（YMCA）的其中幾個人非常支持我，示範如何使用器材，並幫助與拐杖纏鬥的我操作。不久之後，我跟前夫開始處理離婚流程，父親也在同一時期驟然去世。

我一邊應付著痛苦的離婚、術後的疼痛、無數的文書流程和測試、醫院的來電，還要一邊籌備至親的葬禮、清理兒時居住的房屋，種種的壓力使我垮下了。

我在健身房認識的那群朋友會帶我到隱祕的休息室，讓我哭一下，然後抱抱我。我每週只會見到他們短短幾分鐘，但是這些善意的片刻對我來說卻意義非凡，並給了我力量。

我將他們的話都編入我的心靈小語和自我對話。我從此了解到學步般的慢慢努力前行有多麼重要，明白小小的善心之舉能給人帶來多麼驚人的力量，並學習理解每個人都有著不為人知的難處。

我開始要求自己讚美陌生人以及向鄰居求助，而這些示弱的舉動減輕了我的痛苦。

我教女兒讚美陌生人的耳環或是簡短地與他人寒暄，而這些微不足道的習慣會在她需要幫助的時候有所回報。

後來又過了幾年，有位叫作盧絲的女生開始來健身房報到。她患有腦性麻痺，需要靠著輪椅行動。她看起來沮喪、害怕又孤單，就跟我剛開始上健身房時一樣。

我逼著自己學習當年找我攀談的那些人一樣主動找她搭訕。這使我不再專注於自己的痛苦。我們會逗對方笑。這樣的互動其實每週就只有幾分鐘。而現在，盧絲已經成為我們許多人心中的勵志偶像——她很善良，竟然也稱讚我是大家的偶像。

她光靠著上肢的運動就瘦了二十四公斤左右，還當上尊巴舞（Zumba）老師！她是大家的開心果，我真不知道她怎麼做到的。她都搭身障人士專用巴士到健身房，在健身房兼職上班，現在甚至還當上了董事。

再次感謝你幫助我成為堅強的人，艾美。微小的改變確實能創造出意義非凡的漣漪。

像吉兒這樣的女性正一人帶一人、一個接一個地漸漸把我們的世界變堅強。她的故事強而有力地證明了生活中簡單而微小的改變能同時爲你和周遭的人帶來正向影響。

你的人生中會有些時刻跟吉兒一樣，覺得自己堅強得足以幫助別人成長，也會有些時刻需要他人的鼓勵才得以堅持下去。不過，也正是因爲這些時刻，讓我們可以扶持彼此度過人生中無可避免的起起伏伏。

如何持續鍛鍊你的心智

你戒除會削弱心智的劣習之後，優良習慣的作用就會更加明顯。維持心智強健的最佳方式，就是當自己的教練，仔細監督自己的習慣，確保自己不落入堅強女性會避開的陷阱。要經常實行提升心智強度的練習，並激勵自己鍛鍊心智。

請監督你的這些層面：

- **思維**：想教會大腦採取不同想法，得要頻繁訓練。無論你的心智鍛鍊得多強健，都還是會有些時候忍不住與他人比較、過度追求完美、想太多，或是讓自我懷疑阻礙了你追求理想。但是經過練習，你會更能有效地回應那些閃過腦海的負面念頭。
- **情緒**：你的情緒會影響你的思維和行爲。要堅持不懈才能夠更清楚察覺到自己的情緒，並養成健康的應對技巧。不過你可以透過練習而找到勇氣，破除可能阻礙你成長進步的一些規矩，或是拋開使你喪失自信的自責心理。
- **行為**：堅持沉默、消極被動或停滯不前等不健康的行爲模式可能很難改變。但是隨著你的心智愈來愈堅強，就會更有能力察覺自己所陷入的不良循環，並且落實可以提升自我的正向改變。

心智強度這種能力，並不是全有或全無，而是需要長時間培養並持續精進的技能。心智就像身體的肌肉，必須靠著鍛鍊才能保持強壯。

對於增強心智的期許

有時，大家會認爲心智堅強就能夠保證未來日進斗金，或是徹底擺脫悲慘生活、悲傷情緒。不過這些事情未必是心智堅強的表現。

事實上，更加堅強也可能是婉拒不符合理念的高薪工作機會。如果你希望花更多時間陪伴家人，縮減工作時間，那麼減少工作量可能就是心智堅強的表現。

同樣道理，如果你整天泡在健身房只是基於厭惡自己的身材，那麼學習更愛自己的實際做法，可能就是減少健身的時間。對自己好一點也可能是心智堅強的表現。

提升心智強度能爲你帶來這些好處：

- **增強抗壓性**：生活中難免會有壓力，若未妥善管理，可能會嚴重影響你的身心健康。提升心智強度可以減輕壓力帶來的負面影響。
- **提升生活滿意度**：隨著心智強度提升，你也更能有自信地應對人生中的各種突發狀況。

你的心情會更加平靜，並且能夠從日常生活中發掘出更多樂趣。

● **表現更出色：**無論你是想當個更優秀的母親，還是希望克服心中的恐懼，心智堅強的你將會表現得更加完美。

當然，你不可能因爲讀了一本書就成了哪個領域的專家。頂尖的音樂家、運動員和表演者，都不是靠著閱讀一本書或觀察其他人就順利達成目標，而是需要練習才能進步。心智強度也是如此；你必須全心全意認眞練習，才能更加堅強。

與其說心智堅強是終極目標，不如說是一趟鍛鍊的旅程。你在旅途中會犯錯，會做錯選擇，但是也會有那麼一些時刻，你會明白自己比原本想像的更加堅強。

謝辭

由衷感謝協助我完成本書的每一個人。首先，我想向HarperCollins的優秀團隊致謝。感謝麗莎・沙奇（Lisa Sharkey）從一開始就對我提出的十三項原則展現信心，並支持我撰寫這一系列的三本書，也謝謝艾莉莎・施維默（Alieza Schvimer）和麥特・哈波（Matt Harper）提供協助。

特別感謝我優秀的經紀人史黛西・葛立克（Stacey Glick）。當初是她在讀完我的〈心智堅強者不做的十三件事〉（13 Things Mentally Strong People Don't Do）那篇文章後，主動聯繫我並建議我編寫成冊。

我還要感謝同意我將其經歷寫入本書的眾多受訪女性。有很多位都是在社群媒體上回覆我的請求，並且撥冗接受我的訪問。

我也想向我的摯友艾蜜莉・莫里森（Emily Morrison）表達誠摯感謝。她是一位英文老師，自告奮勇爲我校訂簡陋的草稿。我能夠擁有這樣的朋友，眞是太幸運了。同時也要感謝茱莉・亨貞（Julie Hintgen）給予支持和回饋。

當然，要不是各位讀者願意了解心智強度，我也不可能有機會完成這本書。我很幸運，一路走來認識許多心智強者，使我學習到各種寶貴的經驗。不少家人、朋友、個案、鄰居、同事和人生導師，爲我的人生帶來深刻意義，並教導我何謂堅強。非常感謝他們。

參考書目

前言

Harit, Shweta. 2016. *The New Face of Strength.* Kellogg's Special K. https://www.specialk.com/content/dam/Dam/Special_K/downloads/Kelloggs-special-k-inner-strength-whitepaper.pdf.

1 不與他人比較

Chou, Hui-Tzu Grace, and Nicholas Edge. "'They Are Happier and Having Better Lives than I Am': The Impact of Using Facebook on Perceptions of Others Lives." *Cyberpsychology, Behavior, and Social Networking* 15, no. 2 (February 2012): 117-21. doi:10.1089/cyber.2011.0324.

Fardouly, Jasmine, Phillippa C. Diedrichs, Lenny R. Vartanian, and Emma Halliwell. "Social Comparisons on Social Media: The Impact of Facebook on Young Women's Body Image Concerns and Mood." *Body Image* 13 (March 2015): 38–45. doi:10.1016/j.bodyim.2014.12.002.

Franzoi, Stephen L., Kris Vasquez, Erin Sparapani, Katherine Frost, Jessica Martin, and Megan Aebly. "Exploring Body Comparison Tendencies." *Psychology of Women Quarterly* 36, no. 1 (March 2012): 99–109. doi:10.1177/0361684311427028.

Leahey, Tricia M., Janis H. Crowther, and Kristin D. Mickelson. "The Frequency, Nature, and Effects of Naturally Occurring Appearance-Focused Social Comparisons." *Behavior Therapy* 38, no. 2 (June 2007): 132–43. doi:10.1016/j.beth.2006.06.004.

Maloney, C. U.S. Congress. Joint Economic Committee. "Invest in Women, Invest in America: A Comprehensive Review of Women in the U.S. Economy," Carolyn B. Maloney, Cong. Rept. Washington: U.S. G.P.O., 2010.

Park, S. Y., and Y. M. Baek. "Two Faces of Social Comparison on Facebook: The Interplay Between Social Comparison Orientation, Emotions, and Psychological Well-being." *Computers in Human Behavior* 79 (2018): 83–93. doi:10.1016/j. chb.2017.10.028.

Sheinin, Dave. "How Katie Ledecky Became Better at Swimming Than Anyone Is at Anything." *Washington Post,* June 24, 2016.

Want, S. C., and A. Saiphoo. "Social Comparisons with Media Images Are Cognitively Inefficient Even for Women Who Say They Feel Pressure from the Media." *Body Image* 20 (2017): 1–6. doi:10.1016/j.bodyim.2016.10.009.

2 不執著完美

Cindy Crawford. *Into the Gloss*. Accessed August 16, 2018. https://intothegloss.com/2014/05/cindy-crawford-2014/.

Curran, Thomas, and Andrew Hill. "Multidimensional Perfectionism and Burnout: A Meta-Analysis." *Personality and Social Psychology Review* 20, no. 3 (July 2015): 269–88. doi:10.31234/osf.io/wzber.

Dahl, Melissa. "Stop Obsessing: Women Spend 2 Weeks a Year on Their Appearance, TODAY Survey Shows." TODAY.com. October 14, 2016. Accessed October 1, 2018. https://www.today.com/health/stop-obsessing-women-spend-2-weeks-year-their-appearance-today-2D12104866.

Engeln, Renee. *Beauty Sick: How the Cultural Obsession with Appearance Hurts Girls and Women*. New York: Harper, 2018.

Flett, G., K. Blankstein, P. Hewitt, and S. Koledin. "Components of Perfectionism and Procrastination in College Students." *Social Behavior and Personality: An International Journal* 20 (1992): 85–94. https://doi.org/10.2224/sbp.1992.20.2.85.

Flett, G. L., P. L. Hewitt, and M. J. Heisel. "The Destructiveness of Perfectionism Revisited: Implications for the Assessment of Suicide Risk and the Prevention of Suicide." *Review of General Psychology* 18(3) (2014): 156–72. http://dx.doi.org/10.1037/gpr0000011.

Fry, Prem S., and Dominique L. Debats. "Perfectionism and Other Related Trait Measures as Predictors of Mortality in Diabetic Older Adults: A Six-and-a-Half-Year Longitudinal Study." *Journal of Health Psychology* 16, no. 7 (March 28, 2011): 1,058–70. doi:10.1177/1359105311398684.

Gray, Sophie. "Behind the Scenes of My 'Perfect' Instagram Life, My Anxiety Was Killing Me." *Marie Claire*. June 15, 2017. Accessed October 1, 2018. https://www.marieclaire.com/health-fitness/a27708/no-more-bikini-photos-unhealthy/.

Horne, Rebecca M., Matthew D. Johnson, Nancy L. Galambos, and Harvey J. Krahn. "Time, Money, or Gender? Predictors of the Division of Household Labour Across Life Stages." *Sex Roles* 78, nos. 11–12 (June 2018): 731–43. doi:10.1007/s11199-017-0832-1.

Kljajic, Kristina, Patrick Gaudreau, and Véronique Franche. "An Investigation of the 2 × 2 Model of Perfectionism with Burnout, Engagement, Self-regulation, and Academic Achievement." *Learning and Individual Differences* 57 (July 2017): 103-13. doi:10.1016/j.lindif.2017.06.004.

Mitchelson, J. K. "Seeking the Perfect Balance: Perfectionism and Work–Family Conflict." *Journal of Occupational and Organizational Psychology* 82 (2009): 349–67. doi:10.1348/096317908X314874.

O'Toole, Lesley. "'I Never Think I'm Thin Enough.'" *Daily Mail*. January 18, 2002. Accessed July 13, 2018. http://www.dailymail.co.uk/tvshowbiz/article-95492/I-think-Im-enough.html.

Sherry, Simon B., Paul L. Hewitt, Avi Besser, Gordon L. Flett, and Carolin Klein. "Machiavellianism, Trait Perfectionism, and Perfectionistic Self-presentation." *Personality and Individual Differences* 40, no. 4 (February 2007): 829–39. doi:10.1016/j.paid.2005.09.010.

Sherry, Simon B., Joachim Stoeber, and Cynthia Ramasubbu. "Perfectionism Explains Variance in Self-defeating Behaviors Beyond Self-criticism: Evidence from a Cross-national Sample." *Personality and Individual Differences* 95 (June 2016): 196–99. doi:10.1016/j.paid.2016.02.059.

"Survey Finds Disordered Eating Behaviors among Three out of Four American Women." Statistics—Center of Excellence for Eating Disorders. April 22, 2008. Accessed September 20, 2018. http://www.med.unc.edu/www/newsarchive/2008/april/survey-finds-disordered-eating-behaviors-among-three-out-of-four-american-women.

Wade, Tracey D., and Marika Tiggemann. "The Role of Perfectionism in Body Dissatisfaction." *Journal of Eating Disorders* 1, no. 1 (January 22, 2013). doi:10.1186/2050-2974-1-2.

Wong, Jaclyn S., and Andrew M. Penner. "Gender and the Returns to Attractiveness." *Research in Social Stratification and Mobility* 44 (June 2016): 113–23. doi:10.1016/j.rssm.2016.04.002.

3 不把弱點當缺點

Dweck, C. S., T. E. Goetz, and N. L. Strauss. "Sex Differences in Learned Helplessness: IV. An Experimental and Naturalistic Study of Failure Generalization and Its Mediators." *Journal of Personality and Social Psychology* 38(3) (1980): 441–52. http://dx.doi.org/10.1037/0022-3514.38.3.441.

Elsbach, Kimberly D., and Beth A. Bechky. "How Observers Assess Women Who Cry in Professional Work Contexts." *Academy of Management Discoveries* 4, no. 2 (June 25, 2018): 127–54. doi:10.5465/amd.2016.0025.

Lewinsky, Monica. "Exclusive: Monica Lewinsky on the Culture of Humiliation." *Vanity Fair.* June 2014. Accessed October 1, 2018. https://www.vanityfair.com/style/society/2014/06/monica-lewinsky-humiliation-culture.

Meyers, Kate. "'Our Son's Autism Almost Tore Us Apart.'" *Redbook.* April 26, 2018. Accessed July 13, 2018. https://www.redbookmag.com/love-sex/relationships/advice/a6083/holly-robinson-peete/.

Salerno, Jessica M., and Liana C. Peter-Hagene. "One Angry Woman: Anger Expression Increases Influence for Men, but Decreases Influence for Women, During Group Deliberation." *Law and Human Behavior* 39, no. 6 (December 2015): 581–92. doi:10.1037/lhb0000147.

4 不讓自我懷疑阻斷目標達成

Andrews, Travis M. "Annie Glenn: 'When I Called John, He Cried. People Just Couldn't Believe That I Could Really Talk.'" *Washington Post.* December 9, 2016. Accessed October 1, 2018. https://www.washingtonpost.com/news/morning-mix/wp/2016/12/09/to-john-glenn-the-real-hero-was-his-wife-annie-conqueror-of-disability.

Bian, Lin, Sarah-Jane Leslie, and Andrei Cimpian. "Gender Stereotypes about Intellectual Ability Emerge Early and Influence Children's

Interests." *Science* 355, no. 6323 (January 27, 2017): 389-91. doi:10.1126/science.aah6524.

Constans, Joseph I. "Worry Propensity and the Perception of Risk." *Behaviour Research and Therapy* 39, no. 6 (June 2001): 721–29. doi:10.1016/s00057967(00)00037-1.

Ede, Alison, Philip J. Sullivan, and Deborah L. Feltz. "Self-doubt: Uncertainty as a Motivating Factor on Effort in an Exercise Endurance Task." *Psychology of Sport and Exercise* 28 (January 2017): 31–36. doi:10.1016/j.psychsport.2016.10.002.

Ehrlinger, Joyce, and David Dunning. "How Chronic Self-views Influence (and Potentially Mislead) Estimates of Performance." *Journal of Personality and Social Psychology* 84, no. 1 (January 2003): 5–17. doi:10.1037/e633872013-215.

Lerner, Jennifer S., Deborah A. Small, and George Loewenstein. "Heart Strings and Purse Strings. Carryover Effects of Emotions on Economic Decisions." *Psychological Science* 15, no. 5 (May 2004): 337–41. doi:10.1111/j.0956-7976.2004.00679.x.

Mirels, Herbert L., Paul Greblo, and Janet B. Dean. "Judgmental Self-doubt: Beliefs about One's Judgmental Prowess." *Personality and Individual Differences* 33, no. 5 (October 2002): 741–58. doi:10.1016/s0191-8869(01)00189-1.

Petry, Ashley. "A Conversation with Cheryl Strayed." *Booth: A Journal.* July 25, 2014. Accessed October 1, 2018. http://booth.butler.edu/2014/07/25/a-conversation-with-cheryl-strayed/.

Richard, Erin M., James M. Diefendorff, and James H. Martin. "Revisiting the Within-Person Self-Efficacy and Performance Relation." *Human Performance* 19, no. 1 (November 2009): 67–87. doi:10.1207/s15327043hup1901_4.

Vancouver, Jeffrey B., and Laura N. Kendall. "When Self-efficacy Negatively Relates to Motivation and Performance in a Learning Context." *Journal of Applied Psychology* 91, no. 5 (September 2006): 1146-153. doi:10.1037/0021-9010.91.5.1146.

Woodman, Tim, Sally Akehurst, Lew Hardy, and Stuart Beattie. "Self-confidence and Performance: A Little Self-doubt Helps." *Psychology of Sport and Exercise* 11, no. 6 (November 2010): 467–70. doi:10.1016/j.psychsport.2010.05.009.

5 不想太多

Deyo, Mary, Kimberly A. Wilson, Jason Ong, and Cheryl Koopman. "Mindfulness and Rumination: Does Mindfulness Training Lead to Reductions in the Ruminative Thinking Associated with Depression?" *EXPLORE: The Journal of Science and Healing* 5, no. 5 (September/October 2009): 265–71. doi:10.1016/j.explore.2009.06.005.

Lareau, Annette, and Elliot B. Weininger. "Time, Work, and Family Life: Reconceptualizing Gendered Time Patterns Through the Case of Children's Organized Activities." *Sociological Forum* 23, no. 3 (July 21, 2008): 419–54. doi:10.1111/j.1573-7861.2008.00085.x.

Michl, Louisa C., Katie A. McLaughlin, Kathrine Shepherd, and Susan Nolen-Hoeksema. "Rumination as a Mechanism Linking Stressful Life Events to Symptoms of Depression and Anxiety: Longitudinal Evidence in Early Adolescents and Adults." *Journal of Abnormal Psychology* 122, no. 2 (May 2013): 339–52. doi:10.1037/a0031994.

Nolen-Hoeksema, Susan, Blair E. Wisco, and Sonja Lyubomirsky. "Rethinking Rumination." *Perspectives on Psychological Science* 3, no. 5

(September 2008): 400–24. doi:10.1111/j.1745-6924.2008.00088.x.

Sio, Ut Na, and Thomas C. Ormerod. "Does Incubation Enhance Problem Solving? A Meta-analytic Review." *Psychological Bulletin* 135, no. 1 (2009): 94–120. doi:10.1037/a0014212.

Strick, Madelijn, Ap Dijksterhuis, and Rick B. Van Baaren. "Unconscious-Thought Effects Take Place Off-Line, Not On-Line." *Psychological Science* 21, no. 4 (February 26, 2010): 484–88. doi:10.1177/0956797610363555.

Thomsen, Dorthe Kirkegaard, Mimi Yung Mehlsen, Søren Christensen, and Robert Zachariae. "Rumination—Relationship with Negative Mood and Sleep Quality." *Personality and Individual Differences* 34, no. 7 (May 2003): 1293-301. doi:10.1016/s0191-8869(02)00120-4.

Verkuil, Bart, Jos F. Brosschot, Kees Korrelboom, Ria Reul-Verlaan, and Julian F. Thayer. "Pretreatment of Worry Enhances the Effects of Stress Management Therapy: A Randomized Clinical Trial." *Psychotherapy and Psychosomatics* 80, no. 3 (2011): 189–90. doi:10.1159/000320328.

Winfrey, Oprah. "What Oprah Knows about the Power of Meditation." Oprah.com. Accessed July 13, 2018. http://www.oprah.com/spirit/what-oprah-knows-about-the-power-of-meditation.

"Women Have More Active Brains Than Men." *Journal of Alzheimer's Disease.* Accessed July 13, 2018. https://www.j-alz.com/content/women-have-more-active-brains-men.

6 不迴避艱鉅挑戰

"Billie Jean King: Accomplishments." Billie Jean King Enterprises. Accessed July 13, 2018. https://www.billiejeanking.com/biography/.

Chan, Amanda. "How to Be Brave, According to 8 Insanely Courageous Women." *Real Simple.* Accessed July 13, 2018. https://www.realsimple.com/work-life/life-strategies/how-to-be-brave.

Harris, Christine, and Michael Jenkins-Guarnieri. "Why Do Men Take More Risks than Women?" *Judgment and Decision Making* 1, no. 1 (July 2006): 48–63. doi:10.1037/e511092014-212.

Kay, Katty, and Claire Shipman. *The Confidence Code: The Science and Art of Self-Assurance—What Women Should Know*. New York: HarperBusiness, an Imprint of HarperCollins Publishers, 2018.

"Learning New Skills Keeps an Aging Mind Sharp." Association for Psychological Science. Accessed July 13, 2018. https://www.psychologicalscience.org/news/releases/learning-new-skills-keeps-an-aging-mind-sharp.html.

Leibbrandt, Andreas, and John A. List. "Do Women Avoid Salary Negotiations? Evidence from a Large-scale Natural Field Experiment." *Management Science* (2014).

Morgenroth, Thekla, Cordelia Fine, Michelle K. Ryan, and Anna E. Genat. "Sex, Drugs, and Reckless Driving." *Social Psychological and Personality Science* (2017). 194855061772283 doi: 10.1177/1948550617722833.

Steinman, Judith L. "Gender Disparity in Organ Donation." *Gender Medicine* 3, no. 4 (2006): 246–52. doi:10.1016/s1550-8579(06)80213-5.

7 不怕打破常規

Bowles, Hannah Riley, Linda Babcock, and Lei Lai. "Social Incentives for Gender Differences in the Propensity to Initiate Negotiations: Sometimes It Does Hurt to Ask." *Organizational Behavior and Human Decision Processes* 103, no. 1 (June 2005): 84–103. doi:10.1016/j.obhdp.2006.09.001.

Brauer, Markus, and Peggy Chekroun. "The Relationship Between Perceived Violation of Social Norms and Social Control: Situational Factors Influencing the Reaction to Deviance." *Journal of Applied Social Psychology* 35, no. 7 (2005): 1,519–539. doi:10.1111/j.1559-1816.2005.tb02182.x.

Brescoll, Victoria L., and Eric Luis Uhlmann. "Can an Angry Woman Get Ahead?" *Psychological Science* 19, no. 3 (March 2008): 268-75. doi:10.1111/j.1467-9280.2008.02079.x.

Feldblum, Chai, and Victoria Lipnic. "Select Task Force on the Study of Harassment in the Workplace." Report. U.S. Equal Employment Opportunity Commission. June 2016. https://www.eeoc.gov/eeoc/task_force/harassment/upload/report.pdf.

Flood, Alison. "Judy Blume: 'I Thought, This Is America: We Don't Ban Books. But Then We Did.'" *The Guardian.* July 11, 2014. Accessed July 13, 2018. https://www.theguardian.com/books/2014/jul/11/judy-blume-interview-forever-writer-children-young-adults.

History.com staff. "Eleanor Roosevelt." History.com. 2009. Accessed July 13, 2018. https://www.history.com/topics/first-ladies/eleanor-roosevelt.

History.com staff. "Susan B. Anthony." History.com. 2010. Accessed July 13, 2018. https://www.history.com/topics/womens-history/susan-b-anthony.

Huh, Young Eun, Joachim Vosgerau, and Carey K. Morewedge. "Social Defaults: Observed Choices Become Choice Defaults." *Journal of Consumer Research* 41, no. 3 (October 2014): 746-60. doi:10.1086/677315.

Mohr, Tara. *Playing Big: Find Your Voice, Your Mission, Your Message.* New York: Avery, an Imprint of Penguin Random House, 2015.

Montag, Ali. "'Shark Tank' Judge Lori Greiner's Daily Routine Sets Her Up for Success." CNBC. October 5, 2017. Accessed July 13, 2018. https://www.cnbc.com/2017/09/18/shark-tank-judge-lori-greiners-daily-routine.html.

Reuben, E., P. Sapienza, and L. Zingales. "How Stereotypes Impair Women's Careers in Science." *Proceedings of the National Academy of Sciences* 111(12) (2014), 4403–08. doi: 10.1073/pnas.1314788111.

Schumann, Karina, and Michael Ross. "Why Women Apologize More Than Men." *Psychological Science* 21, no. 11 (September 20, 2010): 1,649–55. doi:10.1177/0956797610384150.

"Supplemental Material for Student Characteristics and Behaviors at Age 12 Predict Occupational Success 40 Years Later over and above Childhood IQ and Parental Socioeconomic Status." *Developmental Psychology* 51, no. 9 (September 2015): 1,329–40. doi:10.1037/dev0000025.supp.

"The Real Story." Kathrine Switzer: Marathon Woman. Accessed July 13, 2018. http://kathrineswitzer.com/about-kathrine/1967-boston-marathon-the-real-story/.

8 不為抬舉自己而貶低他人

Brown, Anna. "The Data on Women Leaders." Pew Research Center's Social & Demographic Trends Project. March 17, 2017. Accessed July 14, 2018. http://www.pewsocialtrends.org/2017/03/17/the-data-on-women-leaders/.

Buss, David. *Evolution of Desire: Strategies of Human Mating.* Perseus Books Group, 2016.

"Civility in America VII: The State of Civility." Report. https://www.webershandwick.com/uploads/news/files/Civility_in_America_the_State_of_ Civility.pdf.

Dezső, C., D. Ross, and J. Uribe. "Is There an Implicit Quota on Women in Top Management? A Large-sample Statistical Analysis." *Strategic Management Journal* 37, no. 1 (2015): 98–115.

Feinberg, Matthew, Robb Willer, and Michael Schultz. "Gossip and Ostracism Promote Cooperation in Groups." *Psychological Science* 25, no. 3 (January 24, 2014): 656–64. doi:10.1177/0956797613510184.

Feinberg, Matthew, Robb Willer, Jennifer Stellar, and Dacher Keltner. "The Virtues of Gossip: Reputational Information Sharing as Prosocial Behavior." *Journal of Personality and Social Psychology* 102, no. 5 (2012): 1015-030. doi:10.1037/a0026650.

Forrest, Sarah, Virginia Eatough, and Mark Shevlin. "Measuring Adult Indirect Aggression: The Development and Psychometric Assessment of the Indirect Aggression Scales." *Aggressive Behavior* 31, no. 1 (2005): 84–97. doi:10.1002/ab.20074.

Khazan, Olga. "The Evolution of Bitchiness." *The Atlantic.* November 20, 2013. Accessed October 1, 2018. https://www.theatlantic.com/health/archive/2013/11/the-evolution-of-bitchiness/281657/.

"These Are the Women CEOs Leading Fortune 500 Companies." *Fortune.* June 7, 2017. Accessed September 20, 2018. http://fortune.com/2017/06/07/fortune-500-women-ceos/.

Vaillancourt, Tracy, and Aanchal Sharma. "Intolerance of Sexy Peers: Intrasexual Competition among Women." *Aggressive Behavior* 37, no. 6 (November/December, 2011): 569–77. doi:10.1002/ab.20413.

Valen, Kelly. "My Sorority Pledge? I Swore Off Sisterhood." *New York Times.* December 2, 2007. Accessed October 1, 2018. https://www.nytimes.com/2007/12/02/fashion/02love.html.

Valen, Kelly. *The Twisted Sisterhood: Unraveling the Dark Legacy of Female Friendships*. New York: Ballantine, 2010.

Velasquez, Lizzie, and Catherine Avril Morris. *Dare to Be Kind: How Extraordinary Compassion Can Transform Our World*. New York:

Hachette Books, 2017.

"Women Presidents Profile—American College President Study." The American College President Study. Accessed September 20, 2018. http://www.aceacps.org/women-presidents/.

9 不讓他人限制自我潛力發揮

Barlow, Rich. "BU Research: A Riddle Reveals Depth of Gender Bias." *BU Today.* Boston University. January 16, 2014. Accessed July 14, 2018. http://www.bu.edu/today/2014/bu-research-riddle-reveals-the-depth-of-gender-bias/.

Brands, Raina A., and Isabel Fernandez-Mateo. "Leaning Out: How Negative Recruitment Experiences Shape Women's Decisions to Compete for Executive Roles." *Administrative Science Quarterly* 62, no. 3 (December 15, 2016): 405–42. doi:10.1177/0001839216682728.

Chen, Gina Masullo, and Zainul Abedin. "Exploring Differences in How Men and Women Respond to Threats to Positive Face on Social Media." *Computers in Human Behavior* 38 (2014): 118–26. doi:10.1016/j.chb.2014.05.029.

Correll, Shelley, and Caroline Simard. "Research: Vague Feedback Is Holding Women Back." *Harvard Business Review.* April 29, 2016. Accessed July 14, 2018. https://hbr.org/2016/04/research-vague-feedback-is-holding-women-back.

"From Upspeak to Vocal Fry: Are We Policing Young Women's Voices?" NPR. July 23, 2015. Accessed July 14, 2018. https://www.npr.org/templates/transcript/transcript.php?storyId=425608745.

Graham, Heather. "Heather Graham: Harvey Weinstein Implied I Had to Have Sex with Him for Movie Role (EXCLUSIVE)." *Variety.* October 10, 2017. Accessed October 1, 2018. https://variety.com/2017/film/columns/heather-graham-harvey-weinstein-sex-for-movie-role-1202586113/.

NDTV Profit. "Classmates Said I Sing Like a Goat, Owe Career to Parents, Shakira Tells Prannoy Roy." YouTube. January 17, 2017. Accessed July 14, 2018. https://www.youtube.com/watch?v=w1HGWyumfek.

Kay, Andrea. "At Work: To Succeed, Learn to Take Criticism." *USA Today.* February 16, 2013. Accessed July 14, 2018. https://www.usatoday.com/story/money/columnist/kay/2013/02/15/at-work-criticism-sensitivity/1921903/.

Lebowitz, Shana. "After Getting a Brutal Rejection, Barbara Corcoran Spent 8 Minutes Writing a Powerful Email Defending Herself—and It Changed the Next 9 Years of Her Life." *Business Insider.* November 8, 2017. Accessed July 14, 2018. http://www.businessinsider.com/barbara-corcoran-almost-rejected-from-shark-tank-2017-11.

Pappas, Stephanie. "Male Doctors, Female Nurses: Subconscious Stereotypes Hard to Budge." Live Science. June 20, 2016. Accessed July 14, 2018. https://www.livescience.com/55134-subconscious-stereotypes-hard-to-budge.html.

Wood, Dustin, Peter Harms, and Simine Vazire. "Perceiver Effects as Projective Tests: What Your Perceptions of Others Say About You." *Journal of Personality and Social Psychology* 99, no. 1 (July 2010): 174–90. doi:10.1037/a0019390.

10 不在進展不順時怪罪自己

Effron, Lauren. "Former Gymnast Says She 'Trusted' Larry Nassar: 'I Blamed Myself for Years.'" ABC News. January 26, 2018. Accessed July 14, 2018. https://abcnews.go.com/Sports/gymnast-trusted-larry-nassar-blamed-years/story?id=52608992.

Elizabeth Smart: Autobiography. A&E. November 12, 2017.

Etxebarria, I., M. J. Ortiz, S. Conejero, and A. Pascual. "Intensity of Habitual Guilt in Men and Women: Differences in Interpersonal Sensitivity and the Tendency Towards Anxious-Aggressive Guilt." *Spanish Journal of Psychology* 12, no. 2 (2009): 540–54.

Glinder, Judith G., and Bruce E. Compas. "Self-blame Attributions in Women with Newly Diagnosed Breast Cancer: A Prospective Study of Psychological Adjustment." *Health Psychology* 18, no. 5 (1999): 475–81. doi:10.1037//0278-6133.18.5.475.

Kelly, Megyn. *Settle for More*. New York: Harper, 2016.

Malaquin, Stéphanie, Yazine Mahjoub, Arianna Musi, Elie Zogheib, Alexis Salomon, Mathieu Guilbart, and Hervé Dupont. "Burnout Syndrome in Critical Care Team Members: A Monocentric Cross Sectional Survey." *Anaesthesia Critical Care & Pain Medicine* 36, no. 4 (August 2017): 223–28. doi:10.1016/j.accpm.2016.06.011.

Mann, Adam. "Your Odds of Becoming an Astronaut Are Going Up." *Wired*. April 22, 2013. Accessed July 14, 2018. https://www.wired.com/2013/04/astronaut-applications/.

Lewicki, Roy J., Beth Polin, and Robert B. Lount. "An Exploration of the Structure of Effective Apologies." *Negotiation and Conflict Management Research* 9, no. 2 (April 6, 2016): 177–96. doi:10.1111/ncmr.12073.

Lutwak, Nita, Jacqueline Panish, and Joseph Ferrari. "Shame and Guilt: Characterological vs. Behavioral Self-blame and Their Relationship to Fear of Intimacy." *Personality and Individual Differences* 35, no. 4 (September 2003): 909–16. doi:10.1016/s0191-8869(02)00307-0.

Schaubroeck, John, James R. Jones, and Jia Lin Xie. "Individual Differences in Utilizing Control to Cope with Job Demands: Effects on Susceptibility to Infectious Disease." *Journal of Applied Psychology* 86, no. 2 (April 2001): 265–78. doi:10.1037//0021-9010.86.2.265.

Spataro, Brielle M., Sarah A. Tilstra, Doris M. Rubio, and Melissa A. McNeil. "The Toxicity of Self-Blame: Sex Differences in Burnout and Coping in Internal Medicine Trainees." *Journal of Women's Health* 25, no. 11 (November 2016): 1,147–152. doi:10.1089/jwh.2015.5604.

11 不保持沉默

"Be Bold. Be Brave. Raise Your Hand." Girl Scouts: Nation's Capital. Accessed July 14, 2018. http://www.gscnc.org/raiseyourhand.

Bianchi, Mike. "Jameis Winston Message to Girls: Be Quiet and Let the Boys Show You How Strong They Are." *Orlando Sentinel*. February 24, 2017. Accessed July 14, 2018. http://www.orlandosentinel.com/sports/open-mike/os-jameis-winston-fsu-tampa-baybucs-elementary-school-20170223-story.html.

Crosby, F. "The Denial of Personal Discrimination." *American Behavioral Scientist* 27, no. 3 (1984): 371–86.

Dockterman, Eliana. "'I Was Angry.' Taylor Swift on What Powered Her Sexual Assault Testimony." *Time.* December 6, 2017. Accessed July 14, 2018. http://time.com/5049659/taylor-swift-interview-person-of-the-year-2017/.

Farmer, Olivia, and Sara Smock Jordan. "Experiences of Women Coping with Catcalling Experiences in New York City: A Pilot Study." *Journal of Feminist Family Therapy* 29, no. 4 (October 2, 2017): 205–25. doi:10.1080/08952833. 2017.1373577.

Jones, Jeffrey S., Carmen Alexander, Barbara N. Wynn, Linda Rossman, and Chris Dunnuck. "Why Women Don't Report Sexual Assault to the Police: The Influence of Psychosocial Variables and Traumatic Injury." *The Journal of Emergency Medicine* 36, no. 4 (May 2009): 417–24. doi:10.1016/j. jemermed.2007.10.077.

Karpowitz, Christopher, Tali Mendelberg, and Lee Shaker. "Gender Inequality in Deliberative Participation." *American Political Science Review* 106, no. 3 (August 2012): 533-47. doi:10.1037/e511862012-001.

McClean, Elizabeth, Sean R. Martin, Kyle J. Emich, and Todd Woodruff. "The Social Consequences of Voice: An Examination of Voice Type and Gender on Status and Subsequent Leader Emergence." *Academy of Management Journal,* September 14, 2017. doi:10.5465/amj.2016.0148.

Niemi, Nancy S. "*Still Failing at Fairness: How Gender Bias Cheats Girls and Boys in School and What We Can Do about It,* by David Sadker, Myra Sadker and Karen Zittleman." *Gender and Education* 22, no. 1 (January 2010): 142–43. doi:10.1080/09540250903464773.

"Perpetrators of Sexual Violence: Statistics." RAINN. Accessed July 14, 2018. https://www.rainn.org/statistics/perpetrators-sexual-violence.

Sadker, David Miller, Myra Sadker, and Karen Zittleman. *Still Failing at Fairness: How Gender Bias Cheats Girls and Boys in School and What We Can Do about It.* New York: Scribner, 2009.

Schad, Tom. "Jameis Winston Suspended for Three Games, Apologizes for Uber Incident." *USA Today*. June 28, 2018. Accessed August 15, 2018. https://www.usatoday.com/story/sports/nfl/buccaneers/2018/06/28/jameis-winston-suspended-tampa-bay-buccaneers-uber/742691002/.

Wagner, Laura. "FSU Pays $950,000 to Woman Who Accused Jameis Winston of Sexual Assault." NPR. January 25, 2016. Accessed July 14, 2018. https://www.npr.org/sections/thetwo-way/2016/01/25/464332250/fsu-pays-950-000-to-woman-who-accused-jameis-winston-of-sexual-assault.

Wanless, S. B., M. M. McClelland, X. Lan, et al. "Gender Differences in Behavioral Regulation in Four Societies: the United States, Taiwan, South Korea, and China." *Early Childhood Research Quarterly* 28 (2013): 621–33. doi:10.1016/j. ecresq.2013.04.002.

"Women in Elective Office 2017." CAWP: Center for American Women and Politics. Eagleton Institute of Politics, Rutgers University. Accessed July 14, 2018. http://www.cawp.rutgers.edu/women-elective-office-2017.

12 不為改變自我產生罪惡感

"About." Lorraine Pascale. Accessed July 14, 2018. https://www.lorrainepascale.com/about/.

Bryan, C. J., G. M. Walton, T. Rogers, and C. S. Dweck. "Motivating Voter Turnout by Invoking the Self." *PNAS: Proceedings of the National Academy of Sciences of the United States of America* 108, no. 31 (2011): 12,653–56. http://dx.doi.org/10.1073/pnas.1103343108.

Gersick, Connie J. G., and Kathy E. Kram. "High-Achieving Women at Midlife." *Journal of Management Inquiry* 11, no. 2 (June 2002): 104–27. doi:10.1177/1059260201100200 5.

Helson, Ravenna, Constance Jones, and Virginia S. Y. Kwan. "Personality Change over 40 Years of Adulthood: Hierarchical Linear Modeling Analyses of Two Longitudinal Samples." *Journal of Personality and Social Psychology* 83, no. 3 (September 2002): 752–66. doi:10.1037//0022-3514.83.3.752.

Kelly, M. M., A. R. Tyrka, L. H. Price, and L. L. Carpenter. "Sex Differences in the Use of Coping Strategies: Predictors of Anxiety and Depressive Symptoms." *Depression and Anxiety,* 25(10) (2008): 839–46. http://doi.org/10.1002/da.20341.

Lönnqvist, Jan-Erik, Sointu Leikas, and Markku Verkasalo. "Value Change in Men and Women Entering Parenthood: New Mothers Value Priorities Shift Towards Conservation Values." *Personality and Individual Differences* 120 (January 2018): 47–51. doi:10.1016/j.paid.2017.08.019.

"Meet Annie." Annie Duke. Accessed July 14, 2018. http://annieduke.com/meet-annie-duke/.

Roberts, B. W., R. Helson, and E. C. Klohnen. "Personality Development and Growth in Women Across 30 Years: Three Perspectives." *Journal of Personality* 70 (2002): 79–102.

Webber, Rebecca. "Reinvent Yourself." *Psychology Today.* May 6, 2014. Accessed October 1, 2018. https://www.psychologytoday.com/us/articles/201405 /reinvent-yourself.

Wu, Qiong, Natasha Slesnick, and Jing Zhang. "Understanding the Role of Emotion-oriented Coping in Women's Motivation for Change." *Journal of Substance Abuse Treatment* 86 (February 2004): 1–8. doi:10.1016/j.jsat.2017.12.006.

13 不貶抑自己的成就

Bertrand, Marianne, Claudia Goldin, and Lawrence F. Katz. "Dynamics of the Gender Gap for Young Professionals in the Financial and Corporate Sectors." *American Economic Journal: Applied Economics* 2, no. 3 (2010): 228–55.

Bertrand, Marianne, Emir Kamenica, and Jessica Pan. "Gender Identity and Relative Income within Households." *Quarterly Journal of Economics* 130, no. 2 (2015): 571–614.

Bowley, Rachel. "Women's Equality Day: A Look at Women in the Workplace in 2017." Official LinkedIn Blog. Accessed August 28,

2017. https://blog.linkedin.com/2017/august/28/womens-equality-day-a-look-at-women-in-the-workplace-in-2017.

Brown, Stephanie L., and Brian P. Lewis. "Relational Dominance and Mate-Selection Criteria: Evidence That Males Attend to Female Dominance." *Evolution and Human Behavior* 25, no. 6 (2004): 406–15.

Bursztyn, Leonardo, Thomas Fujiwara, and Amanda Pallais. "Acting Wife: Marriage Market Incentives and Labor Market Investments." *American Economic Review* 107, no. 11 (2017): 3,288–319. doi:10.3386/w23043.

Cokley, K., L. Smith, D. Bernard, et al. "Impostor Feelings as a Moderator and Mediator of the Relationship between Perceived Discrimination and Mental Health among Racial/Ethnic Minority College Students." *Journal of Counseling Psychology* 64, no. 2 (2017): 141–54.

Cokley, Kevin, Shannon McClain, Alicia Enciso, and Mercedes Martinez. "An Examination of the Impact of Minority Status Stress and Impostor Feelings on the Mental Health of Diverse Ethnic Minority College Students." *Journal of Multicultural Counseling and Development* 41, no. 2 (April 2013): 82–95. doi:10.1002/j.2161-1912.2013.00029.x.

Cuddy, Amy Joy Casselberry. *Presence: Bringing Your Boldest Self to Your Biggest Challenges.* New York: Back Bay Books, 2018.

Fisman, Raymond, Sheena S. Iyengar, Emir Kamenica, and Itamar Simonson. "Gender Differences in Mate Selection: Evidence from a Speed Dating Experiment." *Quarterly Journal of Economics* 121, no. 2 (2006): 673–97.

Folke, Olle, and Johanna Rickne. "All the Single Ladies: Job Promotions and the Durability of Marriage." IFN Working Paper 1146. 2016.

Greitemeyer, Tobias. "What Do Men and Women Want in a Partner? Are Educated Partners Always More Desirable?" *Journal of Experimental Social Psychology* 43, no. 2 (2007): 180–94.

Kaling, Mindy. *Why Not Me?* New York: Random House, 2015.

Sezer, Ovul, Francesca Gino, and Michael I. Norton. "Humblebragging: A Distinct and Ineffective Self-Presentation Strategy." *SSRN Electronic Journal* (August 2017). doi:10.2139/ssrn.2597626.

University of Warwick. "Girls Feel They Must 'Play Dumb' to Please Boys, Study Shows." *ScienceDaily.* Accessed July 12, 2018. www.sciencedaily.com/releases/2014/08/140805090947.htm.

國家圖書館出版品預行編目 (CIP) 資料

告別玻璃心的女力養成指南：拆解性別枷鎖，為女性客製化的 13 堂心智重訓課 / 艾美 . 莫林（Amy Morin）著；黃逸涵譯 . -- 初版 . -- 臺北市：網路與書出版：大塊文化發行 , 2020.03
416 面；14.8 * 20 公分 . --（For2 ; 42）
譯　自：13 Things Mentally Strong Women Don't Do: Own Your Power, Channel Your Confidence, and Find Your Authentic Voice for a Life of Meaning and Joy
ISBN 978-986-97603-7-9（平裝）

1. 自我實現 2. 生活指導 3. 女性

177.2　　109000902